总第74集

行政执法与行政审判

中华人民共和国最高人民法院
行政审判庭 编

中国法制出版社
CHINA LEGAL PUBLISHING HOUSE

图书在版编目（CIP）数据

行政执法与行政审判．总第74集/中华人民共和国最高人民法院行政审判庭编．—北京：中国法制出版社，2019.4

ISBN 978-7-5093-9976-7

Ⅰ.①行…　Ⅱ.①中…　Ⅲ.①行政执法-中国-丛刊②行政诉讼-审判-中国-丛刊　Ⅳ.①D922.11-55②D925.318.2-55

中国版本图书馆CIP数据核字（2019）第015858号

责任编辑　周琼妮（zqn-zqn@126.com）　陆紫薇（luziwei@zgfzs.com）　封面设计　杨鑫宇

行政执法与行政审判（总第74集）

XINGZHENG ZHIFA YU XINGZHENG SHENPAN（ZONG DI-74 JI）

编者/中华人民共和国最高人民法院行政审判庭

经销/新华书店

印刷/三河市国英印务有限公司

开本/710毫米×1000毫米　16开　印张/17.75　字数/250千

版次/2019年4月第1版　2019年4月第1次印刷

中国法制出版社出版

书号 ISBN 978-7-5093-9976-7　定价：68.00元

北京西单横二条2号

邮政编码 100031　传真：010-66031119

网址：http：//www.zgfzs.com　**编辑部电话：010-66010406**

市场营销部电话：010-66033393　**邮购部电话：010-66033288**

（如有印装质量问题，请与本社印务部联系调换。电话：010-66032926）

目　录

理论探索

可诉行政行为的基本特征

王振宇

在行政诉讼的诸多门槛当中，受案范围是疑难问题最为集中的一道，其主要原因在于判断标准难以掌握。1989 年行政诉讼法规定的受案基准是“具体行政行为”，1990 年《最高人民法院关于贯彻执行〈中华人民共和国行政诉讼法〉若干问题的意见》（以下简称 1990 解释）借鉴大陆法系行政法理论，对“具体行政行为”作出定义，其含义与德国的“行政行为”和中国台湾地区的“行政处分”基本相当。在政府职能转变的背景下，行政活动方式日益多样化，而行政审判却囿于定义的限制难以同步跟进，在保障人民群众合法权益、助力法治政府建设等方面与其功能定位的落差越来越大。2000 年最高人民法院修订 1990 解释（以下简称 2000 解释）时，取消了上述定义。这一改变意在给实践探索创造条件，但同时也增加了受案范围的不确定性。2014 年行政诉讼法修改，将受案基准改为“行政行为”，受案范围进一步扩大是显而易见的，但法律并未划出一道清楚的边界。为了准确界定行政诉讼的受案范围，笔者结合法律文本和判例学说，归纳出可诉行政行为的六个基本特征，供各位行政审判同仁评判参考。

第一，可诉的行政行为既包括法律行为，也包括实际影响相对人合法权益的事实行为。

按照传统理论，行政活动有法律行为和事实行为之分。法律行为是直接发生法律效果的行为，这里的法律效果指的是改变公民、法人或者其他组织的权利、义务或者法律地位。事实行为则是以某种事实结果而非法律效果为目的的行政措施。

一般来说，行政机关作出的法律行为都是可诉的行政行为。在法律行为当中，有些法律效力不尽完整，具有公定力、拘束力，但没有执行力，比如不动产登记等行政确认行为。行政诉讼法实施之初，这些行为是否可诉曾经有过争论，但很快就形成了共识。行政确认等行为虽然没有执行力，但只要具有拘束力，就会直接影响公民、法人或者其他组织的权益，其可诉性就应得到承认。

按照传统的行政法理论，事实行为是不具有可诉性的。事实行为包括两种情形：一是纯业务行为，即所谓以行政活动的执行活动为目标[①]的活动。二是认知表示或者观念通知行为。最早被纳入受案范围的是纯业务行为中涉及相对人的人身权或者财产权等合法权益的行为。比如，国家赔偿法实施后，从属于行政处理决定的强制和执行实施活动，因纳入国家赔偿事项而被进入行政诉讼。这一点与国外的发展情况类似，比如，德国联邦行政法院曾经在一个判例中指出，警察的强制措施具有并非纯事实性的特征。[②] 其后，此类行为从事实行为中分离出来，成为可诉的行政行为。认知表示行为不属于受案范围的原则并未改变，但实践中不断有特殊问题出现。比如行政许可办理当中，行政机关要求申请人补正材料的通知是不可诉的，但是补正要求并非法律要求且事实上不可能时，此通知相当于作出了不受理行政许可申请的决定，已经产生了终局效果。2010 年行政许可的司法解释就此作出了例外规定。[③] 上述变化所揭示的标准，对于未来在事实行为中辨识可诉的行政行为具有指导意义。

第二，可诉的行政行为既包括行政机关行使职权的行为，也包括受上述职权支配的其他行为。

按照传统行政法理论，可诉的行政行为限于行政机关行使职权的行为。

---

① ［德］平特纳：《德国普通行政法》，朱林译，中国政法大学出版社 1999 年版，第 176 页。

② ［德］弗里德赫尔穆·胡芬：《行政诉讼法》，莫光华译，法律出版社 2003 年版，第 220 页。

③《最高人民法院关于审理行政许可案件若干问题的规定》第三条：公民、法人或者其他组织仅就行政许可过程中的告知补正申请材料、听证等通知行为提起行政诉讼的，人民法院不予受理，但导致行政许可程序对上述主体事实上终止的除外。

早期的发展主要体现在两个方面：一是行政权的运行具有权责一致的特点，因此可诉的行政行为还包括行政机关履行职责的行为。二是民事主体接受行政机关委托而为的执法活动，亦属可诉的行政行为（当然不能以民事主体为被告）。这一点一直延续至今。《行诉解释》第二十五条第二款规定，征收实施单位受房屋征收部门委托，在委托范围内从事的行为，被征收人不服提起诉讼的，以委托的行政机关为被告。从实践发展情况看，要求行政机关就其他主体所为的行为负责的情况早已不限于委托，只要该行为受行政机关的权力支配，就可以纳入受案范围。比如，交警命令无证驾驶者将车辆开到指定地点听候处理，车辆行驶过程中违反交规发生交通事故致人死亡。[①] 从表面上看，受害人的死亡系无证驾驶所致，但无证驾驶系受交警命令支配而为，因此交警命令与受害人的损害之间产生了近乎直接影响的实际联系。此时，无证驾驶相当于交警命令的实施行为，具有可诉性。在创新社会治理体制，扩大社会参与的背景下，这一案例揭示的规则意义深远。

第三，可诉行政行为既包括行政机关针对特定对象和事项而为的行为，也包括对象和事项中只有一项特定的行为。

行政行为分为具体行政行为和抽象行政行为。新行政诉讼法修改后，尽管受案基准从“具体行政行为”变成了“行政行为”，但并不意味着抽象行政行为被纳入了受案范围。因为新行政诉讼法第十三条第二项已明确将其排除在外。那么，这一变化的意义何在？笔者认为，至少有以下两个意义。一是现实意义。规章以下规范性文件的一并审查，尽管没有将其设定为一种诉讼类型，但赋予法院司法审查的权力，已经是开创性的进步。虽然这些文件层级不高，但要注意到，在抽象行政行为当中，其数量最为庞大，内容最具体、最管用，违反国家法律、中央大政方针、侵害人民群众切身利益的风险最大，现有法律监督机制最力有不逮，将其纳入司法审查的积极意义决不能简单地以文件的级别论。二是长远意义。受案基准拿掉“具体”两个字，为将来条件成熟时进一步通过单项立法进一步拓展受案范围，预先在基本法上去除了一个重大障碍，使受案范围更具弹性，为法律的发展留下了空间。所

---

① 参见最高人民法院行政审判庭编：《中国行政审判案例》第 4 卷，中国法制出版社 2014 年版。

以，从受案范围的变化来看，新法修改的红利释放并非是“完成时”，而是“进行时”和“将来时”，需要一个过程。目前来看，可诉的行政行为仍然局限于具体行为，而不包括抽象行为。不过，在对具体行政行为的理解和把握时，可以持更为开放的态度。

1990 解释对具体行政行为的定义中有“针对特定的公民、法人或者其他组织”和“就特定的具体事项”两个要件。在早期实践中，容易出现模糊认识的问题，有些行政活动涉及的人数众多，或者书面文件中没有提到具体对象的姓名或者名称，比如限期自行拆除某条街道两旁广告牌的公告，这样的行为是否属于“针对特定的公民、法人或者其他组织”？对这个问题的处理，各地的做法不尽一致。经过一段时间探索后，行政审判的主流观点认为，判断行为是否具体，关键不在于人数多少，也不在于形式上是否列出姓氏名谁，而在于对象是否特定。以责令拆除广告牌的公告为例，即使人数众多，没有指名道姓，但只要其表述的范围固定，对象就是特定的。2000 解释在废弃上述具体行政行为定义的同时，取而代之的是给“具有普遍约束力的决定、命令”即抽象行政行为下定义，指出其具有“针对不特定对象”和“反复适用”两个条件。上述变化的意义何在？至今很少有人去深入挖掘。比如，用行政活动针对的“对象”和“事项”作为标准，可以将行政活动分为四种类型：一是两者都特定；二是两者都不特定；三是对象特定而事项不特定，比如警察命令某人夜里十点之后不许弹钢琴，这一命令具有反复适用的特点；四是事项特定而对象不特定，比如，行政机关在危险建筑设立的禁止进入指示牌。第一种情形属于具体行政行为，第二种情形属于抽象行政行为，这是没有疑问的。至于第三种和第四种情形如何归类，在很长时间里都是聚讼纷纭。笔者认为，2000 解释废弃对具体行政行为的定义，以抽象行政行为的定义代之，其意义在于明确了抽象行政行为仅限于上述四种情形中的第二种，这也就意味着其余三种都应当划入具体行政行为的范围，故其可诉性应得到肯定。

第四，可诉的行政行为既包括行政机关作出的外部行为，也包括虽非外部行为但直接产生外部效力的行为。

外部行为指的是调整行政机关与行政机关之外的公民、法人或者其他组织之间的公共管理和服务关系的活动。所谓外部关系主要强调，它调整的是行政机关之外的公民、法人或者其他组织的权利义务等外部事项，而非行政机关范围内的人事、财务、外事等内部事项。行政诉讼法排除“行政机关对行政机关工作人员奖惩任免等决定”，就是基于其属于内部事项的角度。为了保障行政的有效性和连续性而对公务员施加比一般公民更加严格的限制，合理性自不待言，这也是为什么传统理论将其归入特别权力关系的原因所在。按照特别权力关系理论，一个人只要担任了公务员，其与行政机关之间就形成一种特殊关系，不同于公民和行政机关之间的一般权力关系。这种关系下，他必须接受更为严格的权力束缚，其中就包括不像普通公民那样享有寻求司法救济的权利。随着人权保障尤其是对基本权利的日益重视，特别权力关系理论开始松动，涉及公务员重大利益的内部行为越来越多地纳入受案范围。这方面，我国的司法实践也有相应进展，公务员招考行为的可诉性得到承认已逾十年。但是需要指出的是，其并未否定特别权力关系理论，因为在公务员招考当中，相对人的身份还是普通公民，而非公务员，故仍属外部关系范畴。这与开除、辞退等涉及公务员重大权利的行政活动仍有本质的不同，而这些行为能否纳入行政审判，在制度设计层面没有探索成熟以前，实践中应当持慎重态度。说到特别权力关系，顺便介绍一下另外三种特殊情形的发展。一是军人与军事机关之间的关系，目前军事法院正在开展行政审判试点工作，具有破冰的意义。二是学生与公立校之间的关系，目前统一的司法政策正在形成，在对大学自治予以尊重的前提下，对于学校作出的对受教育权有重大影响的处理给予司法救济的机会。三是服刑犯人和监狱之间的关系，按照2010年的国家赔偿法，其救济渠道主要由刑事诉讼法和国家赔偿法规定的提供。

所谓外部效力，主要强调该行为的效力并不局限于行政机关之间或者行政机关内部，而是直接对公民、法人或者其他组织生效。这就将两种情形排除在外了，一是过程行为，二是层级监督行为。过程行为针对的虽然是涉及公民、法人或者其他组织权利义务的外部事项，但还没有到对外生效的阶段。比如，作出行政决定之前的调查、听证、讨论、请示、征求有关部门意见或者论证等。《国有土地上房屋征收与补偿条例》第二十四条第二款规定，市、县级人民政府作出房屋征收决定前，应当组织有关部门依法对征收范围内未经登记的建筑进行调查、认定和处理。调查、认定和处理虽然发生在房屋征收过程中，但该权力属于法律明确赋予有关部门的管理权。故该行为应为可诉。过程行为如果具有直接影响当事人权利义务的终局效果，则其被称为内部行为外部化。比如行政机关将会议纪要中具有行政命令的内容，如果执法部门以自己名义作出决定将该命令载入，则应诉行政部门的决定；如果将会议纪要直接送达相对人并要求其遵照执行，则具有外化效果，应为可诉。

层级监督指的是上级行政机关督促下级行政机关履行职责的情形。这种情况下，相对人能否得到救济，主要就看下级行政机关的职责是否得到履行，也就是说，行政争议实质上主要存在于下级行政机关与相对人之间，在这种行为可诉的情况下，起诉上级机关的监督行为距离真正争议的解决过于遥远，赋予诉权的意义不大。另外，层级监督权本质上属于组织法意义上的权力，其旨趣在于实现上级行政机关对下级行政机关的领导或者指导，保持行政系统内部的统一性，虽然客观上会有权利救济的效果，但系一种反射利益。除非法律规定有意赋予公民、法人或者其他组织以请求权。

第五，可诉的行政行为既包括行政机关作出的单方行为，也包括双方行为和多方行为。

所谓单方性指的是仅凭单方意志就可以作出决定，而双方性和多方性则是指双方或者多方意志达成一致才能作出决定。传统行政法理论将单方性看做是行政行为的要件之一，这与政府当时的职能有关。早期政府主要承担秩序供给者这样的“夜警国家”角色，而完成这样的任务，最有效的方式就是命令、许可、处罚、强制等单方性的管制手段和高权方式。现代社会对政府职能提出了更高的要求，除了有效的社会管理，还必须提供优质高效的公共服务。这些任务仅靠政府自身的力量难以完成，必须吸引社会参与，整合全社会的力量。要做到这一点，以行政命令为核心的单方性传统执法方式显然无法适应，行政协议等以双方或者多方协商为基础的新的活动方式应运而生，并且应用日益广泛。这一变化具有革命性，对行政诉讼乃至现代行政法的面貌产生着巨大改变。我国的情况也是如此。迄今为止，国家虽然没有制订行政程序法，但各地制订的行政程序法规或者规章当中已经将行政协议（合同）明确作为行政活动方式加以规范，其事关公共利益和相对人的重大利益，虽然是一种柔性方式，但也有杀伤力，甚至比传统的强制方式有过之而无不及。《行政诉讼法》第十二条第十二项将其纳入受案范围，体现了行政诉讼制度的与时俱进。

由于行政协议与传统行政活动方式的巨大差别，相应地，行政诉讼对其审查的方式也有很大不同，需要量身定做专门规则。这个问题具有紧迫性，因此最高人民法院正在抓紧制订专门的司法解释，其中行政协议与民事协议的区分是一个重点问题。

第六，可诉的行政行为既包括行政机关作出的涉及相对人人身权、财产权的行为，也包括涉及其他合法权益的行为。

1989 年行政诉讼法将可诉行政行为限定在认为行政机关侵犯人身权和财产权的情形。当时我国改革开放处在第一个十年，人民温饱等生存境况虽有改善但尚未完全解决，而我国当时的综合国力较弱，必须将人民的生存照顾作为民生首要目标。应当说，行政诉讼将保护的权益限于人身权和财产权，是我国当时发展阶段的合理选择。经过二十多年的发展之后，我国的综合国力已经得到明显提升，人民对美好生活的期待越来越丰富，要求越来越高，行政诉讼只专注于生存权保护显然已经无法满足人民的需求。事实上，人民法院在行政审判中保护人身权财产权之外的其他合法权益的探索早已开始，修法之前就已在劳动权、受教育权、环境权和知情权保护方面积累了很多有益经验，并为新法所肯定。新行政诉讼法在受案范围的规定中，已将可诉行政行为保护的权益范围扩展为“人身权、财产权等合法权益”。

笔者认为，这一规定应当从两个角度去把握。一是历史的角度。改革开放以来，我国各方面建设都取得了长足进步，但总体来看，仍属于发展中国家，距离社会主义强国的目标还有很大距离。我们只有通过不断地发展和进步，才能满足人民群众不断增长的美好生活需要。对人民群众合法权益提供充分周全的保护，是新行政诉讼法追求的目标，但其实现应当是一个不断发展不断完善的历史过程。二是主观能动性。与旧法相比，新行政诉讼法在权利保护方面为人民法院提供了更为广阔的探索空间。人民法院应当积极发挥主观能动性，在事关人民权利切身利益和重要利益的行政领域提供司法救济机会，推动行政诉讼制度与新时代同步前行。

（作者单位：最高人民法院）

管制性征收理论在行政审判中的引入与运用

——以“中国天眼”建设中的管制性征收为例

耿宝建　黄　瑶

【摘要】 管制性征收的概念由美国行政法判例所形成，具体是指因公共利益的需要，对私人财产权予以适度限制、施加特别义务，对正常使用附加条件的管制性行为，构成应予公平补偿的“准征收”行为。与物理性征收造成物权转移不同，管制性征收意在通过“管制”限制物权，而非通过“征收”取得物权。我国立法虽然没有管制性征收这一概念，但在实践中，政府通过行政管制措施限制物权的现象同样存在，故仍有在概念上加以移植、嫁接和总结，并在实践中加以运用的必要。“中国天眼”建设中发生的相关案件，为理解管制性征收概念和适用该原理裁判案件提供了中国样本。作为对行政管制行为的司法监督，人民法院在审理此类案件时，应当结合行政管理实践，逐渐探索出符合中国国情和地方实践的审判理念，并确立行政机关因公共利益需要对集体土地进行用途管制的基本原则。

【关键词】 管制性征收　行政审判　司法审查

一、问题的提出

一般认为，征收是指国家基于公共利益的需要，以行政权取得公民所有的动产或者不动产所有权并给予公平合理补偿的制度。① 征收的重要特点是物的所有权的转移，即国家因征收取得了原来他人所有的动产或者不动产。征收具有发动国家公权力取得私人财产的强制性，历来为各国立法所严格规

① 参见耿宝建：“国有土地上房屋征收与补偿的十个具体问题——从三起公报案例谈起”，载《法律适用》2017 年第 9 期。

制。我国《宪法》第十三条规定："公民的合法的私有财产不受侵犯……国家为了公共利益的需要，可以依照法律规定对公民的私有财产实行征收或者征用并给予补偿。"同时，《物权法》第四十二条、《土地管理法》第二条也有类似具体规定。此外，行政管理实践中还存在着另一种国家不以取得财产所有权为目的，但基于公共利益的需要，对公民财产权予以适当限制影响财产权利的"非典型性征收"或者说"管制性征收"。比如，为环境治理需要，通过调整规划的方式将原本批准建设住宅的土地调整为绿地；为生态建设需要，"退田还渔""退田还林"。为国家宏观调控需要，对工矿企业开采予以产能限制；为房地产市场稳定需要，在一定范围、期限内实施"限售"等。此类管制性措施，在增进社会公共利益的同时，如果超过必要限度，将可能对私人产权造成较大的不利影响；如果这些管制行为已经超出人们的合理预期和一般的商业风险时，那么国家虽然未直接"征收"财产，但由于在事实上极大限制了权利人对物的有效利用，就仍有给予公平合理补偿的必要。因此，在传统的"物理性占有"的征收之外，对属于"非物理性占有"的"管制性征收"的合法性、必要性、适当性进行研究，并对"管制性征收"的具体措施和补偿范围进行规范，确立司法对"管制性征收"的审查原则，就显得十分必要。

二、域外管制性征收理论发展与相关司法判例

"管制性征收"概念源自美国，是一个在判例中发育出来的概念。[①] 在1922年宾夕法尼亚煤炭公司案中，联邦最高法院认为政府过分的管制行为可以被认定为征收。即因公共利益的需要，对私人财产权予以适度限制、施加特别义务，对正常使用附加条件的管制性行为，构成应予公平补偿的"准征收"行为。与传统征收相比，管制性征收并不实际占有财产所有权，也不对私有财产造成实际物理侵害，只是通过管制限制私有财产的部分用途或者附加一定条件，使所有权人的财产价值减损或被剥夺财产收益性用途，侵害了财产所有权人对财产利益的预期，实质上产生征收的效果。[②] 因此，不妨认

① 参见刘连泰、刘玉姿等：《美国法上的管制性征收》，清华大学出版社2017年版，第87页。

② 参见王丽晖："美国法上管制性征收界定标准的演变"，载刘连泰、刘玉姿等：《美国法上的管制性征收》，清华大学出版社2017年版，第8页。

为，所谓“管制性征收”，实质不在于“征收”而在于“管制”，表现形式也不是“征收”而是“管制”，目的也不是“征收”而是通过“管制”达到类似于“征收”的效果，并通过适当方式评估因“管制”给财产权造成的损失并予以公平合理补偿。

美国有关管制性征收判例的发展，经由法官基于宪法的规定，对行政征收权以及其他行政强制权的相互关系进行各种不同的解释而产生。[①] 有人总结认为1885年以来美国联邦最高法院通过审理32个准征收案件所形成的四类标准及相关考量因素，为准征收判定标准的体系构建提供了可能。在1922年的宾夕法尼亚煤炭公司诉马汉案中，霍姆斯大法官认为，当行政机关管制行为过度减损了土地所有者的权利的时候，土地利用管制就视同为征收。同时，判决也认为管制并不必然需要补偿，财产所有人也可能要自行承担部分损失。他提出“如果政府必须为它做出的所有减少土地附带价值的行为支付补偿，那么它将难以继续运转。”也就是说，通过禁止某些特殊的与其土地利用来促进健康、安全、道德和公共福利是合法的政府管制，如果限制所有者土地用途的管制令，能使他们因其他人也受到类似限制而获益，那么它就是正当的。在米勒诉舍尼案中，法院认为，当国家面临不可避免的损失时，如果损失的起因是另一种财产，国家作出幸免选择，以及优先保护对公共利益有重大意义的财产类型，并没有超越其宪法权力。[②] 霍姆斯大法官在其为多数派撰写的意见中提出，将系争管制造成的财产价值减损与其所欲促进的公共利益进行比较，若造成极大的价值减损却促进了微小的公共利益，应当认定此项管制构成征收。

1982年诺兰诉加州海岸委员会案中，联邦最高法院认为，加州要求诺兰夫妇永久出让穿越其临海区域的通行权，目的是增加到达海滨的公众通道，这无疑构成征收，那么如果想要获得穿越诺兰夫妇土地的通行权，就必须为此征收行为支付补偿。[③] 1992年联邦最高法院在卢卡斯诉南卡罗来纳海岸委

---

① 参见彭涛：“美国管制性征收法律制度简史及启示”，载《西北大学学报（哲学社会科学版）》2015年第45卷第3期。

② 参见王丽晖：“美国法上管制性征收界定标准的演变”，载刘连泰、刘玉姿等：《美国法上的管制性征收》，清华大学出版社2017年版，第15页。

③ 参见王丽晖：“美国法上管制性征收界定标准的演变”，载刘连泰、刘玉姿等：《美国法上的管制性征收》，清华大学出版社2017年版，第27～28页。

员会案中，卢卡斯也承认，南卡罗来纳州海滨区域是极有价值的公共资源，建造新建筑会对这种公共资源造成侵蚀和破坏，禁止在靠近海滩的区域建造新建筑，对于防止出现严重公共损害来说是必要手段。①

进入21世纪后，在涉及保护自然环境的管制行为方面，美国联邦最高法院在判断管制性征收时并不存在机械公式，法院对待管制性征收问题的态度也并非一成不变。美国联邦最高法院逐渐发展形成判断管制性征收的动态审查标准。虽然现在乃至将来都不可能得出一个固定公式，但这似乎已变得无关紧要。只要对现有各种规划驾驭得当，在将来出现新问题时避免墨守成规，重视审查具体案件的特定事实，则不必拘泥于固定公式。②

显然，美国最高法院所确立的管制性征收的判断标准与补偿问题，是将对私人财产权的影响区分为“警察权行使”与“管制征收”两类。认为行政机关的管制行为，既可能构成警察权（行政管理权）的行使，也可能构成管制性征收，而只有是基于公共利益的管制，才构成管制性征收；非公共利益的管制，则构成警察权的行使。所谓警察权，也称为治安权，通过学者的疆域拓展行为与解读及联邦最高法院在判例中的应用，已得到美国宪法的认可和保障。宪法赋予政府“维持和平与良好秩序”的权力与职能，行使警察权作为践行此种权力和职能的必要途径，得到宪法的首肯方能圆满自足。③ 财产所有人在行使财产权时，对他人财产权形成妨碍，政府可以通过一定方式对私人财产进行剥夺或实施其他方面的限制，属于警察权的正常行使，不构成征收，亦无须补偿。因为任何权利都是相对的，有边界的，法律禁止财产所有人毫无节制地行使权利，侵害他人权利。容许无限财产权利的存在是危险的，因为报应原则的警告是，若任何人的财产权都有可能遭受来自他人的侵害，社会将会陷入一片混乱，警察权的介入以扼制非法妨害、维持和平与良好秩序是必要的。警察权的行使或许会对私人财产权造成剥夺或限制，但诉诸征收条款有失公允。④

---

① 参见王丽晖：“美国法上管制性征收界定标准的演变”，载刘连泰、刘玉姿等：《美国法上的管制性征收》，清华大学出版社2017年版，第25页。

② 刘连泰、刘玉姿等：《美国法上的管制性征收》，清华大学出版社2017年版，第45页。

③ ［美］理查德·A. 爱泼斯坦：《征收——私人财产权和征用权》，李昊等译，中国人民大学出版社2011年版，第115~116页。

④ 杨显滨：“管制性征收与警察权行使的区分标准”，载《法学杂志》2016年第11期。

同时，美国联邦最高法院对“管制性征收”的理解仍然坚持宪法第五修正案所确立的“公共利益标准”，或者说“无公益不征收、无公益不管制”。美国联邦最高法院共在14个判决中主要采用了是否符合公共利益的标准。联邦最高法院对这一标准的适用，经历了从单纯判断管制行为是否符合公共利益、是否构成对公共或他人的妨碍，到管制行为是否与公共利益有密切联系，再到将公共利益与财产权人私益损失进行价值衡量的发展历程。美国联邦最高法院的如是区隔，主要是遵循普通法上的法律适用传统以及美国宪法第五修正案“不给予公平赔偿，私有财产不得充作公用”具备的直接司法性。

显然，管制性征收的理论与实践，并不会仅限于美国。《欧洲人权公约》《第一议定书》第1条规定了对财产权的保护。“每一个自然人或法人都有权和平享有其财产。除出于公共利益并按法律和国际法普遍原则规定的条件外，任何人不得剥夺其财产。”而欧洲人权法院也都有着丰富的实践。在《欧洲人权公约》体制下，管制性征收可以区分为对财产的剥夺、对财产使用的限制（比如建筑许可、对淫秽出版物的扣押、租金管制、规划限制、刑事程序中的财产临时扣押与查封、撤销执照、溯及既往的税收立法以及拒绝对会计师进行注册等）和其他干预措施等三种形式。① 并且认为管制性征收的界定标准是要求在社会一般利益和保护个人基本权利两种需要之间达到一种“公正的平衡”。管制性征收的客体包括动产、不动产甚至是权益，但对于保护投资预期仍然有严格的限制，不仅要考虑政府对投资者预期利益的照顾，还要考虑投资者自身对其从事的行业受到管制的风险所应有的预测等。

三、“中国天眼”建设中管制性征收与司法审查实践

中国法上没有管制性征收的概念，但这并不意味着中国法上的管制性征收概念无法构建。① 事实上，行政管理实践中存在着大量“管制性征收”或者说行政管制措施，而法院在司法审查中必然也会越来越多地自觉、不自觉地运用管制性征收理论，并参照现行征收的立法与实践，对管制性征收的合

---

① 李尊然：“《欧洲人权公约》体制下的‘管制性征收’述评”，载《国际经济法学刊》第14卷第4期。

① 李尊然：“《欧洲人权公约》体制下的‘管制性征收’述评”，载《国际经济法学刊》第14卷第4期。

法性问题进行评判。

2007 年 7 月 10 日，国家发展和改革委员会作出发改高技（2007）1538 号《国家发展改革委关于 500 米口径球面射电天文望远镜国家重大科技基础设施项目建议书的批复》，同意该项目（也称“中国天眼”，又简称 FAST）正式立项。2013 年 10 月 1 日，经贵州省人民政府 2013 年第 7 次常务会议审议通过的《贵州省 500 米口径球面射电望远镜电磁波宁静区保护办法》正式施行，该省级政府规章规定前述项目五公里核心区不能有电磁波产生。为实施该项目，平塘县政府于 2015 年 11 月 3 日发布《平塘县 FAST 核心区房屋征收决定公告》，决定由平塘县国土局对平塘县 FAST 核心区范围内的房屋予以征收。2016 年 7 月 27 日，平塘县国土局（甲方）与刘某某（乙方）签订了《平塘县 FAST 核心区房屋征收补偿安置协议》，主要内容为：1. 甲方对乙方位于平塘县克度镇金科村绿水组集体土地的自建木瓦结构二层房屋一幢（建筑面积 265.64 平方米）予以征收，同时乙方自愿选择划地统一建房安置方式，安置地点位于马鞍山安置区内建筑面积 288 平方米三层框混结构；2. 甲方应支付乙方装饰装修补偿费、附属物补偿费、搬迁费、土地补偿费、过渡费、奖励费共计 223050.14 元，其中奖励费 25501.44 元需乙方按照甲方时限要求完成搬迁后兑现；3. 乙方选择安置房屋面积大于原正房折算面积的相应部分向甲方补差，计 77578 元；4. 甲方应支付乙方 145472.14 元；5. 乙方应在签订协议后 20 天内搬迁完毕交房给甲方组织拆除。否则，甲方依法进行强制拆除。后刘某某以被征收房屋坐落的土地系集体所有，平塘县政府、平塘县国土局实施的征收行为未经省级人民政府征地批复，违反法定程序，双方签订的安置补偿协议缺乏依据，请求判决确认平塘县国土局与刘某某签订的《平塘县 FAST 核心区房屋征收补偿安置协议》无效。

人民法院认为，涉案补偿协议虽然名为对涉案房屋进行征收，但并不涉及房屋所占土地，其实质是基于公共利益需要对公民土地进行用途管制，并不涉及将集体土地征收为国有土地的问题，房屋被征收拆除后，房屋所占土地仍然为原村民集体所有。因此，无须按照土地管理法规定办理征地手续，也无须省级人民政府批准征收。本案中平塘县政府的行为并不涉及集体土地征收，刘某某主张平塘县政府未依照《土地管理法实施条例》第二十五条的规定和程序与其签订补偿安置协议违法，没有法律依据。为妥善解决因用途限制给所有权人造成的损失，双方通过签订的协议对刘某某予以了房屋安置和合理补偿。故其主张涉案房屋征收补偿协议无效的理由，不能成立。因此，判决驳回刘某某要求确认《平塘县 FAST 核心区房屋征收补偿安置协议》无效的诉讼请求。

“中国天眼”系为了实现《贵州省 500 米口径球面射电望远镜电磁波宁静区保护办法》的规定，以射电望远镜台址为圆心，半径 5 公里的核心区内严禁设置、使用无线电台（站），严禁建设产生辐射电磁波的设施。平塘县政府作出《平塘县 FAST 核心区房屋征收决定公告》，决定由平塘县国土局对平塘县 FAST 核心区内范围内的房屋予以征收，其目的并非取得该房屋的所有权归自己使用，也非如传统农村集体土地征收意在取得房屋所占的宅基地使用权，事实上，本案在所谓的“征收后”，在原房屋所有权人搬迁后（有的房屋并不拆除，只是不允许居住），房屋所占土地性质仍然为集体性质，仍然由村集体使用。因而所谓的征收既不同于国有土地上房屋征收，不能适用《国有土地上房屋征收与补偿条例》的规定，也不同于农村集体土地征收，不能适用《土地管理法》的规定，实质是一种对核心区内集体土地用途的管制，即不允许集体土地所有权人或使用权人在核心区内拥有房屋，以免因使用电子产品而产生辐射电磁波。据介绍，农民在 5 公里范围内的集体土地上耕种时，虽然不能携带手机等电子产品，但仍可以从事适当的农业生产活动。作为一种新类型的管制性征收性质的案件，地方性政府在没有法律明确规定的情况下，灵活参照《土地管理法》《国有土地上房屋征收与补偿条例》的相关规定，采取了在异地建房产权调换的方式对原有房屋进行补偿，并通过支付搬迁费、土地补偿费、过渡费、奖励费的方式，较好地利用行政协议解决了无法可依的“尴尬”局面，此种补偿安置如能够实现补偿问题上的公平合理，则既有利于满足公共利益需要，又尊重了所有权，也减少了国家财政的补偿压力，是一种有效的探索和尝试。

四、我国管制性征收实践原则与行政诉讼审理理念

与美国高度尊重私人财产权相比，作为一个区域差异较大的发展中国家，我国立法和实践中更偏重于维护公共利益，行政执法中也存在不依法采取征收而采取“管制”的方式限制公民财产权并实现公共利益的现象。就阶段而言，亟待形成有中国特色的“管制性征收”理论与实践。

与美国法官经常援引宪法有关征收的修正案不同，对于中国实践而言，一方面并不存在可以直接在裁判中适用的宪法性规定，另一方面，也不存在只有将行政管理中的管制性行为定性为《宪法》《物权法》《土地管理法》等法律法规中的“征收”“征用”条款才能裁判的问题。因此，我国宪法性规范的相对缺失和对政府管制行为的相对较少的约束性规定，相反却可能为我们在借鉴“管制性征收”这一概念的同时，多吸取其精神实质，探索出一条更加符合中国特色的“管制性征收”的理论与实践。

我国现有的征收制度以取得所有权为要件，并主要以集体土地、房屋等不动产为对象。由于条文中的“征收或者征用”无法涵盖上文提及的管制性征收情形，所以也缺乏对管制性征收补偿救济的明确规定。虽然我国现有法律文本中没有管制性征收的概念，但实践中却早已存在管制性征收的对象。例如，《土地管理法》第四条规定“国家实行土地用途管理制度。”又如退耕还林、退耕还草等政策。① 再如 2010 年前后各省根据国务院淘汰落后产能和煤矿企业兼并重组的要求，通过规定产能标准，对不符合产能标准的煤矿企业强制推行兼并或者淘汰落后产能实施政策性关闭，使大量民企投资者签订煤矿整合协议，遭受巨大损失。再如为迎接一些国际性会议的召开，保障会议期间的空气质量达标，作出限制一些工厂生产的行为。又如部分城市因为交通拥堵采取汽车单双号限行或者按尾号限行制度等。当政府的这些管制行为造成私人财产权的重大损失，若不将之视为征收，私人的损失就难以得到公平的补偿。从法律规范来看，当前中国法律虽然没有明确规定临时管制性征收，但政府可能通过使用某些临时管制，构成临时管制性征收。比如，一些城市实行禁止摩托车或者电瓶车进入中心城区的规定，事实上都产生了管制性征收的法律效果。

立法机关和行政机关在拟采取某项管制性措施时，就必须充分考虑和论证其必要性和可行性，并坚持以下原则：

第一，管制措施是否是为了维护公共利益所必须，而不是为了行政机关的管理便利甚至为了特定群体的私利；第二，管制措施能否促进其所宣称的公共利益，行政机关能否证明管制行为将显著提升拟维护的公共利益；第三，

① 参见张腾飞：“美国法上临时管制性征收的演进”，载刘连泰、刘玉姿等：《美国法上的管制性征收》，清华大学出版社 2017 年版，第 295 页。

必须采取管制措施时，管制措施是否适当，是否超过必要的限度，或者是否存在其他更少地减损权利人权利的方式来代替管制措施。第四，被管制措施影响的权利主体有多大程度的容忍义务，应当自己承担管制措施对权利造成的不利影响，是否能因管制措施而获得相适当的新形成利益，是否有权利得到补偿。

人民法院在审理因管制性征收而引发的行政案件时，应当重点考虑以下因素：

1. 管制行为只能是基于行政管理需要且确有必要。物理性征收通常要求国家只能是基于公共利益的需要，并通过立法明确列举了征收的“公共利益”的具体形态。管制性征收虽然可能产生一定的“征收效果”，但对其必要性审查，宜强调基于公共利益的需要，但也不能认为完全等同于物理性征收立法所列举的“公共利益”范围。即只要政府机关基于管理实践的需要，可以采取适当的管制措施。因为从一定层面上来说，政府机关从产生的那一天起，已经具有了服务公共利益，代表全体对社会事务的管理职权。当然，对管制行为不单纯强调“公共利益”，并不意味着管制行为可以超越法律，可以“法外管制”，而仍然强调依法管理，没有法律依据的“管制”不应得到支持。

2. 管制措施应当遵循比例原则。是否采取管制措施，采取何种管制措施，仍应遵循比例原则和对权利人最小伤害原则。只有在管制措施“确有必要”时，才能够实施管制。如果不采取一定的“管制”，通过其他方式也能达到行政管理目的，但国家将付出显然高得多的财政支出，而如果采取“管制”行为，将有效降低行政成本。临时性管制措施，应当有具体期限，管制原因消失后，应当及时消除或者放松管制。

3. 管制行为必须经过正当程序。由于立法的缺漏，政府管制行为往往未能有详细的程序法要求，但由于管制性征收直接影响权利人利益，必须遵循正当的法律程序，即要向相对人说明行为的根据、理由，听取相对人的陈述、申辩，事后为相对人提供相应的救济途径等。对全社会造成较大影响的，如机动车单双号限行，则应当在更大范围听取社会公众意见，甚至只能通过有权立法手段，地方政府才有权予以限制。而相关政府部门不听取意见“突袭”式的限制房屋买卖管制措施，容易引发正当程序和不尊重财产权利的质疑。

4. 行政相对人有适度的容忍义务。权利人对管制行为违法的诉求，必须考虑管制行为对其财产权的“价值减损程度”，如果系短暂、临时的管制（如奥运会期间适度的限制措施），或者是依据合约进行的管制（如政府出让合同已经约定了限制），或者虽然是长期的管制，但并不会严重影响其权益（如对紧邻道路的土地使用适当限制，但适当放宽对后续土地开发的限制），则权利人并不一定能够得到补偿。霍姆斯大法官在马洪案中即明确指出：“如果政府必须为它做出的所有减少土地随带价值的行为支付补偿，那么它将难以继续运转。”当然，如果对权利人造成显著的影响且无法从管制行为中获益，即不符合互惠利益标准（average reciprocity of advantage），那么国家就应当对因管制给财产权造成的损失给予公平合理的补偿。

5. 相对人有权得到公平合理补偿。以土地开发为例，如果规划管制或者用途管制已经超出权利人能够接受的程度，则应依法补偿。可以考虑对比管制前后的价值减损幅度来确定具体的补偿金额。并结合个案的具体情况，综合适用收益还原法、市场比较法、剩余法、成本逼近法等方法来确定实际损失的金额，并以此作为公平合理补偿的基准。

6. 用途管制将造成物权全部或者主要功能损失的，则应采取物理性征收。当政府管制措施，已经严重影响权利人物权行使，造成物权价值的重大贬损，或者物的有用性基本灭失，那么，就不能继续采取“管制性征收”，而应直接由国家进行征收。国家只能通过征收或者赎买的方式，将公民财产依法实施征收并给予公平补偿，等国有化后再限制物的使用，对用途实施管制。在卢卡斯一案中，美国联邦最高法院所创设的绝对性规则即指出，只要管制剥夺了所有者土地上“全部经济获益性用途”，使卢卡斯的私有地产“完全消除价值”的法令显然构成征收。在某船舶公司诉某省人民政府海域征收案中，最高人民法院认为，虽然因建设跨海大桥仅需要征收船舶公司依法取得使用权的部分海域，但由于大桥及配套道路建设从不同区位经过船厂项目所在位置，对其形成了人字形夹角包围之势，阻断了船厂项目的出海通道，使得船厂项目的填海和运营等活动均无法进行，导致船厂项目的废置。即随着跨海大桥建设和周边规划的调整以及大桥的安全保障需要，船舶公司未被征收部分海域的使用功能已经被“管制”，事实上已无法再进行规划中的船厂建设；如果不对船厂的整个海域使用权实施物理征收，而仅对大桥实际占用的少部分实施物理征收，又对大部分进行“管制性征收”，可能更不利于船舶公司海域使用权保护。当然，船舶公司合法海域使用权应当得到公平合理的补偿。[①] 在某公司诉苏州市国土局一案中，最高人民法院认为，某公司依法取得的商品房开发用地，因太湖水资源保护原因用地用途已经被调整、管制，并被规划为绿化用地；虽然某公司已经取得国有建设用地使用权，但该项权利由于规划局的拒绝审批行为，此项建设用地物权已经事实上全部无法实现，公司也无法对土地进行任何开发利用，因“规划管制”已经造成某公司合法取得的建设用地使用权完全丧失，必须予以物理征收。因此，苏州市国土局应依法启动收回国有土地使用权程序，并依照国有土地使用权的评估价格给予补偿。[②]

（作者单位：最高人民法院　贵州省高级人民法院）

① 参见最高人民法院（2018）最高法行申第 1452 号案。
② 参见最高人民法院（2017）最高法行申第 1336 号案。

从问题倒逼到价值引领：行政审判“结构性矛盾”及职能重塑

刘 行

【摘要】我国行政诉讼制度走过三十年，经历了由重点解决起诉难、审理难问题逐渐走向增强人民群众对法治和公平正义更多获得感的价值引领过程，背后是改革开放后权利与权力结构深刻变迁的动力支撑以及国家治理模式转型提供的环境保障。在新时代，行政审判要真正成为国家治理体系和能力现代化的有机组成部分，解决目前面临的纠纷化解有效性、权利保护获得感、规制权力实效性、稀释相对剥夺感以及弥合制度角色与实际能力不匹配等问题，需要重塑行政审判职能。重塑的方向和着力点主要有：既处理好个案纠纷，强化规则引领，也要注重行政审判的公共行政对话功能；既要实现裁判的合法公正，还要实现看得见、容易接受的和认同的公正；既要用足用好现有制度资源，增强当事人的获得感，还要拓展和优化其所依赖的制度体系；既要提升行政审判自身的战略定位，还要协同各类法治建设主体，合力推动国家治理体系和治理能力现代化。

【关键词】国家治理　权力结构　行政审判　职能变革

在我国经济社会发展迈入新时代的背景下，作为国家治理体系和治理能力现代化的重要组成部分，行政审判承载着越来越重要的职责和使命，面临着越来越艰巨的挑战和考验，备受瞩目，备受期待。2014 年 11 月 1 日新修订的《行政诉讼法》颁布和 2018 年 2 月 7 日《最高人民法院关于适用〈中华人民共和国行政诉讼法〉的解释》颁布实施，标志着现阶段我国行政诉讼顶层制度设计基本完成了总体布局，行政审判也迎来新阶段新时代。行政审判的重心，随之转化为由注重制度完善走向更加关切制度实施，由注重客观上的规范建设走向更加注重主观上的公正感受，由注重个案化解争议走向更加深度参与社会治理的规则引领。这个职能转换是一个系统工程，既需要做好顶层的法律制度设计，也需要意识理念思维等层面的转型升级，既需要解决体制机制问题，也需要关切回应行政审判面临的突出难题。行政审判目前面临的突出挑战，是如何在保障诉权的基础上增强当事人获得感，如何在对行政权严格司法审查基础上确保规制实效，有效缓解社会治理中的相对剥夺感以及在制度角色和实际能力之间的张力问题。这些问题，既是整个国家社会治理结构性变革的反映，也直接决定和影响行政审判未来的角色定位和职能发挥。[①] 因而，本文立足于"过去只有在被视为一个制度演进的历程时才可以理解"的基调，尝试从更宽阔的"结构性矛盾"的视角，分析行政审判职能定位演进的动力机制、亟待解决的政策议题以及未来重塑的方向。

一、从问题导向到目标导向：行政审判职能发展演进的基本轨迹与内在趋势

从 1989 年制定颁布行政诉讼法算起，我国现行行政诉讼制度建立即将进入第三十个年头。[②] 这三十年，正是我国社会治理结构变迁最为迅速的三十年，也是我国由法制向法治快速推进的三十年。三十年中，政府与社会、公民的结构性关系和矛盾运动，一直是国家治理结构变革的核心主题，而实质正是权力与权利结构的变革。作为直接调整行政权力与公民权利关系，间接调整整个国家权力与公民权利关系的行政审判，正深刻反映了国家治理结构的变革历程，通过历史的比较回顾，结合实际的社会情境，在一定程度上可以反映出行政审判职能定位的主要变量之间的演进轨迹以及发展趋势。

（一）基本轨迹

分析过去，是为了更好地展望未来，展示我国行政审判职能定位变迁的背景和特殊性，并努力从中为"从历史走向未来"提供方向性的思考。

---

① 有学者指出，"我国行政诉讼出路的选择并非通过行政诉讼法的简单修改或者对某一制度的更张所能完成，而需要诉诸司法与行政关系的调整和国家权力结构的重新构造方能完成。"参见杨伟东：《权力结构中的行政诉讼》，北京大学出版社 2008 年版，第 30 页。

② 严格来说，当代中国行政诉讼并非完全肇始于 1989 年行政诉讼法的颁布，1982 年制定的《民事诉讼法》（试行）第三条第二款"法律规定由人民法院审理的行政案件，适用本法规定"的规定，为法院审理行政案件提供了法律上的程序依据，只不过在全面建立行政诉讼制度的角度来说，1989 年行政诉讼法的颁布是一个重要标志。

1. 问题倒逼：立足诉权与司法权之间的结构性矛盾，着力解决行政诉讼“起诉难”问题。1989年行政诉讼法的颁布，标志着国家治理结构中“公民对峙政府”制度化平台正式建立。也正是从那一天起，“民可以告官”制度如何落实到现实生活中，一直是行政审判演进发展的重中之重，说是首要问题也并不为过。因为从那时起，解决“起诉难”问题，一直是摆在行政审判面前艰巨而复杂的任务。这方面不需要过多的论述，现实感受最能说明问题，这里仅简单加以侧证：一是从最高人民法院出台的一系列行政诉讼司法解释和司法政策文件来看，强调诉权保障的解释和文件往往都是首要主题，最为典型的是在2009年发布《关于依法保护行政诉讼当事人诉权的意见》，[①] 这个集诉权保障大成的意见，在一定层面上恰恰反映出行政诉讼制度在建立近三十年后仍面临“起诉难”的窘境。二是从国务院加强依法行政、建设法治政府的视角来看，发布的一系列具有纲领性意味的文件中，大多提出要支持人民法院依法受理案件，比如2010年国务院发布《关于加强法治政府建设意见》指出：“完善行政应诉制度，积极配合人民法院的行政审判活动，支持人民法院依法独立行使审判权。对人民法院受理的行政案件，行政机关要依法积极应诉”。[②] 三是从最高立法机关的立场来看，新行政诉讼法专门增加“行政机关及其工作人员不得干预、阻碍人民法院受理行政案件”的规定，背后端倪也不难看出。[③] 除此而外，实践中大量发生在官民之间的群体性乃至极端事件，也都在一定程度上反映出“起诉难”问题的严重性和普遍性。这个问题正是当时社会治理结构中政府与公民、行政权与司法权关系的反映，说明行政审判职能定位主要还是着力解决“入口”问题，行政审判真正通过主体性的审判参与社会治理的格局尚没有真正形成。直到党的十八届四中全会《关于全面推进依法治国若干重大问题的决定》提出“变立案审查制为立

---

① 这个意见发布于行政诉讼制度正式建立二十周年之际，明确指出“行政诉讼‘告状难’现象依然存在，已经成为人民群众反映强烈的突出问题之一”“为不断满足人民群众日益增长的司法需求，切实解决行政诉讼有案不收、有诉不理的问题”，制定该意见。

② 国务院国发〔2010〕33号《国务院关于加强法治政府建设的意见》。

③ 全国人大常委会法制工作委员会副主任信春鹰在2003年12月23日第十二届全国人大常委会第六次会议上作《关于〈中华人民共和国行政诉讼法修正案（草案）的说明〉》时指出，行政诉讼面临的“三难”，最突出的是立案难，公民、法人或者其他组织与政府机关及其工作人员产生纠纷，行政机关不愿当被告，法院不愿受理，导致许多应当通过诉讼解决的纠纷进入信访渠道，在有些地方形成了“信访不信法”的局面。

案登记制”，并随即通过新行政诉讼法将其制度化法制化，行政诉讼起诉难的问题才得到根本性解决。[①] 由此可见，在行政诉讼制度正式运行的三十年间，行政诉讼结构中的政府与公民关系，基本表现为公民诉权保障问题，行政审判职能突出体现在解决“救济有门”“有权利就有救济”问题上。

2. 由点到面：立足行政权与司法权之间的结构性矛盾，着力解决行政诉讼制度资源供给不足的问题。行政诉讼制度，是一种国家权力调整另一种国家权力的制度，也是权利借以监督制约权力的平台和渠道。[②] 行政审判调整的权力范围固然广泛，但最核心最直接的无疑是行政权与司法权的关系。在迅速变迁的社会治理结构中，行政权与司法权的关系经历了复杂的变化，也存在相应的“结构性矛盾”，行政审判领域体现尤为突出。其实，起诉难问题，表面上反映诉权与司法权之间的紧张关系，实际上更折射出司法权与行政权的关系，后者更具有深层次意味，也在更深层面上反映出中国社会治理在权力与权利配置上的结构性矛盾。除此之外，行政审判作为监督制约行政权力的重要制度性工具，还存在效性严重不足的问题。比如，行政审判更加注重合法性审查，行政裁量问题长期游离在司法审查之外，导致行政行为形式合法实质裁量不合理的问题不能得到有效规制。[③] 再如，行政审判直接调整公民针对具体行政行为的质疑，而对具体行政行为背后的法秩序价值关注不够，维护法制统一的功能没有得到有效发挥，加之行政审判本身深深镶嵌在现实的权力结构之中，“先天发育不足、后天营养不良”，在职能发挥上往往持“保守”取向，审判参与社会治理的杠杆功能受到严重稀释，导致司法权对行政权的规制功能全面萎缩。为了有效应对这种结构性矛盾，党的十八届四中全会从全面依法治国、建设法治政府的角度，对完善行政诉讼制度提出了全新的定位和要求，并迅速将这种要求转化为法律制度设计，于是有了新行政诉讼法，全面强化司法权对行政权的规制功能，不仅在横向上拓展受案范围、降低起诉门槛，而且在纵向上强化审查强度，确立明显不当、规范

---

① 2015 年 5 月 1 日至 2016 年 3 月 31 日，全国法院受理一审行政案件达到 220259 件，同比上升 59.23%；仅 2015 年 5 月就受理一审行政案件 2.6 万件，同比上升 221%。行政诉讼“立案难”的问题基本得到解决。参见最高人民法院行政审判庭：“做依法治国的实践者和捍卫者——人民法院实施新行政诉讼法一周年综述”，载《人民法院报》2015 年 5 月 11 日，第 4 版。

② 参见胡玉鸿：“行政审判权的政治性”，载《法学》2004 年第 5 期。

③ 1989 年行政诉讼法规定行政处罚显失公正的可以判决变更，2014 年修订后的行政诉讼法将行政行为“明显不当”纳入撤销判决的适用范围，进一步明确了行政行为合理性审查的空间和标准。

性文件一并审查、检察公益诉讼等新机制。通过一系列制度安排，行政权与司法权之间的结构性矛盾在顶层设计层面得到了有效缓解，行政审判参与社会治理的法治程度有所提高。

3. 转型升级：立足行政审判职能作用与治理体系和治理能力现代化之间的结构性矛盾，切实增强当事人公平正义获得感和行政审判公信力。行政审判角色定位与社会治理结构体系演进息息相关，社会治理结构和社会矛盾的运动变化，直接影响乃至决定行政审判的制度内涵以及行政审判观念、目标与行为方式。党的十九大提出了社会主要矛盾的新定位，[①] 将法治国家建设推向新时代，将增强“获得感”作为包括法治内在的各项事业的奋斗目标。这对行政审判功能提出了新的更高要求，不仅要求行政审判成为国家治理体系重要载体，还要立足于人民主体地位，从过去注重制度完善和客观评价依法行政，转向满足人民日益增长的公平正义需求。正是在这个意义上，党的十九大不仅开创了国家建设发展的新时代，而且对行政审判来说，也堪称开辟新纪元，行政审判职能定位更上一层楼，不仅要解决个案纠纷，还要参与社会治理，确立行为规则，不仅要保障相对人合法权益，还要让相对人感受到公平正义，不仅要监督行政机关依法行政，还要为行政机关施政确立行为规则和标准，通过参与国家社会治理现代化进程，促进社会结构主体之间良性互动。只有通过行政审判的良好运行，带来了当事人权利和能力实现的最大化，让社会成员普遍感受到制度优越感、幸福感的时候，社会才进入和谐发展的善治状态。[②]

（二）演进趋势

从行政审判制度运行情况分析，不难看出我国行政审判职能定位的演进趋势。这种趋势，既是对过去经验的梳理，实际上也蕴含着对未来的启示。

1. 从问题导向逐渐转向目标导向，是行政审判职能发展的内在逻辑。行政诉讼制度发展历程中，司法解释或政策发挥了重要作用，也是观察行政审

---

① 党的十九大报告指出，中国特色社会主义进入新时代，我国社会主要矛盾已经转化为人民日益增长的美好生活需要和不平衡不充分的发展之间的矛盾，人民美好生活需要日益广泛，不仅对物质文化生活提出了更高要求，而且在民主、法治、公平、正义、安全、环境等方面的要求日益增长。

② 参见江必新：“论实质法治主义背景下的司法审查”，载《法律科学》2011 年第 6 期。

判发展轨迹重要风向标。不论是1991年的“试行”司法解释[①]，还是2000年的“98条”[②]，以及保护诉权、管辖、撤诉等一系列司法解释或政策，都是与转型时期社会治理模式和能力相吻合的，也都是围绕保护公民权利、促进依法行政方面存在的突出问题而开出的“药方”。通过努力，在一定程度上也解决了许多突出问题，尤其是困扰行政审判发展的难题。从十八届三中全会提出国家治理体系和能力现代化的课题起，尤其是党的十九大开启了国家治理和法治建设新时代，行政审判制度的发展方向和内在动力也悄然迈入了新阶段，既要解决行政审判中的突出问题，问题导向仍是重要指引，但更加突出目标引领，即行政审判要实实在在、名副其实地成为国家治理体系的有机组成部分，不仅在个案中有效化解纠纷，确立规则，更要突出群众对公平正义的获得感，满足人民群众日益增长对法治、公平正义的需求。

2. 权力与权利的结构性变革，是行政审判职能作用发展的核心动力。行政诉讼制度运行的三十年，是我国国家治理方式快速变革的三十年，变革的领域和方面有许多，核心和实质是权力与权利关系模式的转变和演化。[③] 行政诉讼制度之所以得以建立，本身就是权力与权利格局演变的结果。随着国家治理方式的深刻变革，法律相继得到完善，放权于社会、放权于市场、放权于公民，使权利的疆域和范围不断拓展，政府权力行使的范围和条件日益严格，行政审判不论是受案范围的扩展，还是起诉门槛的放松，乃至审查标准的趋严，都是权力与权利关系结构深刻变革的反映。行政审判职能的演变或发展，既是内部公民诉权与司法权、行政权与司法权结构性运动变化的反映，更是整个国家权力结构范围内政府与公民关系的直观写照。这种国家权力与公民权利的互动、博弈、演变，成为行政审判职能作用发展的最为直接的核心动力。

3. 国家治理结构和目标的转型，是行政审判职能作用发展的重要保障。行政审判职能如何定位以及在实际中的发挥情况，固然需要行政审判自身在

---

① 1991年5月29日最高人民法院审判委员会第499次会议讨论通过《最高人民法院关于贯彻执行〈中华人民共和国行政诉讼法〉若干问题的意见（试行）》，与1989年行政诉讼法相配套，构成当时行政诉讼制度的主要框架。

② 1999年11月24日由最高人民法院审判委员会第1088次会议通过《最高人民法院关于执行〈中华人民共和国行政诉讼法〉若干问题的解释》，通过司法解释的修订在新世纪将行政诉讼制度推向新台阶。

③ 参见竹立家：“社会结构性改革说到底是权力结构和配置改革”，载《领导科学》2011年第21期。

法律范围内守其职、尽本分，但更与国家治理结构与目标紧密相关。这是因为，行政审判的本质是调整权力与权利的关系，这正是一个国家民主政治最为敏感最为核心的领域，堪称民主政治的晴雨表。只有国家向着民主法治的方向迈进，行政审判的环境才能优化，职能作用才能得到有效释放，参与国家治理的功能方能得以实现。法治是国家治理体系和治理能力现代化的重要依托，[①] 没有法治，很难说国家治理体系和能力实现了现代化。在法治建设中，法治政府又举足轻重、至关重要，而在法治政府建设中，行政审判的功能又不可替代。因此，可以说，行政审判职能作用的发展，既得益于国家治理结构和方向的进步发展，本身又在一定程度上促进和巩固国家治理结构和方向的发展成果。

二、结构性矛盾：行政审判职能定位的逻辑起点与重要议题

当前，我国经济社会发展迈入新时代，经济从传统计划经济向市场经济转型，社会从传统社会向现代化信息化社会转型，治理方式由传统模式向现代法治转型，这样的多重转型叠加推进，在世界上是没有先例的。新时代蕴含的全新发展战略和理念，并不仅仅是个名词和概念变化，而是社会结构和治理模式的深刻变革。"从政治学的角度看，国家治理体系和能力现代化标志着精良的制度安排、合理的结构设计和充分的绩效。"[②] 作为国家治理体系和结构的重要组成部分，行政审判职能作用的发挥，不仅有赖于自身制度系统的完善，还需要辅之以合理的制度结构，唯此才能取得良好的治理绩效。

（一）结构性矛盾：行政审判职能发展和重塑的逻辑起点

"社会结构变迁就是为了满足社会各系统的需要，当社会结构不能满足社会发展特别是社会系统的需要时，就要发生结构性变迁。"[③] 行政审判也一样，当行政审判内在结构不能符合社会治理需要时，结构性矛盾便凸现出来，并推动行政审判职能发展和重塑变革。从行政审判本质视角出发，行政审判不外乎由这样几种关系支配运行：一是权利与权力的关系，这是行政审判最

---

① 习近平在党的十八届四中全会上"关于《中共中央关于全面推进依法治国若干重大问题的决定》的说明"。

② 王郅强、张晓君："'结构性矛盾'与社会治理体系的构建"，载《行政论坛》2017 年第 2 期。

③ 王郅强、张晓君："'结构性矛盾'与社会治理体系的构建"，载《行政论坛》2017 年第 2 期。

为直接的调整对象，立足点在规制权力、保障权利，并受权力与权利关系演变的影响。二是权力与权力的关系，这是行政审判自身所处的结构性权力框架图谱，既包括立法权与司法权的关系，也包括立法权与行政权的关系，当然也包括行政权与司法权的关系，还在一定程度上包括更深层次上的政治权力与法律权力的关系。三是中央与地方的关系，这是行政审判最为独特的功能所在，行政审判最强调法律秩序，最注重法律至上，具有超越法律功能的政治整合功能，是维护中央政令统一的有效抓手。四是法律与政策的关系，这是行政审判最有特色、最能彰显价值而且挑战最为巨大的调整领域，特别是在社会治理模式快速转型的当下，这对关系对行政审判职能作用的影响尤为突出。

这四组基本关系的矛盾运动，直接推动了行政审判制度的产生、发展和完善，行政诉讼职能作用的发挥又促进了这四组关系的优化发展。应当说，在不同时期，受社会资源总量的限制，国家顶层设计、国家权力主导推动结构性变革，仍是基本力量。在过去相当长一段时期以来，通过制度完善、权力优化配置以及强力推动等方式，行政审判职能作用逐渐得到有效释放，公民权利保障程度日益加深，规制行政权力的效果也有所改善，官民矛盾调节阀作用有所加强。然而，在权利与权力、权力与权力、中央与地方关系格局中，深层次的结构性矛盾依然存在且张力持续，行政审判保护权利乏力、规制权力失灵、化解纠纷无力、维护法制统一吃力的“空转”现象仍然很突出，在立案登记制背景下尤为明显。因而，重构行政审判内在结构，优化行政审判外在环境，努力消除和化解“结构性矛盾”，进一步重塑和释放行政审判职能作用，是行政审判真正成为国家治理体系和能力现代化有机组成部分的重要使命。

（二）“结构性矛盾”中行政审判职能重塑面临的重要议题

随着社会主要矛盾定位的变化，行政审判内在结构变迁存在不适应经济社会发展变迁的地方，导致行政审判职能与国家治理体系和能力现代化要求以及增强相对人公平正义获得感之间“不平衡、不协调、不可持续”等结构性矛盾日益凸现，成为很多社会矛盾和行政争议的诱发因素。

1. 纠纷解决有效性问题。这是行政审判职能重塑面临的第一个问题，或许不是最为深层次的问题，但无疑是目前行政审判备受困扰的问题之一，即诉权保障有效性与行政审判职能发挥之间存在结构性矛盾。诉讼是解决纠纷的，天经地义，理所当然，不解决或不能有效解决纠纷的诉讼，不应当是我们所期待的制度。新行政诉讼法旗帜鲜明地提出“解决行政争议”，为新时代行政审判职能作用提出了明确的方向。从新行政诉讼法实施三年来的实践来看，纠纷解决有效性问题似乎并没有得到根本的扭转和解决。

这方面突出表现为：一，在解决诉讼程序“空转”方面，有效性显得不足。行政审判化解行政争议的有效性，核心在于“能够在多大程度上满足公民的法律救济需求，能够在多大程度上取得合法权益保护的实效”。[①] 实践中大量出现的反复诉讼、滥用诉权问题，往往都有早期纠纷处理不够彻底、化解不够有效的影子，也使得诉讼功能走到了有效性的反面。从北京市高级人民法院5年来的统计数据看，一人多诉情况时有发生，一人提起20件以上行政诉讼的原告达337人。其中，最多的一人起诉案件数达以千余件，缘起于十年前搬迁报刊亭而产生的补偿纠纷没有得到及时有效权威的处理。“循环诉讼是公民诉累的典型，而公民在诉前、诉中、诉后遭受来自行政机关的不利处境，则是行政审判制度目的迷失的典型表现。”[②] 二，纠纷解决的针对性和圆满性不足，影响了行政审判职能作用的发挥，稀释了行政审判公信力。受传统行政行为合法性审查模式的影响，行政诉讼审查标的和标准类型化不足，制约了相对人获得周延而无漏洞的权利救济。这个问题突出表现在要求履行职责类案件中，法院经审理作出责令行政机关进行处理的概括判决，行政机关作出处理行为后，当事人如果不服还会再次提起诉讼，法院如果经审查认为处理行为违法还会撤销后责令重做，重做后是否回应当事人的请求以及是否合法往往仍是未知数，还需要司法审查予以确认。简单地履行职责案件，有时候却需要在当事人、行政机关和法院之间循环往复好几次，其中诉累可想而知。此外，影响纠纷化解有效性的障碍，还有一个暗藏的“岛礁”，困扰了行政审判多年，迄今仍没有得到有效解决，即“赢了一阵子、输了一辈

---

① 高家伟：《公正高效权威视野下的行政司法制度研究》，中国人民公安大学出版社2013年版，第26页。

② 高家伟：《公正高效权威视野下的行政司法制度研究》，中国人民公安大学出版社2013年版，第55页。

子”的问题。[①]“公民与公共行政的关系是日常的、基础性的，而与司法的关系则是临时的、应急用的，如果因为后者而妨害了前者，想必大多数公民会选择前者，所谓‘忍气吞声’。”[②]

2. 公平正义获得感问题。保护行政相对人合法权益，是行政审判的核心职能之一，在国家治理战略格局中也是人民主体思想的直接体现。党的十九大报告提出，“不断促进社会公平正义，形成有效的社会治理、良好的社会秩序，使人民获得感、幸福感、安全感更加充实、更有保障、更可持续。”“获得感”就此成为响彻中华大地的热词，短短三个字，有深度、有力度、有温度地表达了“以人为本”的深层价值。对于行政审判来说，“获得感”同样直指职能内核，阐明了行政审判履行职责使命的目标价值，精准回应了当事人对诉讼机制和审判职能的诉求，也是评价行政审判含金量的核心标尺。但在目前的状况下，行政审判职能离这一目标似乎还有些遥远，行政审判保护相对人合法权益，虽然诉权保障问题基本解决，在司法改革的加持下正在努力实现“能赢尽赢”，但由于行政审判所处的制度体系和实践环境，决定了这种获得感还远远不够，甚至有的时候，看似打赢了官司，也没有“获得感”，相反还有“被剥夺感”。

影响获得感的因素有许多，既有主观的，也有客观的，不一而足，除了传统诉累、司法环境制约之外，治理结构体系还存在深层次的矛盾：一是法院撤销被诉的对当事人的不利处分，还可以没有限制地进行重作，严重削弱了胜诉当事人的获得感。以行政处罚为例，在现行法律框架下，如果被诉行政处罚合法性存在问题被法院判决撤销后，行政机关除了不得以同一事实和理由作出相同的行政处罚外，行政机关经过调查补充新的事实和理由还可以对相对人重新作出行政处罚乃至比被撤销的行政处罚更重但也不存在明显不当的行政处罚，如此一来，当事人在前一个诉讼中的“获得感”何来？胜诉了又有何意义呢？在这种情况下，胜诉的意义或许就在于，用个人的人力物

---

① 比如，笔者办理的一起国有土地上房屋征收案件，一个企业因起诉房屋征收决定并胜诉了，但遭受当地政府的各种刁难，房屋所有权证被“合法”注销，土地使用权证也差一点遭遇同样命运，不仅企业经营不下去了，连获得法定补偿之路也是千难万阻，七八年时间，打了十几起官司，获得的补偿似乎还遥遥无期。

② 高家伟：《公正高效权威视野下的行政司法制度研究》，中国人民公安大学出版社2013年版，第41页。

力精力成本，借助法院行政诉讼的平台，帮助行政机关弥补执法漏洞，促进行政机关依法行政，完全是一个公益事业，对个人来说基本没有获得感，或者获得感只是在胜诉的那一刻。就拿笔者承办的苏某某诉中国证监会行政处罚案来说，法院以没有穷尽调查方式导致事实不清为主要理由撤销了 1.3 亿的被诉处罚，[①] 但笔者特别担心的是，中国证监会重新完善调查后，如果要重新作出同样的处罚乃至法律裁量允许范围内更重的处罚，苏某某的获得感在哪里？即使苏某某再起诉，法院因没有发现其他违法之处而确认处罚合法，那么，法院审判职能又如何保障当事人享有“获得感”？二是诉讼成本分担机制，严重影响了胜诉的获得感。虽然获得感不完全体现在看得见的物质利益方面，但物质利益无疑是获得感的有力支撑。在诉讼成本越来越高的情况下，如果胜诉当事人获得的只是“一口气”，而付出的却是沉甸甸的“真金白银”，即使当事人有精神上的获得感，那么这种获得感也会因“流血流肉”而大打折扣或者感觉得不偿失。比如有一类曾引起关注的案件，当事人申请行政复议，复议机关逾期未作出复议决定，当事人提起履行职责之诉，法院判决复议机关履行复议职责，当事人转而请求复议机关赔偿其在要求履行职责诉讼中包括交通费、复印费、差旅费等成本支出。如果不由复议机关承担，当事人赢得了不作为官司，却付出了看得见的诉讼成本，复议机关输了官司，除了违法评价和支付五十元诉讼费外，却没有其他看得见的成本，输得不疼不痒。为了平衡这种输赢成本上的结构矛盾，法院曾尝试将这种诉讼成本支出纳入赔偿范围，但终因缺乏法律依据而没有得到权威支持。[②] 当然，除了这种看得见、摸得着的获得感之外，在越来越强调公平正义感受的时代，如何在行政诉讼中使当事人有更多的尊严受到尊重的获得感，也是不可忽视的重要议题。

3. 权力规制实效性问题。监督和促进行政机关依法行政、建设法治政府，是行政审判独特使命和价值，在我国行政权居于主导地位的背景下，更是如此。在一定程度上可以说，行政审判从诞生那天起，就背负着“控权”的使命，评价行政审判功能发挥得好不好的标准，往往也在于行政权是否得

---

① 参见北京市高级人民法院（2018）京行终 445 号。

② 关于行政复议行为被法院确认违法，是否需要赔偿行政复议申请人在该诉讼过程中的成本支出问题的争议及其处理标准，具体可以参见最高人民法院（2015）行监字第 2116 号。

到了有效规训。今天行政审判所遭受的诸多质难，也都集中在规制行政权不足上，没有发挥制度设计和社会期待中“把权力关进制度笼子里”的功能。

一般来说，裁判的评价指引功能，是指行政机关的某一行为受到司法的否定性评价，该行政机关及其他行政机关在处理同类或类似问题时，会避免犯同样的错误。但在实践中，令人不可思议的是，很多行政机关乃至同一行政机关知法犯法、明知故犯、重复犯同样错误的情况屡见不鲜，行政审判的评价指引功能受到严重挑战和削弱。记得在一次行政审判座谈会上，某基层行政庭长坦言，有不在少数的行政机关负责人面对败诉判决公开宣称，败诉了也不怕，当干还得干，判赔偿也不怕，别说赔得都不多，关键是判赔多少都不差钱。此言让人愕然，形象却残酷地道出了行政审判规制评价指引功能的无奈、无助乃至无力之处。此乃其一。二是惩戒功能因某些制度设计而形同虚设，甚至看似惩戒却成为诱导行政违法的动因。这集中体现在行政赔偿方面，现行赔偿直接损失的“填平补齐”模式，在一定程度上容易异化为行政机关违法的“护身符”。最为典型也为实践最为垢病的例子是征收补偿违法赔偿案件，本来国家征收补偿条例和行政强制法为了规制行政权滥用，取消了行政强制搬迁，只能在法定条件下申请法院强制执行。[①] 但实践中，由于很多重点工程项目等不起耗不起，在有些情况下行政机关会无视法律的禁止性规定，在没有达成协议且征收补偿决定尚未作出或尚未逾越法定起诉期限的情况下，依然违法行政强制搬迁。法院判决确认强制拆除行为违法后，判决赔偿的标准是直接损失，其实质就是征收部门本该支付给被征收人的征收补偿款额，于是，行政机关用本来就该支付给相对人的价款，换来了少则半年甚至更长的期限利益，除了一个违法性评价外不会受到其他看得见的惩戒。在违法评价不会引发严重制裁或问责、土地期限利益又很巨大的情况下，政府故意违法的成本就很低，违法评价和赔偿判决的规制功能微乎其微。此外，还有程序违法判决，看似对行政机关课以了特别高的要求和标准，[②] 督

---

① 《行政强制法》第十三条规定，行政强制执行由法律设定。法律没有规定行政机关强制执行的，作出行政决定的行政机关应当申请人民法院强制执行。《国有土地上房屋征收与补偿条例》第二十八条第一款规定，被征收人在法定期限内不申请行政复议或者不提起行政诉讼，在补偿决定规定的期限内又不搬迁的，由作出房屋征收决定的市、县级人民政府依法申请人民法院强制执行。

② 《行政诉讼法》第七十条第三项规定，行政行为违反法定程序的，判决撤销或部分撤销该行政行为；该法第七十四条第一款第二项规定，行政行为程序轻微违法，但对原告权利不产生实际影响的，可不撤销行政行为，但判决确认违法。

促行政机关注重彰显人的尊严的程序价值，但在缺乏配套制度的情况下，很难发挥相应的有效规制功能，这也是“重实体、轻程序”久治不愈的深层次原因所在。

4. 相对剥夺感问题。相对剥夺感[①]本来是社会学、心理学、政治学上的概念，但在行政审判中表现尤为突出，对行政审判职能和公信力有较强的负面效应。公平公正是司法的生命线，“让当事人在每一个案件中感受到公平正义”，绝不仅仅是当事人在其所涉及的案件中感受到个案的公平正义，而还需要在比较中感受到公平正义，也就是说，即使个案裁判合法公正，但如果经过比较和对比，同样不排除会产生“不公平”的情绪，这就是相对剥夺感问题的在作怪。

这里面的结构性矛盾主要有：一是公平正义不仅局限于个案，还需要在比较层面上让人感受到。相对剥夺感总是在期望以及期望的不断比较过程中产生出来的。当人们的期望值或者认为应该得到的东西高于实际得到的东西时，往往就会感到失望和失落。比如，实践中在征收拆迁案件中，在“拆迁致富”的舆论氛围下，人们往往会对征收补偿安置有很高的期待，社会普遍情绪也往往支持这种期待，而裁判又是严格依法依标准作出的，很难满足这种高预期，这时当事人往往就会感到受到剥夺。这也是这类案件申诉上访率高、服判息诉率低的重要原因。二是相对剥夺感往往是人们不断与其相应的参照群体相比较的结果，影响的不是个案的公正本身，而是人们对自身受到公平对待的感受。这方面，人们的被剥夺感是相对的，是与参照群体的比较中感受到的不公平对待。实践中，许多当事人总拿行政机关在处理其他同类乃至同样事情时的标准来说明对自己处理不公，行政机关总是辩称如何处理其他人与本案没有直接关联，司法审查标准也主要局限在被审查个案范围内，法院往往也会拿“别管怎么处理别人的，关键看处理你对不对”作为应对之理。其实，这里当事人感受到的是比较产生的相对剥夺感，很难在个案范围

---

① 相对剥夺感是指个体或群体通过与参照群体比较而感知到自身处于不利地位，进而体验到愤怒和不满等负性情绪的一种主观认知和情绪体验，最早由美国社会学家在 1949 年提出，成为心理学、社会学、政治学以及经济学等领域的重要研究课题。参见熊猛、叶一舵：“相对剥夺感：概念、测量、影响因素及作用”，载《心理科学进展》2016 年第 3 期。

内化解这种感受。[①] 因此，即使个案裁判是合法公正的，同样会产生不公正的感受，两种“正义”的内涵和范畴是迥异的，存在结构性的矛盾和冲突，这也严重制约行政审判职能作用的彰显。应当说，行政审判中相对人相对剥夺感的产生具有社会性，因为在快速转型的社会中，社会结构和治理方式尚处于变迁之中，本身就容易产生这种不满感受，行政审判作为社会治理机制的一环，自然也会反映这种感受。当然，行政审判中相对剥夺感的问题，除了有社会因素之外，还有行政审判的制度功能定位以及对外宣示超出了自身实际能力的问题，在一定程度上，不切实际地提高当事人对行政审判的期望值，作出许多无法实现的允诺，往往会导致这种相对剥夺感更加明显。

5. 制度角色与实际能力之间的结构性矛盾问题。行政审判在国家治理体系中作用至关重要，承担着保护公民权利自由，监督依法行政，推动法治国家、法治政府、法治社会一体建设的重任。但由于我国目前还处于社会发展和治理模式深度变迁时期，行政审判自身能力尚未得到充分发挥，加之职能作用发挥所赖以支撑的经济社会结构和体制机制尚有不顺畅乃至掣肘的地方，行政审判司法环境虽相较之过去有巨大改观和进步，但与行政审判职能的有效释放和充分发挥所需要的环境和保障来说，仍有相当的距离，“以至于司法权在监督和制衡行政权的过程中，不但没有获得与自己的本质、目的与功能定位相称的地位安排和资源配置，反而不断失去自己的独立性和特殊性，甚至面临日渐萎缩、成为行政权之附庸的异化境地。”[②]

这方面的问题，突出表现在：一是行政审判维护法制统一功能没有得到有效发挥，削弱了在国家治理结构中的应有地位。行政审判直接调整官民关系，最容易发现地方违反中央政令、下位法违反上位法的问题，因此也最容易受制于地方治理格局。虽然这么多年来，行政审判自身在努力增强抗干扰

---

① 比如，在“证券欺诈发行第一案”的欣泰电气诉中国证监会行政处罚案中，欣泰电气提供了中国证监会针对财务会计文件造假而对其他上市公司作出的行政处罚决定，这些行政处罚都没有按照欺诈发行来处罚，因而欣泰电气通过比较认为对其适用欺诈发行条款来处罚明显不公平。法院审理认为，“对于欣泰电气在一、二审程序中以中国证监会查处的其他案件为例说明本案定性不当的主张，由于欣泰电气所举案件中违法行为的性质和情节与本案并不具有可比性，且中国证监会在那些案件中处理合法适当与否也非本案审查范围，因而欣泰电气认为中国证监会定性不当的主张不能成立。”参见北京市高级人民法院（2017）京行终 3243 号。

② 高家伟：《公正高效权威视野下的行政司法制度研究》，中国人民公安大学出版社 2013 年版，第 308 页。

能力，交叉管辖、跨区划管辖等措施层出不穷，而且整个司法体制改革也在解决司法地方化问题方面迈出实质性步伐，行政审判依法独立行使审判权的能力有所增强，但不容否认，目前行政审判受制于地方的问题远没有根本改观，为地方利益“保驾护航”仍是职能作用的重要内容。二是行政审判维护法律权威的功能面临很难调和的艰巨挑战。在改革发展快速转型时期，直接调整公民权利义务的各类政策层出不穷，令人眼花缭乱，许多“红头文件”直接改变了法律上权利与权力的调整范围和方式，克减公民权利的各种“限令”一波接一波，即使法律上赋予了规范性文件一并审查的“尚方宝剑”，如何好处理法律与政策的关系仍绝非容易的事情。在这些方面，行政审判对推进国家治理能力现代化建设的功能角色最为突出也最受期待，法律上也并不缺乏权威支撑，但受司法体制机制影响和制约，实际能力与制度角色之间严重不匹配，备受质疑。

三、结构性变革：全面重塑行政审判职能的路径和着力点

从系统论角度来说，结构性问题从来都是整体性问题，结构性矛盾也必须在整体框架下来解决。因此，为了顺应社会结构变迁的需要，在行政审判制度设计基本完备的情况下，必须以新时代社会主要矛盾判断为依托，紧紧围绕法治、公正、正义和获得感，促进法治政府建设，提升行政审判公信力为目标，以消解行政审判内在“结构性矛盾”为逻辑起点，进一步强化行政审判职能“供给侧”改革，重塑行政审判职能框架，优化和强化行政审判在国家治理体系和能力现代化中的地位和作用。

（一）重塑理念，行政审判不仅要处理好个案纠纷，强化规则引领，而且要注重公共行政对话功能，促进社会良法善治

行政审判作为纠纷解决机制，最直接的目的是解决行政争议，其实这个最直接的功能之下，实质上还有更深层的功能价值，需要行政审判在“案结事了”之外，在强化规则引领和公共政策协商功能方面发挥更加重要的作用。

一是强化规则引领功能，塑造好争议背后的主体。行政审判首要功能是在法律范围内公正处理好个案，给争议画上公平的句号。其实，审判处理纠纷，实质上是对纠纷背后的主体的行为给出法律上的评价，本质上是塑造纠

纷背后的主体。[①] 行政机关和相对人是行政纠纷的基本主体构成，因而在处理行政争议的时候，行政审判不仅要看到纠纷如何处理，还要更深层次地思考，我们通过审判传递公正的声音，到底是想塑造什么样的行政相对人以及什么样的行政机关？我们是通过个案裁判，引导行政相对人走向诚实守信、守法有责、谦逊包容，还是鼓励谎话连篇、目无法纪、没有责任感没有包容心，如果我们的裁判只追求形式上的法律之治，而不管裁判对相对人良善行为的指引和引导，那么肯定是与法律的价值背道而驰的。对行政机关也一样，我们到底是想塑造诚信守法、阳光法治、公平公正、保护信赖的政府，还是纵容乃至诱导行政机关违法、欺骗、侵害相对人。这两个方面对个案裁判很难有看得见的指引作用，但却是裁判者内心的“红线”，是检验个案裁判在形式合法性基础上是否符合实质法治的重要标尺。如果没有这个实质法治观念的指引和评估，有的案件看似实现了法律上的正义，其实只徒具形式，实质上可能与法律的目的相悖，有损于法律在社会发展中的价值。建设法治政府，绝不仅仅只是政府的事情，需要行政相对人和政府共同相向而行，而这正是行政审判引领功能之所在。

二是强化公共行政对话功能，促进社会良善治理。放宽视野，将行政审判放到国家治理体系和能力现代化进程中来考量，“行政审判绝非是单纯的解释和适用法律规范的演绎或逻辑推理过程，而是一个包含着复杂的现实因素考量，因此蕴含许多制度变量、能动而又积极的政治决策过程。”[②] 有学者进一步指出，“行政诉讼本质上是一种由法院主持下的有关公共行政合法性的协商对话机制。在法院的支持下，行政机关与具有利益代表性的各方利害关系人，就与对被诉行政行为合法性有关的所有问题进行沟通、对话，力求在本案事实的认定和裁判规范的适用上达成尽可能被广泛接受而又坚定明确的共识。”[③] 可见，行政审判过程，绝不仅仅只是处理争议的过程，更是一种发现、提炼民意的过程，同时也是一种审查、矫正公共政策的过程，并且在双

---

① 正是在这个意义上，有学者认为行政审判具有一种公共政策协商机制的独到优势，扮演“公共精神学校”的功能，有利于培养冷静而又审慎的政治共同体意识。参见高家伟：《公正高效权威视野下的行政司法制度研究》，中国人民公安大学出版社 2003 年版，第 341 页。

② 高家伟：《公正高效权威视野下的行政司法制度研究》，中国人民公安大学出版社 2013 年版，第 315 页。

③ 高家伟：《公正高效权威视野下的行政司法制度研究》，中国人民公安大学出版社 2013 年版，第 315 页。

方协商对话过程中完成公共政策协商、参与国家治理的职能，或许这才是行政审判职能重塑的核心方向。

（二）重塑自身，行政审判不仅要实现裁判的合法公正，而且还要实现看得见、容易接受和认同的公正，全面提升审判质效，夯实司法公信力基础

行政审判公信力的提升固然需要外部环境的优化和保障，但“打铁还须自身硬”，自身在现有体制机制和规范框架内实现公平正义才是关键。

一是裁判不能仅仅追求合法，而要真正回归公正司法本质。公正是司法的生命线。公正司法深入人心，乃至天天讲、时时念，但在实践中，在一定程度上却有一种异化的倾向和力量，即把公正司法简单庸俗化为“合法司法”，以为只要有看得见的白纸黑字的法律条文作为依据，裁判就是合法公正的，或者说如果没有白纸黑字的法律条文依据，裁判就“不敢越雷池半步”。固然，法律规范在制定的时候，是希望扮演正义化身的角色的，在绝大多数情况下，“合法司法”也都是公正裁判，尽管如此，“合法司法”与公正司法之间都是有天壤之别的，前者强调形式正义多一些，后者强调实质正义多一些，前者强调的是客观的外在法律评价，后者强调的是人的内心对法律的认同，后者的内涵要比前者丰富深刻得多，也更能反映法治的真谛以及人类选择法律之治的本原目的。“判断公共行政，甚至国家行政行为的正当性标准，已不能限于是否合乎法律规定，而要看行为本身是否赢得了足够的社会共识的支持从而具有社会正当性——这也是判断立法行为与司法行为自身是否正当的根本标准。”① 因而，在法治建设新时代，行政审判职能能否得到彰显，很大程度上取决于能否摆脱形式上的“合法司法”而走向更加强调公民内心认同的公正司法。

二是突出当事人的主体性，实现看得见、容易接受和认同的公正。法谚云：“正义不仅应当实现，而且应当以看得见的方式得到实现。”只有让当事人和社会公众看得见、容易接受，才是真正的公正，这样的裁判才能真正走进人们的内心，内化法律的规则和对法律的信仰。实践中，为何有些案件实体处理是公正的，却赢得不了当事人的认同和对司法的信任？其中固然有多方面因素的影响，但更为根本的，是让公正以当事人和公众看得见、容易接

① 宋功德：《行政法的均衡之约》，北京大学出版社2004年版，第142页。

受和认同的方式实现做得不够好，即公正传递、展示得不够充分，比如程序公开、回应意识不足，听取当事人陈述辩论不够充分，回应当事人诉求和文书说理不够有说服力等。虽有程序，但为了程序而走程序的味道浓厚，虽有说理，但自说自话的味道浓厚，核心在于缺少对当事人主体地位的尊重。因而，行政审判通过个案积累司法公信力的方向，在于强化当事人在裁判过程中的主体性地位，“说服当事人的关键并不在于美妙的法律语言和玄妙的法律策略，而是在于当事人的主体性得到充分的尊重和体现，在于当事人以实质有效、理性的方式参与了本案裁判标准的发现过程，以与自己的诉讼主体地位相称的方式分享了本案裁判标准的制定权。”①

当然，做好任何事业，人都是第一位重要的。行政审判职能重塑的关键和核心在于重塑行政法官素养。行政审判不仅仅是纠纷解决和法律实施机制，还是公平正义传递平台，更是社会塑造机制。行政法官不仅仅需要有法律知识，还需要了解行政管理规律，具有独立性、专业性和远见性，深刻把握权力运行规律和洞察政治社会实现，以自己的敏锐眼光从具体案件事实中提炼出具有普遍意义的行为范式和法律原则。这是因为，即使是一个最简单的行政案件，都是权利与权力的一次较量，涉及不同主体的利益博弈，也往往都蕴含着价值的权衡和选择。如果没有正确的方向，即使法律知识再丰富、推理技术再精妙，也可能适得其反。

（三）重塑制度，行政审判不仅要挖掘现有制度资源，提升纠纷化解有效性，增强当事人的获得感，而且要拓展和优化其所依赖的制度体系，为弥合制度角色和实际能力之间的矛盾提供良好的制度基础

在法治体系中，行政审判不是孤立存在的，而是在一定制度群或制度体系中发生、发展和发挥作用的。重塑行政审判功能，用好用足自身制度资源和优化相应的制度体系，缺一不可。

一是用足用好现有制度资源，切实将行政审判功能发挥充分。“天下之事，不难于立法，而难于法之必行”。解决行政审判面临的种种难题，首先要向现有制度资源要办法。新行政诉讼法及其司法解释在诉讼程序上为此提供了较为完备的制度基础，关键是如何把这些制度落到实处，取得实效。为了

---

① 高家伟：《公正高效权威视野下的行政司法制度研究》，中国人民公安大学出版社2013年版，第216～217页。

有效化解行政争议，必须倡导行政诉讼类型化，有针对性地回应当事人诉求，形成无漏洞的权利救济机制，[①] 激活民事争议一并解决制度，让其在行政诉讼制度中真正落地生根，减少民事行政争议交叉而产生的裁判矛盾、久拖不决甚至反复翻烧饼的现象。为强化对行政权力的规制效果，强化规范性文件一并审查机制，发挥裁判一案、引领一片的效果，切实把新行政诉讼法对行政权全面从严要求的标准落到实处。为提升当事人的获得感，减少相对剥夺感，要进一步推进裁判方式改革鼓励倡导尽可能适用具体判决，给当事人的权利保障和行为预期提供明确指引，同时充分激活“明显不当”审查标准的适用，注重对比较正义的关注力度，缓解相对剥夺感的产生土壤。

二是优化制度体系，为弥合制度角色和实际能力之间的矛盾提供坚实保障。优化制度体系，重新调整和配置权利与权力、权力与权力关系，给权利更多空间、机会和保障。严格限制行政处罚等不利益处分的撤销重做，行政处罚因违法被判决撤销，一般应当禁止再对当事人进行二次评价和制裁，对国家利益和法律权威在其中的损害的关注，不是通过再次处罚当事人来实现，而是通过问责或警示违法执法的方式来避免国家利益和法律权威再因此类问题而受到损害。探索建立惩罚性赔偿机制，既让胜诉当事人有看得见的“获得感”，更让败诉行政机关有感受得到的“疼痛感”，有效扭转违法行政成本低乃至“诱导”违法的状况。实践中，有的地方法院已对此进行了有效探索和尝试，亟待制度上予以承认。[②] 此外，还要探索建立科学、理性的行政违法问责机制，既要坚持包容性标准，严格行政败诉问责的适用条件和标准，也要避免责任虚置，纵容知法犯法、明知故犯，让行政诉讼的规制指引功能“失灵”。总之，行政审判功能的充分发挥，仅靠行政审判自身是远远不够的，还必须依托设计精良、运行良好的制度体系。

---

① 参见王振宇：《行政诉讼制度研究》，中国人民大学出版社 2012 年版，第 4 ~ 7 页。

② 比如，在刘美娟与北京市门头沟区人民政府赔偿一案，北京市高级人民法院行政判决最后指出：“本院注意到，门头沟区政府针对刘美娟作出的征补决定被法院判决撤销的时间为 2013 年 12 月 20 日，涉案房屋被拆除于 2013 年 6 月 8 日，至今已逾五年。在这一过程中，门头沟区政府一直未再作出新的征收补偿决定，刘美娟虽对涉案房屋被违法拆除无任何过错但却一直未获任何补偿，并一直在为获得相应赔偿寻求法律救济，沉淀了大量的人力物力成本，对其境遇本院深表同情。为最大限度地保护刘美娟的合法权益，填补其因房屋被征收可能获得补偿利益，并敦促行政机关在今后的房屋征收活动中依法行政、积极行政，本院另行酌定门头沟区政府赔偿刘美娟的其他损失共计人民币 200000 元。”这里酌定的 20 万元在一定程度上就具有惩戒性赔偿的性质。参见北京市高级人民法院（2017）京行赔终 62 号。

当然，除了这些直接跟行政审判有关的制度之外，行政审判作为整个司法系统的有机组成部分，还直接受司法体制机制等制度的支配和影响，因此，这方面制度体系的完善和优化自然也是有效释放行政审判功能的必然要求。

（四）重塑格局，行政审判不仅要提升自身的战略定位，还要协同各类法治建设主体，合力推动国家治理体系和治理能力现代化

行政审判最讲究格局。“行政诉讼本质是一种国家权力结构的设计，行政诉讼的存在及其运作无时不涉及权力的配置、冲突和协调，因此谋求运作良好的行政诉讼，既必须把行政诉讼置于宏观的权力结构图景中加以考察，又必须细致入微地观察行政诉讼具体运作中的权力关系，否则难以实现对公民权利进行救济和行政权力予以制约的目的。”[①] 行政审判调整个案中的权利与权力关系是基础，还借由权利与权力关系调整权力与权力的关系，在立法主体多元、立法效力多层级的背景下，既维护法制统一，又尊重立法自主权，需要平衡把握；还涉及中央和地方关系的调整，如何平衡维护中央权威、政令统一、法制统一与发挥地方法治探索和创新积极性的关系，如何在同层级冲突法律规范之间判断中央事权属性还是地方事权属性并以之选择适用适当的法律规范；也涉及法律与政策关系的调整问题，尽管民法总则取消了政策的法源地位，[②] 但在政府快速转型和法律变革不同步的背景下，平衡法律与政策的关系，在行政审判中绝对是不可回避也无法回避的问题。这些关系平衡的好与不好，在许多疑难复杂案件中，是考验行政审判质效成色的重要指标。而且在疑难复杂案件中，平衡保障权利与监督权力关系，考量的因素往往是多元的、复效的，需要相应的格局和足够的智慧。缺乏对格局的准确把握，没有驾驭复杂案件的智慧，平衡不好权利与权力，司法审查范围时宽时窄，司法审查标准畸轻畸重，司法审查尺度不统一，就会导致规则指引不可捉摸，乃至支离破碎，让人无所适从。而且，在调整权利与权力、权力与权力的关系结构中，行政审判只是法治格局中的一个支点，并不是全部，更不是万能的，因此，行政审判职能的充分发挥，仅靠单打独斗是远远不够的，

---

① 宋功德：《权力结构中的行政诉讼》，北京大学出版社 2004 年版，第 201 ~ 202 页。

② 民法总则在起草过程中对法源问题进行了反复的研究和论证，最终规定了法律和习惯，删除了国家政策，但不作为法源，并不等于说国家政策在调整法律关系和裁判中不发挥作用。参见沈德咏主编：《中华人民共和国民法总则条文理解与适用》（上），人民法院出版社 2017 年版，第 154、163 页。

还必须推进“权力协同监督”，充分调动立法、执法、司法、监察等各方面资源，将“单一主体的监督效力能够通过整合得到优化，各方积极协作，提升整体监督效能，使权力监督呈现‘1+1>2’的加和性，亦使监督体系更权威高效”,① 形成推进法治进步和国家治理能力现代化的合力。

结语

在新时代推进国家治理体系和能力现代化进程中，行政审判功能独特，也面临严峻挑战，需要职能重塑以有效应对挑战。重塑职能，关键是在权利与权力、权力与权力的矛盾运动中，深刻把握行政审判职能的内涵、本质和动力机制，遵循司法规律有效化解行政争议，把切实增强公平正义获得感、有效避免相对剥夺感作为保障权利的重点，在尊重行政权运行规律基础上深层次高质量监督促进依法行政，有效平衡法治格局中权利与权力、权力与权力、法律与政策的关系，同时优化行政审判外部环境和体制机制。其实，重塑行政审判职能以及一系列配套变革，立足点是厘清规则，化解行政纠纷，处理好公民与政府之间的关系，实质上是重塑权利与权力、权力与权力的结构关系，借此优化国家治理能力和治理体系，促进社会良善治理。

（作者单位：北京市高级人民法院）

① 李靖、陈希：“权力协同监督：理论内涵、现实梗阻与实现路径”，载《行政论坛》2018 年第 4 期。

行政诉讼中诉的利益的判断与审查

张光琼　聂海波

【摘要】 司法实践中，行政审判经常遇到的问题是，本案是否适合由法院来处理，是否可以提起行政诉讼？起诉人有没有值得保护、应予保护的利益？有没有必要作出实体判决，审查认定被诉行政行为的合法性？除了本案行政诉讼，有没有其他更为直接、便捷的救济途径？对于存在滥用诉权、恶意起诉等异常情况的案件，法官有没有责任对其说“不”？对此，理论上实际上早已作了回答，这就是诉的利益的问题。

【关键词】 诉的利益　审查　司法资源

一、概述：诉的利益的概念与功能

（一）行政诉讼中诉的利益的界定

“所有的法律，没有不为着社会上某种利益而生，离开利益，即不能有法的观念的产生。”① 诉的利益，又称诉之利益、权利保护必要，简言之，是当事人在其利益受到不利影响时，司法予以救济的必要性。在大陆法系国家，无利益者无诉权，没有诉的利益，就没有诉讼。诉的利益是基本的诉权要件，是法院裁判的前提，每个诉讼案件都必须“有司法救济的需要”。大陆法系通常以立法规定的形式要求行使诉权必须具有“诉的利益”。英美法系国家没有“诉的利益”的概念，实践中以“可诉性”“可司法性”②“可司法性事

① ［日］美浓部达吉：《法的本质》，林纪东译，台湾商务印书馆1993年版，第37页。

② 美国判例法所形成的可司法性的条件包括：必须存在宪法第三条意义内的真实的案件和争议，并特别强调争议的问题必须是可以通过运用司法权力加以解决，比如案件不能构成政治问题；案件提交司法审查或司法救济的时机已经成熟，案件仍具有实际意义（亦即诉讼事由尚未消失），案件不得是虚构的；当事人具有诉讼资格。

项”“诉讼资格”等判断某项特定争议是否可以诉诸法院裁决。可见，无论在大陆法系国家还是英美法系国家，诉的利益都是与诉、诉权、诉讼要件、原告资格和受案范围等密切相关的重要的司法理论与实践问题，影响和决定着诉讼能否进入实体审查程序。具备诉之利益，为本案请求裁判之前提，无一定的利益或必要，则不予审理（不予立案或驳回起诉），在两大法系国家的规定和实践中是一致的。

诉的利益原本是民事诉讼的一个概念，通说认为有狭义、广义之分。狭义上是指当民事权益受到侵犯，发生民事纠纷时，原告提起民事诉讼，法院就其权利主张予以裁判、救济的必要性。广义上则包括权利保护资格（又称本案判决的一般资格，即属于司法主管范围）、当事人适格以及权利保护必要三个层次。① 与此相对应，行政诉讼中诉的利益，狭义上是指起诉人因其受法律所保护或调整的权益受到被诉行政行为的不利影响，发生行政争议，需要通过行政诉讼予以救济的必要性；广义上还要求属于行政诉讼的受案范围，以及原告主体适格。我们认为，对行政诉讼中诉的利益，从广义上进行把握，更加适合解决行政案件的受理和审理等实践问题的需要。

（二）行政诉讼中诉的利益的功能及审查之必要

审查诉的利益之有无大小以决定司法程序之启动终结，极为必要。无漏洞的司法保护以抵抗公权力的侵害虽然是必要的，但行政诉讼涉及司法权与行政权的权力配置，对所有的行政行为都进行全面的司法审查，不仅不可能，也没有必要，司法机关更没有这个能力。被诉行政行为必须由法院进行审查，只有属于行政诉讼受案范围，原告才具有诉的利益。受案范围在行政诉讼中具有特殊重要的意义。只有行政诉讼法规定了受案范围，并且开宗明义地解决法院能够受理的行政争议的范围。从现实的角度，行政诉讼是行政争议的公力救济形式和终局性解决机制，现代法治国家无不致力于保障公民的裁判请求权，不断完善司法政策，扩大“公民接近法院或使用诉讼的机会或途径”，强化司法对行政行为的监督。同时，法律的局限性、司法资源的有限

① 理论上，诉的利益又有主观性、客观性之分。在诉讼的原被告作为案件的利害关系人具有促进案件解决的权能资格，亦即当事人适格时，就具有了主观性诉的利益；在具有权利保护的资格（适合用判决来确定请求内容的一般资格）和权利保护的必要性（原告具有要求就此作出判决的现实必要性）时，就具有了客观性诉的利益（狭义的诉的利益）。

性，决定司法保护的范围不能无限地扩张，不是所有的行政争议都当然地“有诉必审”，都应无一例外、不计成本地投入司法公共资源以提供本案司法裁判的形式予以救济，公民通过提起行政诉讼解决一切行政争议的请求实际上难以全部得到满足。此外，亦非任何行政争议均适合由司法机关解决。在此情况下，哪些行政争议有必要进入司法程序获得司法保护，哪些行政争议不宜通过诉讼方式解决，哪些纠纷不能纳入司法调控体系，就应有一个事先的筛选机制和评判标准。故诉的利益的确定，在深层次上取决于并折射出国家利益考量、公共政策需要、裁判导向以及社会主流价值选择，反映并影响着司法的地位架构、审判权的范围限定和国民接受法律裁判的权利的实现程度，在不同的时代亦有不同的要求并不断地进行着变化和发展。

从公正的角度，有限的“蛋糕”，更应公平地分配。司法作为重要的公共产品供给，在供给总量客观上始终处于不足状态的情况下，只有进行一定的倾斜和适当地侧重，才能获得司法资源的高效利用。满足确有必要予以司法救济的裁判请求权，亦是社会公平的应有之义。就法院的职责来说，“任何审判权，按其观念和实质来说，都应该是：探求真理、恢复事实和保护真实。只有以保护真实的，即存在于诉讼程序以外并且不以诉讼程序为转移的实体权利作为自己任务的审判权，才可能是真实的和公正的。”① 而利益具有多元性、多样性，既有合法、正当的利益与不合法、不正当的利益——对此在受理前不予评判——也有应受保护与不应予以保护的利益，并非所有的利益均受司法保护，根据诉求的内容是否属于法律保护和调整或者符合立法精神，起诉时机是否成熟等综合考量作出判决的必要性，则是程序公正对保证和实现公民权利的无遗漏的司法保护的基本要求和“有权利就有救济”的实现途径。一定意义上，过度的保护就是过度的伤害，对不当诉讼的纵容就是对正当诉讼的不公平。从效率的角度，诉的利益理论发轫于确认之诉产生之后。给付之诉、形成之诉中的诉的利益，自不待言；而如果当事人可以就任何行政事项提起确认之诉，则会形成公众诉讼，超出司法之承载，社会亦无以安定有序。可见，以诉的利益作为法院判决的前提，无诉的利益即无诉权，争议不符合法定的规范和要求即终结审查程序，可以对不必要的诉讼发挥过滤作用，排除不当诉讼，防止原告滥用诉权，避免司法资源无端或无益的耗费，

---

① ［苏］顾尔维奇：《诉权》，康宝田、沈其昌译，中国人民大学出版社1958年版，第25页。

集中有限之司法资源保障应予保障之诉权；同时，避免被诉行政机关无端应诉，减轻各方当事人讼累，以实现诉权保障与防止滥诉之间，国家、起诉人、被告之间利益的平衡。

对不具有诉的利益的案件，依法裁定不予立案、驳回起诉，是司法机关严格执行行政诉讼法的基本要求。对于重大、敏感、受政策性因素影响较大的案件，考虑到可能对社会冲击过大，为稳妥起见，暂缓受理，也确有必要。对于比较棘手的案件，经实体审查，在案件事实基本清楚的情况下，不对实体问题予以评判，以程序裁驳的方式处理，往往可以取得较好的法律效果和社会效果。

【案例】最高人民法院（2017）最高法行再9号向海娱乐公司诉文昌市政府土地行政登记案。

本案案情实体上较为复杂，涉及1992海口向海公司的成立与营业执照的吊销，1996年国土证的颁发与2000年国土证的换发，涉外授权委托与代办公司注册，2008海口向海公司的设立、迁移，公司名称由“海口向海娱乐有限公司”到“文昌向海娱乐有限公司”的变更，原海口向海娱乐有限公司的“复活”、2000年国土证的变更以及2008年国土证的颁发，遗产继承与股权转让、股权变更登记，协助执行、查封、轮候查封、续查封，1992海口向海公司的清算与诉讼等事宜。一、二审法院对本案进行了实体审理。

最高人民法院在本案中指出，即使当事人未提出有关起诉期限问题的抗辩，人民法院也应主动进行审查，并据以判断是否立案或继续审理。一、二审均未审查起诉期限问题，进行实体审理并作出判决，适用法律错误，应予纠正。虽然清算组成立于2014年5月19日，但对本案被诉行为的起诉期限应以1992海口向海公司知道或者应当知道文昌市政府作出被诉行为之日起开始计算。清算组直至2014年9月10日才提起诉讼，明显超过了法定的起诉期限。遂裁定：撤销一审、二审判决，驳回海口向海娱乐有限公司清算组的起诉。

此外，诉的利益还有生成新型权利、促进司法能动与政策（法律）形成等机能。法律明文规定之外的“值得保护的利益”“形成中的权利”，一旦获得诉讼救济的机会，得到司法裁判的认可，即可成为新的权利。在此意义上，诉的利益，也是权利的源泉。笔者认为，权利生成机能属于较高阶段的追求，亦不符合我国制定法的传统和司法机关的职能定位。现阶段应予坚持的原则，是正当从宽（对是否应予受理有争议的案件可先受理，依法保障诉权）、不当不严（对明显滥用诉权、主体不适格、超过起诉期限的案件依法拒之门外）、新型从谨（对法律规定不明确但又确有应予司法保护的利益的，加强上下级法院之间的沟通指导，妥善处理）；应予解决的重点，是正确理解与适用法律及司法解释，排除滥诉，保障诉权。

二、诉的利益判断“六标准”：诉的利益的特征

诉的利益的判定是一个比较抽象的问题，可以将其转化为是否符合诉的利益的特征。大陆法系国家诉的利益以制定法为确定标准。在法国，请求法院加以保护的利益，应当是“确实的”“具体的”“法律上受到保护的”利益，“已经产生的”“现时的”利益。法官的角色就是“裁决已经发生的争议”，仅凭某种“可能的利益”不足以作为提起诉讼的依据。[①] 在英美法系国家，与诉的利益相对应的概念是“诉讼资格”[②] “可司法事项”，[③] 要求诉诸法院决定的案件，必须有真实的争议存在，案件不得是虚构的；提起诉讼的原告必须已受到直接损害；受到损害的利益必须得到宪法或制定法的保护；争议的问题必须可以通过运用司法权力加以解决；案件提交司法审查或司法救济的时机已经成熟，案件仍具有实际意义（诉讼事由尚未消失）；当事人必须具有诉讼资格。可见，大陆法系与英美法系国家就可以提交到法院决断的案件的条件，存在着极大的共性，对诉的利益的要求是互通的，反映着两大法系互相影响、逐步融合的趋势，体现着人类普遍认可的司法智慧，对此应当有所借鉴。综合两大法系对诉的利益判定的要求，结合阻却滥用诉权的实践需要，笔者尝试着抽象出诉的利益的六项特征。司法实践中，可以围绕着这六个方面对诉的利益进行审查。

---

① ［法］让·文森、塞尔日·金沙尔：《法国民事诉讼法要义》，中国法制出版社2001年版，第155～157页。

② “诉讼资格”的含义是，诉诸国家司法，必须有真实的争议存在，提起诉讼的原告必须已受到直接损害，而且受到损害的利益必须得到宪法或制定法的保护。诉讼资格的阻却性因素包含“案件时机不成熟”和出现“诉由消灭之事项”等。

③ 可司法的事项或可起诉的争执，是指确定而具体的、影响到有对立法律利益的当事人之间的法律关系的案件，并且这样一项争议或案件必须是真实而有实际意义的，容许通过结论性的判决采取特别救济。

美国联邦宪法第3条规定，可由联邦法院解决的争议具有以下条件：（1）必须涉及真正相争和对抗的当事人；（2）必须存在一项起源于法定事实情形的可被承认的合法利益；（3）必须是可以通过运用司法权力加以解决的。

（一）可诉性

可诉性就是可司法性，解决的是本案争议是否适合由法院来处理的问题。哪些纠纷可诉，通过具体列举的方式，客观上难以涵盖周全。各国更多的是通过否定性的方式将阻却诉的利益的情形加以排除。我国《行政诉讼法》第二条、第十二条、第十三条，《最高人民法院关于适用〈中华人民共和国行政诉讼法〉的解释》（以下简称《适用解释》）第一条、第二条等以“概括肯定＋具体列举＋例外排除”的方式确定了行政诉讼的权利保护范围。明确不可诉的行政行为的范围，有利于准确地确定行政诉讼的边界。一般认为，关于政治性或经济政策的适当与否，有关艺术性或学术性评价的争议，不适合由司法机关进行判断。抽象地争讼法令效力的诉讼、要求法院对法令的解释作出见解的诉讼，也不能进行司法审查。各国在对违法的行政规范性文件等抽象行政行为能否提起行政诉讼的问题上，认识也是基本一致的。新法取消“具体行政行为”的提法，其意义在于扩大行政诉讼的受案范围。对行政行为，应当作广义的解释。可以说，只要对公民的权利义务产生实质性的影响，即使没有法律效力，也可以诉讼。从未来发展的角度，不仅常规意义上行政法律行为可诉，现实生活中大量存在的行政事实行为、行政指导行为也应逐步纳入监督的范围。

【案例】最高人民法院（2016）最高法行申1744号王某生诉山西省太原市杏花岭区政府履行行政义务案。

行政机构撤并、内部人员分流、人事档案交接等事项，不属于人民法院行政诉讼主管工作的范围。

【案例】最高人民法院（2017）最高法行申5号唐某鑫诉江苏省南京市鼓楼区政府行政赔偿案。

历史遗留的落实政策性质的房地产纠纷，不属于人民法院主管工作的范围。

【案例】最高人民法院（2017）最高法行申559号孙德安诉北京市政府行政复议案。

行政机关负责人不出庭应诉行为不属于行政复议和行政诉讼的受案范围。

【案例】最高人民法院（2017）最高法行再99号香港斯托尔实业（集团）有限公司诉泰州市海陵区人民政府等招商引资协议案。

行政机关签订的招商引资协议，可以认为属于行政协议。

【案例】 最高人民法院（2017）最高法行再49号蒋某玉诉重庆高新区管委会与重庆高区征地服务中心行政协议纠纷案。

行政协议诉讼的受案范围，不限于《行政诉讼法》第十二条第一款第十一项规定的四种情形。

（二）法益性

法益性是笔者对利益法律保护性的简称。从诉的客体来看，起诉人诉请司法保护的权益，必须是法律所调整和保护的利益，或者在法律所调整和保护的利益范围之内。对此，理论上，有“权利侵害理论”[①] 与“利益范围理论”[②]“侵害说”与“不利影响说”[③]“法律利益标准”与“利益范围标准”之争。[④] 按照法律利益标准，诉请保护的利益必须是法律明确规定的利益；

---

① 权利侵害理论认为，原告只有在权利受到行政行为侵害时才有诉的利益，才有诉的资格。如果权利没有受到侵害，即使由于行政机关的行为而遭受重大损害，当事人也没有起诉资格。早期的行政诉讼多采取这一理念。

② 利益范围理论认为，只要原告为法律所保护或调整范围之内的利益受到被诉行政行为的不利影响，原告就具有诉的利益，有资格向法院起诉。也就是说，诉请司法保护的利益不需要是法律特别规定或特别保护的利益，只要有可能处在法律规定的或调整的利益范围之内，就可以请求司法保护。至于该不利影响是否给原告造成了权利损害，则在所不问。

③ 原告之诉的利益可以基于受到被诉行政行为的侵害而生成，也可以基于被诉行政行为给其带来的不利影响而生成。例如，在美国1943年的“纽约州工业联合会诉伊克斯案”中，作为煤炭消费者的原告状告工业部长和煤炭局局长，理由是被告规定的煤炭价格过高，根据1937年的烟煤法的规定，请求联邦第二上诉法院审查。被告主张原告没有起诉资格，因为被告的决定没有侵犯原告的权利。联邦最高法院针对被告的主张，发挥了私人检察总长理论，认为国会为了保护公共利益，对遭受行政行为侵害或不利影响的人可以授予起诉资格，使其具有诉的利益。在美国1940年的“联邦电讯委员会诉桑德斯兄弟无线电广播站案”中，联邦最高法院针对被告所作的指责，指出：“尽管联邦电讯委员会的决定没有桑德斯兄弟的任何合法的权利，（但）桑德斯兄弟作为一个竞争者，他的利益受到颁发新执照的不利影响，（因此）仍然有资格请求法院审查联邦电讯委员会的决定。”参见王名扬：《美国行政法（下）》，中国法制出版社1995年版，第622页。

在英国1982年“内地税委员案”的判决中，英国上议院也采用了这种不利影响理论。在该案中，关于申诉人的起诉资格问题，上议院认为根据最高法院新规则第53号命令，原告的利益受到了被诉行政行为的不利影响，因此有“诉的利益”的存在，具有起诉资格。参见王名扬：《英国行政法》，中国政法大学出版社1987年版，第201页。

④ 利益范围标准并不是完全没有法律限制。例如，原告不能根据一个保护环境利益的法律，来主张自己的经济利益，因为后面这种利益不在前面法律保护或调整的范围之内。美国联邦第五上诉法院在一个判决中声称：“本案申诉人的唯一动机是自己的经济利益和福利，不适宜在一个有关颁发汽车执照的诉讼中，作为当事人主张公众的环境利益，申诉人没有提出自己受到任何环境的损害。他们对竞争者的经济利益，明显地不在国家环境保护法所保护的利益范围以内……这个法律的目的不是防止损害，而是提高政府关于环境问题的认识和行为。”参见王名扬：《美国行政法（下）》，中国法制出版社1995年版，第636页。

而按照利益范围标准，并不要求该利益必须由法律明确规定。我国《行政诉讼法》第二条“公民、法人或者其他组织认为行政机关和行政机关工作人员的行政行为侵犯其合法权益，有权依照本法向人民法院提起诉讼”的规定，表明我国在立法上仍然采用“权利侵害”的标准。关于法律所调整和保护的利益范围，《行政诉讼法》第二条规定为“合法权益”，第十二条第一款在对可诉的行政案件进行具体列举之后，以第（十二）项“认为行政机关侵犯其他人身权、财产权等合法权益”进行兜底，第十二条第二款进一步规定“除前款规定外，人民法院受理法律、法规规定可以提起诉讼的其他行政案件”，则实现了对原行政诉讼立法和理论的重大突破，为司法保护范围的扩大预留了空间。

【案例】最高人民法院（2017）最高法行申169号刘广明诉张家港市政府行政复议案。

当事人主张的权益，应当是行政机关作出行政行为时已经存在和需要考虑的权益，原则上对于事后形成的权益或者已经消失的权益，当事人无权提起诉讼，除非存在因行政法律关系存续而事后受到影响等特殊情形或者法律有特殊规定。

争议的问题是，该权益是否必须在法律上明文承认并予以保护，法律没有明确予以保护的利益是否具有诉的利益？对此，在法国，起诉必须有客观上的利益，该利益既可以是有形的经济性或物质上的利益，也可以是无形的精神、道德或职业上的利益；同时，只要其处于“法律意欲调整的利益范围之内”，就可以使原告具有诉的利益，符合诉的条件。① 在德国，传统观点认为，如果不是基于权利，而是利益遭受损害，公民就不能提起行政诉讼；② 现阶段，行政法院则逐步扩充诉的利益的外延，将反射利益③或事实利益，转

---

① 典型案例是反对教堂关闭的教徒、维护母校校誉的校友等，在法国可以获得诉的资格。

② 德国基本法第19条第4项规定了公法诉讼，只有在公民的权利遭受政府的侵害时，才能请求司法救济。行政法院法也有类似规定。

③ 理论上，有“公权利”“反射利益”之分。所谓“公权利”，是指人民基于法律行为或以保障个人权利为目的而制定之强行性法规，得援引该法规向国家为某种请求或为某种行为之法律地位。而“反射利益”是指个人因公法法规而获得之事实上利益，该个人不能单独对行政机关有所请求之谓。即若公法规范仅为公益而设，法律本身本无保障特定个人权利之意思，命令行政主体作为或不作为时，此种情况之下特定的个人事实上所享受的利益即为反射利益。根据法律之规定，在享受反射利益之情况下特定个人无起诉资格。参见马怀德：《行政诉讼原理》，法律出版社2009年版，第193～200页。

化为法律所保护的利益，当初只有公益目的的规定，也解释为“法律意欲保护的个人利益”。在日本，有学者提出“值得保护的利益说”，认为诉的利益之认定，不应该由实定法的解释来决定，而应该根据客观的评价，即根据违法的行政处分使原告现实上受到的或正在蒙受的实际生活上的不利是否具有裁判上值得保护的实质来决定。即，应该根据是否称得上值得保护的利益来作出判断。在美国，法院在考察有关法律的起诉资格时，不应着眼于法律明白创造的特定的权利，而应着眼于法律所想要调整的利益的一般范围。只要有可能属于法律保护或调整的利益范围之内，而并非实际存在于法律保护或调整的利益范围之内，即“可争辩地属于法律保护或调整的范围之内”，即可诉。[①] 我们认为，以“利益”而不是“权利”为前提，以“不利影响”的可能性代替“权利侵害”的实质性，更有利于诉权的保护。“值得保护的权益”是否可以诉请司法保护，关系到对诉权的实质性保护，体现着法官的能动、智慧与担当。受到行政行为的不利影响，实质上亦为“侵害”，有权诉请司法救济。在立法已经将行政诉讼的司法保护范围的触角延伸到“人身权、财产权等合法权益”的情况下，司法应当立足本职，有所作为。

【案例】 最高人民法院（2016）最高法行申4727号聂延飞诉中国证券监督管理委员会行政复议案。

《行政复议法实施条例》第二十八条第二项规定，申请人应与行政行为有利害关系。不仅要看当事人所主张的合法权益是否可能受到行政行为的不利影响，还要看这种权益是否受到特定行政领域的法律规则所保护。法律规则往往不会直白地写出哪些利益应受保护，但借助合理的解释方法可以探寻其是否具有保护的意图。只有在法律规则要求行政机关采取或不得采取某种措施，且结果是某种特定利益免遭损害或得到促进、维护时，主张该利益的主体才有可能获得申请复议的资格。

【案例】 最高人民法院（2017）最高法行申4795号常州德科化学有限公司诉江苏省环保厅等环境评价许可案。

环境保护行政主管部门应当依法对生活垃圾焚烧发电项目作出环境评价许可，利害关系人应当依法维护环境权益。

---

① 王名扬：《美国行政法（下）》，中国法制出版社1995年版，第626页。

（三）关联性

这是诉的利益对起诉人主体的要求，与原告主体资格相对应。例如，普通公民作为案外人，如果认为行政机关的旧城改造、违建拆除等行政行为违法，能否提起行政诉讼请求撤销？答案显然是否定的。理论上，西方法治国家存在“权利保护说”“法规维持说”，[①] 以及“主观诉讼”与“客观诉讼”的区分。[②] 实践中，早期行政诉讼主要是为起诉人本人的利益提供司法保护，只有为了保护自己的合法权益才能提起行政诉讼。如在英国，认定诉的利益的标准是原告与被诉行政行为“有足够的利益”关系。[③] 在美国，原告对于他人所受的损害或不利影响不具有诉的利益，“即使原告能够证明第三人所受的损害足以构成一个案件或争端，原告也只能主张自己的利益，不能把自己的要求建筑在他人的权利或利益之上，否则诉讼将无止境，也不符合第三人的利益。”[④] 在德国，除法律有特别保障个人权利的条款外，团体一般只能以自己的权益受到损害为由，提起行政诉讼。即便政府的行为侵及法律所保障所有成员的利益，也不得基于其成员个人的权利受到损害的事实而起诉。[⑤] 联邦行政法院组织法第 42 条第 2 项规定：“诉讼除法律有特别规定外，仅于原告主张行政行为或其被拒绝或其放任行为而权利被侵害时为限，始得提起之。”[⑥] 可见，诉的利益要求起诉人在主体上具有“直接性”“特定性”，并非任何公民、法人或者其他组织可以就任何行政行为起诉。我国《行政诉讼法》第二十五条第一款规定，“行政行为的相对人以及其他与行政行为有利害关系的公民、法人或者其他组织，有权提起诉讼。”笔者将“利害关系”标准概括为“关联性”，“关联性”涵盖了“直接性”“特定性”，更为贴切；

---

① 这是针对行政法院的功能、行政诉讼的目的等提出的学说。“权利保护说”认为，行政诉讼因私人的主观公权利受到侵害而提供权利救济；“法规维持说”认为，行政诉讼是对行政行为进行的客观法审查。

② 主观诉讼为保护个人的合法权益而提起，客观诉讼则为保障法规的客观公正适用或维护一般的公共利益。主观诉讼要求仅有个人权利利益者才能起诉；客观诉讼则不以权利为前提，即使没有直接的利害关系亦可起诉。主观诉讼的裁判效力原则上仅及于当事人，客观诉讼则具有对世效力。

③ 王名扬：《英国行政法》，北京大学出版社 2007 年版，第 201 页。

④ 王名扬：《美国行政法（下）》，中国法制出版社 1995 年版，第 627 页。

⑤ 法治斌：《人权保障与司法审查》，台湾月旦出版社股份有限公司 1994 年版，第 185 页。

⑥ 二战之后，随着以维持行政法治、行政法律秩序为宗旨的公益诉讼的兴起，诉的利益理论逐渐突破了传统限制。德国 2002 年修订的自然环境保护法规定，经主管机关认可的环保团体，符合法定条件者，即依法直接取得提起行政诉讼的诉讼权能。

同时，还要求诉的提起目的上的“自利性”。只有直接受到被诉行政行为不利影响，为维护自身权益起诉，才能予以受理。如果起诉人受到被诉行政行为的间接而非直接影响，为维护他人或公众而非自身的利益，以群体而非个体的名义起诉，则构成公民诉讼，不应具有诉的利益。

【案例】最高人民法院（2017）最高法行申169号刘广明诉张家港市政府行政复议案。

有权提起诉讼的原告，一般宜限定为主张保护其主观公权利而非主张保护其反射性利益的当事人。原告本人需要提供证据证明其存在与普通公众不同的独特的权益。在行政机关不依法处理投诉举报事项等行政不作为引发的诉讼中，认可因自己法律上的权益受侵害而投诉举报的当事人的原告主体资格。

【案例】海南省高级人民法院（2016）琼行终301号陈桂英诉东方市政府及原审第三人林如恩林地行政登记案。

对于具有本案诉的利益，与本案具有“关联性”，起诉人承担初步的证明责任。起诉人应当举证证明其与本案存在真实的法律争议，能够归属于本人的合法权益遭受被诉行政行为的不当侵害或对其产生现实的不利影响，其权益受损与被诉行政行为之间存在因果关系。经对起诉人进行诉讼指导、法律释明或在必要时依职权取证仍不能证明起诉人与本案具有利害关系，应当裁定不予立案；已经立案的，裁定驳回起诉。

（四）争议性

这是诉的利益对诉的起因的要求。“讼者，争也。”司法的职能是定纷止争，原告和被诉行政机关之间如果没有行政争议，则无司法保护之必要。在美国，“诉讼资格”要求诉诸国家司法，必须有真实的争议存在。美国宪法第3条第2款规定，法院受理行政诉讼案件必须符合“案件或争讼”的要求。在德国，行政法院法将诉之利益的生成原因严格限定在当事人双方发生争端之时。[①] 在日本，法院法第3条第1款规定，一切“法律上的争讼”由法院管辖。日本学者提出的“危险和不安理论”，具有重要的借鉴价值。我们认为，司法审查的启动必须限定于案件或争讼。提起行政诉讼必须基于行政争

① 法治斌：《人权保障与司法审查》，台湾月旦出版社股份有限公司1994年版，第185页。

议，并且该争议是真实的。原告和被诉行政机关之间如果没有行政争议，或者争议是完全无谓的、琐碎的，自无审判的必要。例如，在征收补偿案件中，被征收人为多分得征收补偿款而订立分家析产协议，在行政诉讼中另行要求法院确认分家析产协议的有效性，且各被征收人直接对该协议的效力和真实性都不持异议，对此应如何处理？我们认为，即使法院不确认该协议的有效性，被征收人的权利亦未处于危险状态。与诉请确认合同有效相类似，在行政诉讼中，有的当事人诉请确认被诉行政行为存在，或者请求确认行政协议有效。我们认为，协议有效是常态，对协议效力有争议才有司法救济的必要，行政协议即使不确认有效，协议相对人的权利义务也并不改变，因而没有诉的利益。行政行为具有公定力，在依据法定程序注销或判决撤销之前，即使存在事实上或程序上的问题，也是有效的。单独确认行政协议有效，并无实质意义。另外，合法性审查原则是行政诉讼的基本原则，当事人如果不诉请确认违法或撤销，而仅请求确认行政机关存在违约行为，或者行政协议的签订显失公平，因违约行为、显失公平是事实问题，不能成为诉讼标的，起诉人不具有诉的利益。

诉的利益的“争议性”，也为有效识别虚假诉讼、恶意诉讼提供了手段上的可能。虚假诉讼、恶意诉讼明知其告发缺乏正当理由，为获取不当利益，往往通过虚构实体法律关系进行虚假告发，因而不具有诉的利益的事实基础。但其主观上的恶意，需要综合行为人的行为表现，依据生活常识、社会经验加以判断。实践中，与诉的利益的争议性相反，虚假诉讼、恶意诉讼往往具有诉辩的非对抗性的特点。如果诉辩双方在行为上积极配合，陈述上意见相近，身份信息上存在关联，协调愿望强烈，督促尽快结案，对此异常现象，应当引起足够的注意，敏锐观察，有效甄别。司法机关必须加强审查，防止当事人虚构诉讼，滥用诉权，利用法院作出于己有利的判决并强制执行从而非法获利。此外，诉的利益的争议性与可诉性是相通的。法院的职能是处理纠纷，而非答疑解惑，抽象地争讼法令效力的诉讼、要求法院对法令的解释作出见解的诉讼等，当事人之间并不存在具体权益的纠纷，原告也就不具有诉的利益，不能申请法院进行司法审查。

（五）现实性

诉的利益的“现实性”，本身从属于“争议性”，法官的角色是裁决已经发生的争议，诉的利益因原告主张的实体利益现实地陷入危险和不安时才得以产生。传统理论奉行现实利益原则，要求诉的利益是“即时受确认判决的法律利益”，行政诉讼的权益保护方式是事后的权益保护，[①] 是对现实利益的保护。现实性还要求被诉行政行为的“成熟性”。现代理论则认可预防性诉讼的必要性，如英美法系的“因害怕”禁令，提起不作为之诉（申请禁令之诉）不再要求“开始侵犯”和“重复的危险”的先决条件。在德国、瑞士，也允许在开始侵犯前申请禁令救济。德国的预防性诉讼包括预防性不作为诉讼和预防性确认诉讼两种类型。在法国，将来不可避免发生的损害视为已经发生的现实损害，允许提起行政赔偿之诉。在日本，学术界将预防性不作为诉讼归为无名抗告诉讼的一种，支持法院在行政机关作出行政行为之前或行政决定实施之前提前介入。[②] 我们认为，诉的利益的“现实性”，要求诉的利益必须是已经产生、现实存在的利益。过去的利益、将来的利益，或者假想的、潜在的、可能的利益，没有给予法律上保护的必要。预防性诉讼在我国施行，为时尚早。

【案例】 最高人民法院（2016）最高法行申2308号谢晓蓉诉中国证券监督管理委员会信息公开及行政复议决定案：咨询申请答复不属于行政复议的受案范围。

最高人民法院在本案中指出，以政府信息公开答复书的形式进行答复的行为，既未侵犯人身权、财产权，也未侵犯知情权，对其权益明显不产生实际影响，不论是否满意，均不属于可诉的行政行为。司法机关仅能对已经存在的具体纠纷进行裁断，而不能在没有现实纠纷的前提下，对行政机关依据何法律规范进行监督管理问题予以审查。

诉的利益的“现实性”，需要注意的是，并非只有行政行为仍然存在、

---

① 对行政相对人的权益保护主要有事后的权益保护、暂时性的权益保护和预防性的权益保护。事后的权益保护系对现实利益的保护，要求原告所主张的利益原则上限于既得的、现实的利益。

② 预防性不作为诉讼容易造成司法权的僭越，因此必须具备严格的条件。（1）损害具有不可弥补性。（2）致害行为须是具体行政行为。（3）相对人须是致害行为直接的相对人。预防性行政诉讼属于主观诉讼的范畴，其起诉人只能是为了维护自己的合法权益方能提起。（4）执行时间的紧迫性。预防性行政诉讼的目的在于防止行政行为的执行给相对人造成难以弥补的损失，其关键在于及时制止行政决定的执行。反之，如果行政决定虽然违法，但没有立即执行，相对人有充足的时间对之申请复议或提起诉讼，那么，复议机关或法院在审查之后，对违法的行政行为可能予以改变或撤销，这时就谈不上行政行为执行的问题了。

仍然有效，才可以起诉。只要起诉人与被诉行政行为有利害关系，即便被诉行政行为被撤销或因变更而被替代，都不能以被诉行政行为不存在为由不予受理。被诉行政行为被撤销或变更，不影响利害关系人对该行政行为的合法性提起行政诉讼。如果行政机关自我纠错撤销，可以判决确认已被撤销的行政行为违法；如果被诉行政行为因变更而被替代，被诉行政行为违法，只要看是否存在善意第三人保护的问题。存在善意第三人保护的情形，则不能撤销被诉行政行为。只能确认违法，保留效力。①

实践中，另须注意的是，当事人在行政诉讼中表面上起诉的是现行政行为，实质上则是对过去的行政行为不服，其在诉讼中所提出的事实和理由，主要是围绕着之前的事实和行为，其所追求的结果，也是对过去的事实和行为的法律效力的确认，而其诉原行政行为，则已超过法定的起诉期限。在此情况下，对过去事实或法律关系之存在或效力作出确认，在多数情况下是一种迂回的纠纷解决方式，以绕过起诉期限等问题的限制。将其纳入行政诉讼，无助于现有纠纷的解决，并可能破坏法律的安定性。

【案例】海南省高级人民法院（2018）琼行终300号儋州市东成镇东成村张宅经济合作社诉儋州市政府及原审第三人儋州市东成镇政府、儋州市东成镇东成村民委员会长茂新村村民小组行政复议案。

本案中，张宅经济社自认于2012年知道原儋县东成区公所1986年10月9日所作的土地纠纷处理决定，而其于2017年8月26日向儋州市政府申请行政复议，显然超过了法定的申请期限。张宅经济社关于原儋县东成区公所无权作出土地纠纷处理决定因而该决定自始无效故不受申请期限限制的主张，实际上是复议机关在立案受理之后予以审查的内容。儋州市政府经审查，认为其复议申请超过了申请期限，故决定不予受理，并无不当。

（六）必要性

“必要性”的诉的利益的核心。诉的利益即司法予以救济的必要性。哪些行政争议有必要进入司法程序获得司法保护，哪些行政争议不宜通过诉讼方式解决，哪些纠纷不能纳入司法调控体系，需要以实现正义、解决纠纷的目的，充分考量国家利益、公共政策需要、裁判导向、社会主流价值选择，

---

① 根据最高人民法院第一巡回法庭郭修江副庭长在线答疑整理。

立足于司法的地位和职能，具有一定的主观性和裁量性。笔者认为，正确把握诉的利益的必要性，不仅取决于对诉的利益排除不当诉讼，保障正当诉权，节约司法与行政资源等功能的正确理解，还需要对诉讼这种纠纷解决方式的稀缺性、谦抑性、最终性、局限性、昂贵性等特征有着清醒的认识。诉讼仅是纠纷解决途径之一，如果法律已经为当事人提供了其他有效的救济途径，例如案件实质上是民事争议，提起民事诉讼才能实质化解争议，那么通过行政诉讼进行司法审查就不是必要的，起诉人就不具有诉的利益。例如，承租人对征收决定或征收补偿决定不服，可以依据其与被征收人之间的租赁合同请求予以赔偿，没有行政诉讼的诉的利益。特别是在确认之诉中，对纠纷解决手段的妥当性审查就尤为重要。如果在确认之诉以外存在着的其他的纠纷解决方式，如可以提起撤销之诉、履行之诉、给付之诉等，并且仅凭确认之诉并不能够从根本上解决争议，原则上应当否定其确认的利益。

【案例】海南省高级人民法院（2018）琼行终29号黄建彬诉海口市龙华区政府房屋征收补偿案。

本案中，黄建彬系被征收房屋的承租人，并非被征收房屋所有权人，不属于《国有土地上房屋征收与补偿条例》规定的被征收人，其请求龙华区政府对其给予停产停业损失的补偿，本院不予支持。黄建彬主张其与房屋所有权人签订的《调解协议书》未包含停产停业损失，涉及承租人与出租人之间的房屋租赁关系，由此产生的纠纷，黄建彬可依法另行主张权利。

四、诉的利益审查“五要素”：诉的利益的排除

理论的标准具有一定的抽象性，因此，各国普遍以否定性的方式排除阻却诉的利益的因素和情形。我们认为，诉的利益的审查，需要从五个方面对不当的诉的利益予以排除。一是排除不可诉的权利保护，准确把握受案范围，二是排除无资格的权利保护，审查原告主体资格，三是排除不正当的权利保护，遏制滥用诉权，四是排除无必要的权利保护，保障各项纠纷解决途径的衔接，五是排除无效率的权利保护，节约司法与行政资源。

（一）诉的利益与排除不可诉的权利保护

《行政诉讼法》第十三条排除的不可诉的行政行为，包括国家行为，制定行政法规规章和发布具有普遍约束力的决定、命令的行为，行政机关对行

政机关的奖惩任免行为和法律规定由行政机关做出最终裁决的行为。① 对此，新司法解释解释为：《行政诉讼法》第十三条第一项规定的“国家行为”，是指国务院、中央军事委员会、国防部、外交部等根据宪法和法律的授权，以国家的名义实施的有关国防和外交事务的行为，以及经宪法和法律授权的国家机关宣布紧急状态等行为。《行政诉讼法》第十三条第二项规定的“具有普遍约束力的决定、命令”，是指行政机关针对不特定对象发布的能反复适用的规范性文件。《行政诉讼法》第十三条第三项规定的“对行政机关工作人员的奖惩、任免等决定”，是指行政机关作出的涉及行政机关工作人员公务员权利义务的决定。②《行政诉讼法》第十三条第四项规定的“法律规定由行政机关最终裁决的行政行为”中的“法律”，是指全国人民代表大会及其常务委员会制定、通过的规范性文件。《适用解释》第一条第二款在综合考察的基础上，对不可诉的行政行为进行了列举。

1. 刑事司法行为不可诉。《适用解释》第一条第二款第（一）项排除的是“公安、国家安全等机关依照刑事诉讼法的明确授权实施的行为”。刑事司法行为不可诉，是因为其不属于行政行为。公安、国家安全等机关虽是行政机关，同时也担负刑事司法职责，其依据刑事诉讼法实施的行为就不属于行政行为。如当事人对公安机关在侦查过程中实施的查封、扣押、冻结等行为，不能提起行政诉讼。刑事司法行为违法给受害人造成损失的，受害人可以根据国家赔偿法的规定获得司法赔偿。

---

① 行政行为接受人民法院行政诉讼的审查，应当是一种新常态。按照习近平总书记提出的“把权力关进制度的笼子里”的要求，不应该有不接受司法监督的行政权力。行政诉讼制度对于行政权而言，就是最好的制度笼子。但是，行政诉讼法的修改没有采纳这一建议。行政最终裁决行为不可诉，是行政处分权的残余，目前数量较少，理论上确有必要加以研究。复议前置、行政终裁，都体现了诉的利益的利益衡量原则。有的纠纷由行政主管部门处理，有利于最大限度地保护债权人利益，防止矛盾激化，保障社会稳定。还有些类型的纠纷解决，由于政府作为专业部门有其先天的优势，先由其出面前置解决纠纷，有利于纠纷的快速解决与社会的稳定。对此，司法应当保持谦抑，尊重行政机关的裁决，并防止当事人以迂回方式诉诸司法审查。需要注意的是，行政最终裁决的依据，必须是全国人大及其常委会制定的法律。

② 行政机关对公务员的奖惩等行为，直接影响公务员的人身权、财产权等合法权益。但是，受特别权力关系理论的影响，行政诉讼法将这类纠纷排除在受案范围之外。但是，世界各国都在逐步放弃特别权力关系理论，将公职人员与其所属行政机关之间的行政争议纳入行政诉讼受案范围。在我国，由于公职人员与其所属行政机关之间的争议，没有有效的法律救济途径，已经成为申诉、上访甚至信访的重要来源。同时还有大量的隐形行政争议被埋藏下来，矛盾和对抗被积累聚集，成为社会稳定的重大隐患。

此外，需要注意的是，对公职人员的处分一般属于内部行政行为，不可诉。但是，如果作出开除处分，使其丧失公职人员身份，则与行政机关不再存在国家职务关系，该开除处分是外部行政行为，可诉。

例外：为了防止公安机关等利用刑事侦查权规避人民法院对其行政行为的司法审查，对其实施刑事诉讼法未明确授权的行为，一律属于行政行为，不得以已经刑事立案为由，将其归为违法的刑事侦查司法行为。即使采取了表面上属于刑事诉讼法授权的刑事侦查行为，如果公安机关等作出该行为不是为了查明犯罪事实，追究刑事责任，背离刑事侦查的目的，也应当认定为滥用职权的行政行为。例如，公安机关为了完成当地规定的罚没收入指标，对明显不存在违法行为的当事人的人身和财产采取强制措施；或者非法干预经济纠纷，保护当地企业不正当利益，对外地企业及其人员采取刑事侦查强的措施，均应纳入行政诉讼的受案范围。①

2. 调解、仲裁行为不可诉。《适用解释》第一条第二款第（二）项排除的是“调解行为以及法律规定的仲裁行为”。调解行为不可诉，是因为其不具有强制力。当事人不服，可以不予认可，而无提起行政诉讼的必要。仲裁行为不可诉，是因为法律规定当事人不服的，可以向法院提起民事诉讼，而无提起行政诉讼的必要。

3. 行政指导行为不可诉。《适用解释》第一条第二款第（三）项排除的是行政指导行为。行政指导行为不可诉，是因为其不具有强制力。指导往往表现为倡导、训导、咨询、建议、示范等形式，行政相对人有选择的自由。即使不遵从，也不会带来不利的后果或制裁。

【案例】 最高人民法院（2018）最高法行申906号张月仙诉山西省太原市政府不履行法定职责案。

通常情况下，行政指导因其不具有羁束力和强制力，不能成为撤销之诉的对象。也不能通过提起一个履行法定职责之诉，要求判令行政机关履行行政指导职责。

例外：如果行政机关在行政指导中或以行政指导之名要求当事人必须为或不为一定行为，否则就要承担对其不利的法律后果，则突破了行政指导行为的非强制性，具有可诉性。

4. 重复处理行为不可诉。《适用解释》第一条第二款第（四）项排除的是“驳回当事人对行政行为提起申诉的重复处理行为”。驳回申诉的行为，

① 江必新主编：《中华人民共和国行政诉讼法及司法解释条文理解与适用》，人民法院出版社2015年版，第120页。

行政法上称之为重复处理行为。重复处理行为不可诉，是因为驳回申诉只是在原行政行为基础上的重复处理，并没有创设新的权利义务，没有改变原行政法律关系，对当事人原有的权利义务不产生新的影响。行政机关拒绝答复或者不予答复，在性质上也是如此，不属于行政诉讼的受案范围。

重复处理行为不可诉，涉及行政法上的一个重要理论与实践问题：行政程序重开。行政行为具有公定力，同时，行政机关也可以自行撤销或者废止行政行为。实践中，当事人因超过法定的起诉期限等事由，失去提起行政复议或者诉请法院予以救济的权利，就不能通过行政复议、行政诉讼的途径请求撤销或者废止行政行为。为绕开这些法律障碍，有的当事人以迂回的方式，反复申诉、缠诉缠访，请求行政机关重开行政程序，自行更改、撤销、注销或者废除原行政行为。对该请求，多数情况下行政机关予以驳回。在此情况下，如果驳回申诉行为可诉，就存在利用新的诉讼种类规避起诉期限的可能，在事实上取消了申请行政复议、提起行政诉讼的期限限制。当事人可以在行政行为作出多年之后，通过提起申诉进而向法院起诉请求判令行政机关履行对其申诉的答复职责的方式，将沉寂已久的行政行为提交行政机关或法院进行重新审查，势必破坏行政法律关系的稳定。

【案例】 最高人民法院（2017）最高法行申6100号王建设诉兰考县政府不履行法定职责案。

对于当事人而言，一旦法律救济的期限届满、自我放弃法律救济手段，或者因其他情形导致法律救济途径穷尽，行政行为即具备不可撤销性。这是由行政行为的处理性特征所决定的——过于随意的处理是不理智和没有意义的。行政程序的重开受到严格的条件限制，如果当事人仅仅是沿袭之前的主张，通过诉讼所要达到的终极目的与直接要求撤销并无实质不同，这就存在利用一个新的诉讼种类规避起诉期限的可能，人民法院对此不予立案或者驳回起诉，并无不妥。

应当注意的是，重复处理行为必须是对当事人权利义务未作出改变的行政行为。如果行政机关作出的答复行为，已经改变了原行政行为的内容，形成新的行政行为，则不属于重复处理行为。对新作出的行政行为，应当依法给予当事人诉权。[①]

5. 内部行为不可诉。《适用解释》第一条第二款第（五）项排除的是“行政机关作出的不产生外部法律效力的行为”。内部行为不可诉，是因为其不对外发生法律效力，没有“溢出行政机关的围墙”。

【案例】 最高人民法院（2017）最高法行申295号安徽省颍上县恒运研石厂、安徽省颍上县凯事建材有限责任公司、安徽省颍上县古城镇金伟洗煤厂、绳海涛诉颍上县政府行政决定及行政强制案。

行政行为对于行政主体之外的人发生法律效果，行政机关之间或行政机关内部的意见交换等行政内部行为因欠缺对外性而不具有可诉性。对当事人权利义务直接产生影响的应当是相关职能部门作出的行政行为。

【案例】 最高人民法院（2016）最高法行申275号王某宏诉宣城市人民政府房屋拆迁行政决定案。

上下级行政机关之间作出的请示、批复等内部行政行为，通常不产生外部法律效力，不属于行政诉讼受案范围。

【案例】 海南省高级人民法院（2016）琼行终49号唐光平等四人诉昌江县政府海域使用权案。

行政行为是否“外化”，不在于是否为当事人所知悉，而是是否已对其合法权益造成不利影响。310号批复是昌江县政府针对县海洋局的请示所作的内部行政行为，而县海洋局并没有按照310号批复的内容收回或撤销唐光平等四人所持有的海域使用权证书，也没有将涉案海域使用年限变更为15年，故310号批复是内部行为，不可诉。

6. 过程行为不可诉。《适用解释》第一条第二款第（六）项排除的是“行政机关为作出行政行为而实施的准备、论证、研究、层报、咨询等过程性行为”。过程行为不可诉，是因为其尚未成熟。诉的利益要求起诉的时机应当成熟，被诉行政行为已经完成，具有独立性。如果行政行为尚处在过程之中，行政机关没有作出定论或终结性的处理，司法机关就不能超越司法权的界限。司法权可以监督行政权的依法公正行使，但是不能替代行政权，这是行政审判必须坚守的底线。否则，人民法院将成为第二个政府，或者政府之上的政

---

① 江必新主编：《中华人民共和国行政诉讼法及司法解释条文理解与适用》，人民法院出版社2015年版，第122页。

府。此外，实践中，应当注意防范的是，当事人为防止后续行政行为对其不利，而提前就过程行为单独提起诉讼，以拖延行政程序。

【案例】最高人民法院（2017）最高法行申295号安徽省颍上县恒运研石厂、安徽省颍上县凯事建材有限责任公司、安徽省颍上县古城镇金伟洗煤厂、绳海涛诉颍上县政府行政决定及行政强制案。

如果一个行为只是多阶段行政行为当中的一个阶段，就只能认定最后阶段直接对外生效的那个行为为可诉的行政行为。在存在复数行政行为的情况下，只有直接对外发生法律效果的那个行为才是可诉的行政行为，其他阶段的行政行为只是行政机关的内部程序。

【案例】最高人民法院（2017）最高法行申4409号沈某华诉江苏省公安厅行政撤销及履行法定职责案。

行政机关为作出行政行为而实施的准备、论证、研究、层报、咨询等过程性行为，一般不属于行政复议受理范围和行政诉讼受案范围。

7. 协助执行行为不可诉。《适用解释》第一条第二款第（七）项排除的是“行政机关根据人民法院的生效裁判、协助执行通知书作出的执行行为，但行政机关扩大执行范围或者采取违法方式实施的除外”。协助执行行为不可诉，是因为其本质上是准司法行为。协助执行行为，不仅包括诉讼程序，也包括非诉程序，非诉审查也是司法裁判。

【案例】最高人民法院（2016）最高法行申81号马秋某等人诉苏州市政府房屋拆除行政强制案。

行政机关依据法院生效执行裁定作出的强制拆除行为，通常不属于行政诉讼受案范围，但行政机关扩大执行范围或者采取违法方式实施的除外。

【案例】海南省高级人民法院（2016）琼行终470号黄亚妹等三人诉昌江县政府、昌江县国土局、昌江县林业局、昌江县海尾镇政府行政强制拆除案。

本案中，39号处罚决定已经发生法律效力，12号行政裁定准予执行。在此情况下，昌江县政府等部门联合执法，强制拆除涉案水产养殖场建筑物及附属设施，是行政机关根据人民法院生效裁定实施的、执行人民法院生效裁定的行为，与行政机关自行决定、自行执行的行政行为具有不同的性质，依法不属于行政诉讼的受案范围。

8. 内部层级监督行为不可诉。《适用解释》第一条第二款第（八）项排除的是“上级行政机关基于内部层级监督关系对下级行政机关作出的听取报告、执法检查、督促履责等行为”。内部层级监督行为不可诉，同样是因为其属于内部行政行为。

【案例】最高人民法院（2016）最高法行申1820号李某刚诉北京市西城区人民政府不履行法定职责案。

上级行政机关对下级行政机关、本级人民政府对所属工作部门的内部监督行为，一般不属于行政诉讼受案范围。

【案例】最高人民法院（2017）最高法行申143号石凯等诉江苏省政府、江苏省宿迁市政府不履行法定职责及行政复议案。

人民政府不履行层级监督职责的行为，一般不属于行政诉讼受案范围。

【案例】最高人民法院（2017）最高法行申1129号邵根华诉浙江省杭州市西湖区政府不履行法定职责案。

行政机关基于上下级监督关系而形成的内部监督管理行为，一般不属于行政诉讼受案范围。

【案例】最高人民法院（2016）最高法行申416号杨某胜诉安徽省人民政府不依法履行行政复议职责案。

要求上级行政机关基于内部层级监督关系履行对下级行政机关执法检查、督促履行等监督职责的，不属于行政复议受理范围。

【案例】最高人民法院（2017）最高法行申6447号无锡梦巴黎家具城诉江苏省人民政府政府信息公开及行政复议案。

以举报下级行政机关违法等形式要求上级行政机关履行执法检查、督促履职等内部层级监督职责的，通常不属于行政复议受理范围和行政诉讼受案范围。

【案例】最高人民法院（2016）最高法行申87号申某忠诉河南省郑州市人民政府不予受理行政复议决定案。

行政机关内部监督行为依职权外化，对相对人权利义务造成影响的，属于行政复议受理和行政诉讼受案范围。

9. 信访答复行为不可诉。《适用解释》第一条第二款第（九）项排除的是“行政机关针对信访事项作出的登记、受理、交办、转送、复查、复核意见等行为”。信访答复行为不可诉，是因为信访与诉讼是两种不同的权利救济途径，并且信访答复并不创设新的权利义务关系。

【案例】 最高人民法院（2017）最高法行申682号翁某华诉江苏省东台市政府行政管理案。

行政相对人针对信访答复意见提起的不履行职责等诉讼请求，不属于行政诉讼受案范围。

【案例】 最高人民法院（2016）最高法行申364号吉某琪诉苏州市吴江区政府行政纠纷案。

行政机关针对信访事项作出的复查、复核意见等行为，不属于行政诉讼受案范围。

【案例】 最高人民法院（2017）最高法行申236号韩某舟等10人诉江苏省人民政府不履行法定职责案。

对于明显由信访事项引发、明显不属于行政复议受理范围的复议申请，行政复议机关作出不予受理复议申请等类似决定的，依法也不属于行政诉讼受案范围。

【案例】 最高人民法院（2016）最高法行申304号徐某娥诉浙江省杭州市西湖区人民政府行政复议案。

行政机关对信访事项作出的处理，不属于行政复议受理范围。

【案例】 最高人民法院（2017）最高法行申255号孙某军诉江苏省人民政府行政复议决定案。

信访工作机构处理信访事项的行为，不属于行政复议受理范围和行政诉讼受案范围。

10. 不产生实际影响的行为不可诉。《适用解释》第一条第二款第（十）项排除的是“对公民、法人或者其他组织权利义务不产生实际影响的行为”。“这是一个判断行政行为是否可诉的核心条款，其背后的原理是成熟性理论。如果一个行政行为尚未达到成熟的状态，正处在行政程序的过程之中，不会对当事人的权利义务造成实际的不利影响，当然也就不可能侵犯当事人的合法权益。行政调解、行政指导、重复处理、行政机关内部讨论行为、征求其他国家机关意见及其批复答复行为、上级行政机关对下级行政机关请示的批复行为、对当事人咨询的答复行为、程序性的通知行为、要求当事人进行陈述申辩的告知行为等，以上行政行为不可诉的原因均是行政行为未对当事人的权利义务产生实际影响。”[①] 排除这类行为，是因为行政诉讼目的就是消除因行政行为违法对行政相对人权利义务造成的损害。若某一行政行为不可能对行政相对人权利义务产生任何实际影响，则行政相对人提起行政诉讼就毫无实际意义。

【案例】最高人民法院（2016）最高法行申4946号刘艳等44人诉湖北省政府不履行行政复议法定职责案：告知行为依法不属于行政诉讼受案范围。

上级行政机关经审查认为行政复议申请不符合法定受理条件后作出的告知行为，并未对公民、法人或者其他组织的合法权益产生实际影响，此种告知行为依法不属于行政诉讼受案范围。

【案例】最高人民法院（2016）最高法行申2308号谢晓蓉诉中国证券监督管理委员会信息公开及行政复议决定案：咨询申请答复不属于行政复议的受案范围。

以政府信息公开答复书的形式进行答复的行为，既未侵犯人身权、财产权，也未侵犯知情权，对其权益明显不产生实际影响。不论该种答复是否合法、正确和全面，均不属人民法院司法审查的范围。

【案例】最高人民法院（2017）最高法行申190号蔡某凤诉上海市黄浦区政府执行通知及强拆行为案。

行政机关根据法院执行裁定作出的、未设定相对人新的权利义务的告知行为，不属于行政诉讼受案范围。

【案例】最高人民法院（2016）最高法行申2711号北京世纪佳联教育技术发展有限公司诉山东省日照市政府行政案。

行政机关作出的会议纪要不直接设定当事人权利义务、不直接对外发生法律效力的，通常不属于行政诉讼受案范围。

【案例】最高人民法院（2017）最高法行申28号黄某星诉江苏省财政厅不予履行复议职责案。

行政机关自主或者依其他机关请求，就其职权范围内特定事项作出的具有独立意思表示的行政确认行为，属于可诉的行政行为；但是行政机关的行为仅系对已存在文件的摘录或事实行为的客观描述，未设定行政相对人新的

---

① 江必新主编：《中华人民共和国行政诉讼法及司法解释条文理解与适用》，人民法院出版社2015年版，第123页。

权利义务的除外。

【案例】最高人民法院（2017）最高法行申4361号关某春等193人诉浙江省住房和城乡建设厅等行政复议案。

城乡规划部门建设项目选址意见书通常不直接设定公民、法人或者其他组织有关环境权益，公民、法人或者其他组织以环境权受侵犯为由，就城乡规划部门建设项目选址意见书提起行政诉讼的，一般认为不具有法律上的利害关系。

【案例】最高人民法院（2016）最高法行申90号邱某金等4人诉重庆市人民政府行政复议案。

行政机关为作出行政行为而实施内部批转文件行为，通常不直接设定行政法上的权利义务关系，不属于行政复议受理范围。

司法实践中，常见的问题是前后证。《最高人民法院关于审理房屋登记案件若干问题的规定》第五条规定："同一房屋多次转移登记，原房屋权利人、原利害关系人对首次转移登记行为提起行政诉讼的，人民法院应当依法受理。""原房屋权利人、原利害关系人对首次转移登记行为及后续转移登记行为一并提起行政诉讼的，人民法院应当依法受理；人民法院判决驳回原告就在先转移登记行为提出的诉讼请求，或者因保护善意第三人确认在先房屋登记行为违法的，应当裁定驳回原告对后续转移登记行为的起诉。""原房屋权利人、原利害关系人未就首次转移登记行为提起行政诉讼，对后续转移登记行为提起行政诉讼的，人民法院不予受理。"我们认为，土地案件可以参照适用。该规定在审理土地案件中可以参照适用。对当事人一权益产生实际影响的是前证，也就是最初的行政行为，后行政行为的依据和来源是前行政行为，在前行政行为未经否定的情况下，后行政行为就是有效的。经释明，当事人如果不诉前证，只诉后证，就应当依法驳回起诉。

【案例】海南省高级人民法院（2018）琼行终298号海南光华物业管理中心诉海口市政府、海南省政府、原审第三人海南乾润实业有限公司、新大洲控股股份有限公司土地行政登记及行政复议案。

单从查明的事实来看，本案事实比较复杂，但作为行政诉讼，应当紧密围绕行政行为的合法性进行审查，不能抛开行政行为去审法律关系。明确被诉行政行为，是进行合法性审查的第一要务。唯有如此，才能不受纷繁复杂的案情的干扰，条分缕析，有的放矢。在存在前后多个行政行为的时候，需要考察的是，对当事人的权益产生实际影响的，究竟是哪一个行政行为。本案中，起诉人诉请撤销后证，有无诉的利益，法院应当依职权进行审查。

【案例】最高人民法院（2017）最高法行申5033号广东省惠东县大岭镇大岭社区中心埔村民小组诉广东省惠东县政府、惠州市政府及原审第三人惠东县国土资源局土地储备中心土地登记案。

利害关系人对初始登记行为未申请行政复议或提起行政诉讼，仅对后来的换证行为或者主体变更登记行为申请复议或起诉的，因初始登记行为已经生效，土地权属已经明确，后来的换证行为或主体变更登记行为不可能侵犯其合法权益，该利害关系人与后来的换证行为或主体变更登记行为没有利害关系，不具有申请行政复议、提起行政诉讼的主体资格。

（二）诉的利益与无资格的权利保护

适格当事人涉及当事人能力、诉讼能力、当事人适格等多个层次。传统的当事人适格理论要求起诉人必须与案件有直接的利害关系，其直接利益或法定利益受到侵害，并且损失是具体和特定的，才享有诉权。关联性是行政诉讼中诉的利益的重要特征，要求原告与被诉行政行为有利害关系，就是为了排除全民诉讼，排除无关、无利益的人。行政诉讼必须是为维护自己的利益，只有行政行为对其有权利侵害可能、对其不利时，才有权起诉。

【案例】最高人民法院（2014）最高法行提字第10号河北省外贸资产经营有限公司诉海口市人民政府颁发国有土地使用证案。

土地使用权处置方案的批准文件依法属于国有资产管理部门进行土地使用权转让登记必要条件的，国有资产管理部门即与该土地使用权转移登记行为具有法律上利害关系，国有资产管理部门可以以自己的名义提起行政诉讼。

【案例】最高人民法院（2017）最高法行申144号宣某明诉无锡市滨湖区人民政府土地房屋征收拆迁行为及行政赔偿案。

被征收人签订相关补偿安置协议后，不能当然视为其与征地拆迁行为即不再具有利害关系。

【案例】最高人民法院（2017）最高法行申173号方某梅等诉江苏省人民政府履行行政复议职责案。

被征收人主动交地并领取补偿款后，仍坚持认为土地征收行为违法的，除非被征收人曾明确表示放弃申请复议权或者起诉权，否则仍可在法定期限内申请行政复议或者提起行政诉讼。

【案例】最高人民法院（2016）最高法行申1976号李某成诉湖南省涟源市人民政府拆迁行政管理案。

被征地农民诉请解决有关宅基地争议问题的，依法属于行政诉讼受案范围。

【案例】最高人民法院（2016）最高法行申780号吴某丽等诉湖北省人民政府行政复议决定案。

集体土地被征收为国有，原集体土地使用权人与后续国有土地使用权登记颁证行为通常不具有法律上的利害关系。

【案例】最高人民法院（2016）最高法行申2057号元氏县石化产品总公司诉河北省元氏县人民政府行政案。

国有企业的原法定代表人被免职后，不能以企业名义提起行政诉讼。

【案例】最高人民法院（2016）最高法行申359号马某根等诉北京市东城区人民政府教育行政管理案。

公立学校的退休教职工对县级以上人民政府撤销公立学校的行为不服而提起行政诉讼的，不具备原告主体资格。

【案例】最高人民法院（2016）最高法行申1759号张某水等诉山东省人民政府等行政复议案。

行政复议的申请人和行政诉讼的起诉人，已经提供初步的证据证明其合法权益存在被侵犯可能性的，可以认为其申请复议或者提起诉讼有相应的事实根据。

【案例】最高人民法院（2017）最高法行申125号阮某国、俞某新等诉浙江省杭州市人民政府、浙江省杭州市余杭区人民政府行政批复案。

公民、法人或者其他组织对撤村建居等行为不服的，可以以村民委员会、村集体经济组织的名义，或者以超过适当比例的村民共同的名义提起行政诉讼。

正确理解“利害关系”，我们认为，要求原告与被诉行政行为有利害关系，这种利害关系应当理解为直接关系，而不包括间接关系。《适用解释》第十二条的规定，充分体现了原告应当与被诉行政行为有直接利害关系的精神。判断直接关系、间接关系的标准，是发起行政诉讼是否能够获得直接的诉讼利益，并且这种利益其他渠道可供救济。不打这个官司，利益就会有增减得失。间接利害关系，可以通过另行诉讼获得权利救济，而不具有诉的利益。这就通过“利害关系”将原告主体资格与诉的利益的必要性二者有机地贯通起来。例如，关于承租人的原告主体资格，备受争议。我们认为，按照征补条例的规定，被征收人是房屋所有权人，房主与征收决定、征收补偿决定有直接利害关系，征收补偿数额按照房屋面积计算。承租人如进行了一定的投入，确有一定的经济利益。而征收补偿不可能分别作出。对承租人的补偿，应由承租人与被征收人自行解决，而非行政机关必须考虑的问题。承租人的利益，可通过民事诉讼等途径另行解决，而非必须一并在行政诉讼中处理。

坚持利害关系人原告标准，要求一切诉讼都必须按利害关系人标准进行审查。例如，提起信息公开之诉，必须要有利害关系。投诉举报者必须具备利害关系，必须具备诉讼实体权益，才具备原告资格。投诉者原则上有原告资格。投诉与举报不同。投诉一般是消费者，一般是为自身合法权益，与被诉行政行为有利害关系。举报人则未必。举报人原则上没有原告资格，更多的是行使公民的监督权，而不是维护自身权益。例外：法律法规明确规定，行政机关有答复职责的；行政机关承诺举报属实给予奖励而不予兑现的；与《行政诉讼法》第十二条第三项的关系，治安处罚领域。

关于债权人的原告资格，《适用解释》第十三条规定，债权人以行政机关对债务人所作的行政行为损害债权实现为由提起行政诉讼的，人民法院应当告知其就民事争议提起民事诉讼，但行政机关作出行政行为时依法应予保护或者应予考虑的除外。《适用解释》之所以排除债权人的原告资格，我们认为，是基于债权是特定主体之间的民事法律关系，是相对权，而行政诉讼必须基于公法上的权利。更重要的，是因为债权人有其他的救济途径。在有民事诉讼等更简洁、完整、迅速、便宜的救济途径可以达到请求保护的目的的情况下，就应当告知其就民事争议提起民事诉讼，而不应混淆行政诉讼与民事诉讼的界限。

【案例】最高人民法院（2016）最高法行申4727号聂延飞诉中国证券监督管理委员会行政复议案。

就本案而言，聂延飞如果认为两家公司在合并的过程中违反了公司章程或者有关保护股东利益的法律规定，侵害了自己的合法权益，可以通过民事诉讼等渠道主张救济，而挑战证监会批准公司合并的行为并非正确的选项。

鉴此，聂延飞以其系投资人并购买了被吸收合并的公司股票为由，认为其与证监会批准公司合并行为之间具有利害关系，该主张亦不能成立。证监会作出被诉决定，驳回聂延飞的行政复议申请，符合法律规定。

关于业主委员会和业主的原告资格，《适用解释》第十八条规定，业主委员会对于行政机关作出的涉及业主共有利益的行政行为，可以自己的名义提起诉讼。业主委员会不起诉的，专有部分占建筑物总面积过半数或者占总户数过半数的业主可以提起诉讼。《适用解释》考虑到成立业主委员会的实际情况以及其作为原告提起诉讼的程序性质而规定为双1/2。业主委员会成立之后，具有民事权利能力。没有备案，可对不备案的行为起诉。需要注意的是，该条第一款、第二款的规定，体现了顺位起诉和首位起诉的原则。

关于村民的原告资格，村委会代表集体行使所有权，可以起诉。过半数村民可以起诉。按照《村民委员会组织法》第二十二条的规定，重大事项决定应当满足过2/3的要求，对提起行政诉讼，与业委会一致，规定为1/2。村民个人不可起诉。

（三）诉的利益与排除不正当的权利保护

任何人都不得从非法行为中获利，规避法律规定。在英美法系国家，滥用诉权行为是指：恶意诉讼；（无合理理由的）滥诉；起诉者不是出于善意，仅是希望扰乱对手，或者起诉的目的不是为了获得任何实际的结果。此种诉讼常被称为“无意义的和恶意的”诉讼，据此，法院可予以驳回。目前，世界上许多国家都对滥用诉权行为规定了相应的规制手段。英国于1896年制定的滥诉法明确规定了认定滥诉的权限、程序及滥诉的要件，其规定“任何人在没有任何合理理由的情况下，习惯性或持续性地提出纠缠无理的诉讼”，即可认定为滥用诉权，但是认定滥诉者的结论必须公开，即在伦敦公报上刊登。在信息公开领域，英国信息自由法第14节专门规定：“对于滋扰性的信息公开申请，公共机构无须履行第1节（1）规定的职责（即处理信息公开申请的职责）。公共机构已经处理过的信息公开申请，申请人重复提出类似申请的，公共机构无须再次处理。但是，申请的时间间隔超过合理程度的除外”。根据这条规定，大量、反复申请信息公开的行为，可以认定为滋扰性申请，公共机构无须处理。在美国，联邦层面尚未制定专门的规制滥诉的法律。美国加州是美国第一个专门针对滥诉进行立法的州，1963年加州民事诉讼法典

第391条赋予法院以颁发“起诉禁令”的权力。根据该条规定，如果裁决终局之后，在没有律师代理的情况下针对同一被告的裁决的有效性反复起诉或反复尝试起诉；或者针对同一被告所作最终裁决所包含的请求、争议或者相关事实问题、法律问题反复提出争执，即可被认定为滥诉。法院的首席法官还可以依被告之申请或依职权发布“起诉禁令”，禁止滥诉者在无律师代理的情况下，在本州的法院提起新的诉讼。违反上述命令将构成藐视法庭罪。在德国，对滥诉行为主要是通过判例来加以规制。德国民法典第226条规定，权利的行使如果仅以损害他人为目的，其行使权利的行为不适法。在德国通说认为，仅当权利保护确有必要的时候，原告才有权通过起诉这种方式启动司法程序。早在二战以前，德国就通过判例的方式，认定仅仅以妨害他人正当行使权利为目的的诉讼行为欠缺权利保护的必要。在日本，许多地方信息公开条例都对滥用政府信息公开申请权的认定标准作出了解释或者作出规定。如千叶县信息公开条例规定，政府信息公开申请人应依照条例的立法目的合理提出申请，获得政府信息的申请人应当合理使用所获得的信息（第4条），且不得滥用政府信息公开申请权（第6条）。有的地方公共团体在其条例中还进一步规定，滥用政府信息公开申请权的，行政机关可以做出不公开信息的决定。如横滨市信息公开条例规定，任何人均可依据本条例，向行政机关申请公开其掌握的政府信息；但任何人不得滥用政府信息公开申请权；行政机关认定申请人滥用政府信息公开申请权的，可以拒绝其申请（第5条）。[①]

在我国，滥用诉权行为并非立案登记制的产物，只不过是因对立案登记制的理解不当，一定程度上为滥用诉权行为提供了可乘之机。最高人民法院一直强调，对立案登记制应当做出全面解读。立案登记制不是简单的登记立案，不是取消起诉条件，不是排除和放弃立案审查。有案必立的前提，是“依法应当受理”。立案仍要严格遵循行政诉讼法规定的起诉条件，尽可能在立案环节进行全面有效的审查。并且，立案登记制的实施，针对的是实践中存在的推诿立案、拖延立案、拒绝立案或者诉前即审的情况，目的是保护诉权，使符合立案条件的案件皆可以不受干扰地进入诉讼程序，而非将不符合立案条件的案件也交由法院处理。有案必立、有诉必理，并不代表人民法院

---

① 耿宝建、周觅：“政府信息公开领域起诉权的滥用和限制——兼谈陆红霞诉南通市发改委政府信息公开案的价值”，载《行政法学研究》2016年第3期。

对任何一个起诉都要照单全收。不符合法定起诉条件的，立案阶段能够审查清楚的，就应当作出不予立案的裁定。对滥用起诉权的行为不加节制，不仅造成司法资源的极大浪费，对诉权保护和司法权威造成冲击。不该立而立，实质上更是对应予保护的诉权的削弱和不公平。

排除不正当的权利保护，需要明确人民法院在立案登记制条件下的审查权，规范当事人诉讼行为，对滥用诉权、虚假诉讼行为予以有效的识别与排除。在立案阶段，经审查，当事人没有合理理由恣意频繁提起诉讼、申请，经法院释明后仍以相同事由坚持提出诉讼、申请，或者被某一法院拒绝立案之后，重复向其他法院提出相同诉讼、申请的，应当认定为滥用诉权，不予立案。在审理阶段，如果当事人无理拖延诉讼、骚扰法官及其他当事人、为达到其他非法目的滥用诉讼程序的，法院可以对其作出滥诉处理决定。实现诉权保护与滥诉惩治的平衡，合理解决保护公民诉权与不理性行使诉权之间的冲突，构建滥诉惩治机制固然必要，从诉的利益出发，有效识别滥诉行为，防止误伤更是基本前提。因此，庭审开庭前，可以视为撤诉；开庭之后，视为拒绝举证，承担举证不能的责任。此外，构建滥诉惩治机制与诉权保护共重机制，还应当规范虚假诉讼行为、滥用回避申请权的行为以及拒绝陈述行为。

【案例】最高人民法院（2017）最高法行申145号滕某琴诉江苏省南京市雨花台区人民政府行政协议案。

上诉人在庭审中拒绝服从法庭安排和指挥，拒不参加庭审活动的，视为主动放弃上诉权，人民法院可以裁定按撤诉处理。

【案例】最高人民法院（2016）最高法行申2976号杨吉全诉山东省政府行政复议案。

对于明显违反、甚至是一再违反一级复议制度的申请，行政复议机关可以在口头释明之后不作任何处理；申请人对此不服提起行政诉讼的，人民法院可以不予立案，或者在立案之后裁定驳回起诉。对于一个毫无事实根据和法律依据的指控，即使最终判决被告胜诉，也是对被告的不公平。在任何一个发达的司法制度中，以牺牲被告的利益为代价考虑原告的利益，都是有失公允的。对于明显具有任性恣意色彩的反复申请，即使行政复议机关予以拒绝，也不应因形式上的“不作为”而将其拖进一个没有意义的诉讼游戏当中。

再如，在一巡四省区行政审判案件交流中，笔者接触到一个案件。一位七十岁的退休职工，因家人出车祸死亡，伙同他人到交警大队二楼办公区闹事，其本人则冲到四楼大队长办公室，不准其外出开会，被干警控制。在此过程中，原告因不配合，有软组织挫伤，出现隐性骨折，并心脏不适，交警部门将其送医治疗。本案中，交警大队的制止原告不法行为不具有违法性。现原告年老体弱，被告客观上确实让原告出现损伤。对此行为而伴生出来的原告方的损失是否应当予以行政赔偿？我们认为，行政赔偿以行政行为违法侵犯合法权益为前提。如果在制止原告违法行为的过程中不存在违法行政的情形，当事人的损害不是违法行政行为所造成，人民法院没有理由判决行政机关赔偿。从有效制止闹访，引导当事人依法维权的角度考虑，判决行政机关赔偿无事实根据和法律依据。

实践中，滥诉行为主要表现为以下几类：一是出于对行政行为不满，提起诉讼发泄情绪；二是通过大量诉讼引起社会舆论关注，向行政机关施加压力，以达到自己的目的；三是对于信访不满进而转到诉讼途径；四是律师出于经济利益，鼓动大量当事人提起诉讼。特别是新法施行以来，出现了部分人利用信息公开，非理性地向多个行政部门反复提起申请进而提起诉讼，或者对行政机关有抵触情绪，其不合理诉求未被满足后提起诉讼。

【案例】陆红霞诉南通市发展和改革委员会政府信息公开答复案。

对于个别当事人反复多次提起轻率的、相同的或者类似的诉讼请求，或者明知无正当理由而反复提起的诉讼，人民法院对其起诉应严格依法审查。本案原告陆红霞所提起的相关诉讼因明显缺乏诉的利益、目的不当、有悖诚信，违背了诉权行使的必要性，因而也就失去了权利行使的正当性，属于典型的滥用诉权行为。

【案例】最高人民法院（2016）最高法行申4232号张某玲、张某艳、张某安诉北京市海淀区人民政府之政府信息公开案。

明显的重复起诉、上诉和申请再审，违背诉权行使的必要性，应认定属于滥用诉权行为。

【案例】海南省高级人民法院（2018）琼行终216号文昌市锦山镇下溪坡村民委员会潮滩南、北村民小组诉文昌市政府不履行政府信息公开法定职责案。

申请政府信息公开但并非仅为获取和了解政府信息，实质上是对生效裁判不服的，依法裁定驳回起诉。

【案例】海南省高级人民法院（2016）琼行终487号王庆锋诉海南省卫生和计划生育委员会不履行法定职责案。

对有民事诉讼等直接、便捷的救济途径且民事诉讼已有终审判决，以同一被告提起行政诉讼已被裁定驳回起诉，从不同的角度重复起诉的案件，依法裁定驳回起诉。

（四）诉的利益与排除无必要的权利保护

在德国行政诉讼中，有几类重要的情形会被认为欠缺诉的利益，而不值得权利保护：第一，原告可以通过更简便的途径实现目的或已经达到目的。当然，那种更简便的途径必须是等价的，而且确实能够澄清法律问题。第二，无益的诉讼。原告的诉讼目的由于法律或事实上的原因，本来就无法实现，或者胜诉已经没有任何实际意义。第三，滥用、丧失诉权。例如原告的诉讼目的是给对方或第三人造成损害，或者原告由于自己事先的某个行为而自相矛盾，或者诉讼时效已过。[①] 英国最高法院诉讼规则18r19（b）规定，如果诉讼文件是骇人听闻的、荒谬的、折磨人的，法院应当予以撤销。实践中，我国法院也开始运用这一理论来排除某些案件的救济，如排除了债权人、承租人的原告主体资格。

近年来，随着旧城改造的深入推进，国有土地上房屋征收案件多发，有的承租人提起行政诉讼，请求撤销征收决定、征收补偿决定或请求予以停产停业等损失。理论上，因有民事诉讼等方式寻求法律救济，故无通过行政诉讼予以保护的必要。因此，并非只要有利害关系就是适格原告。即使是适格原告，在有其他更为便捷、直接的救济途径时，亦无行政诉讼中诉的利益。

《适用解释》排除了行政行为对其合法权益明显不产生实际影响的当事人的原告主体资格。对“行政行为对其合法权益明显不产生实际影响的”的理解，应当根据每个具体案件的情况，区分诉讼的类型，从受侵害权益的程

---

① 参见［德］弗里德赫尔穆·胡芬：《行政诉讼法》，莫光华译，法律出版社2003年版，第387～390页。我国台湾地区学者吴庚归纳的情形如下：第一，原告无须起诉，仅以单纯的申请、通知或其他意思表示方式即可达到相同目的；第二，在实行诉讼类型的法制中，误用诉讼类型，以致无法实现请求权利保护的目的；第三，原告所受的损害已不存在；第四，该行政机关的作为或不作为，并未损害原告的权利；第五，原告的欠缺在法律上已无从补救或并无实益；第六，因自己的行为已表明放弃争讼在先，事后又提起诉讼。参见吴庚：《行政争讼法》，自刊行2005年第3版，第95～100页。

度，给予行政诉讼保护的社会费用与社会利益等方面进行综合考量，从而作出判断。西方法谚曰：法律不关心琐碎的事情。琐碎纠纷是否适合诉讼途径解决，值得探讨。

（五）诉的利益与排除无效益的权利保护

《适用解释》第六十九条第一款规定，有下列情形之一，已经立案的，应当裁定驳回起诉：（一）不符合行政诉讼法第四十九条规定的；（二）超过法定起诉期限且无行政诉讼法第四十八条规定情形的；（三）错列被告且拒绝变更的；（四）未按照法律规定由法定代理人、指定代理人、代表人为诉讼行为的；（五）未按照法律、法规规定先向行政机关申请复议的；（六）重复起诉的；（七）撤回起诉后无正当理由再行起诉的；（八）行政行为对其合法权益明显不产生实际影响的；（九）诉讼标的已为生效裁判或者调解书所羁束的；（十）其他不符合法定起诉条件的情形。在超过法定期限、重复起诉、撤诉后无正当理由再行起诉以及行政行为对其合法权益明显不产生实际影响、诉讼标的已为生效裁判或者调解书所羁束的情况下起诉，都违反了权利救济的时效性、及时性，启动诉讼都是对司法资源的无端耗费，属于无效益的诉讼。择其要者：

1.《适用解释》第六十九条第一款第（二）规定，超过法定起诉期限且无《行政诉讼法》第四十八条规定情形，已经立案的，应当裁定驳回起诉。行政诉讼法规定起诉期限，是为了督促行为人及时行使权利，法律不保护躺在权利上睡大觉的人；除非是因不可抗力、行政机关故意阻拦等外在事由。

【案例】最高人民法院（2017）最高法行再9号向海娱乐公司诉文昌市政府土地行政登记案。

行政诉讼中的起诉期限不同于民事诉讼中的诉讼时效，是法律设定的起诉条件之一。行政行为具有公定力，行政行为作出后除了关系到行政相对人的权利义务，还影响到社会公众对行政机关的信赖利益。法律规定起诉期限的目的，就是督促当事人及时提起诉讼，尽早解决行政纠纷，使社会关系达到稳定的状态。因此，即使当事人未提出有关起诉期限问题的抗辩，人民法院也应主动进行审查。

【案例】最高人民法院（2017）最高法行申6100号王建设诉兰考县政府不履行法定职责案。

对于当事人而言，一旦法律救济的期限届满、自我放弃法律救济手段，或者因其他情形导致法律救济途径穷尽，行政行为即具备不可撤销性。虽然表面看来，当事人的诉讼请求是要求判令行政机关履行对其申诉的答复职责，但通过诉讼所要达到的终极目的与直接要求撤销并无实质不同，这就存在利用一个新的诉讼种类规避起诉期限的可能，人民法院对此不予立案或者驳回起诉，并无不妥。

【案例】最高人民法院（2016）最高法行申第1741号纪俊战诉河北省沧县政府土地行政审批行为案。

从维护起诉期限制度从而维护行政法律关系的稳定性出发，不应认为因超过起诉期限而已经丧失了的诉权可以通过行政复议的方式重新取得。有关因行政复议决定告知其诉权而使其合法享有诉权的主张不予支持。

【案例】最高人民法院（2016）最高法行申1798号崔某武诉乳山市人民政府土地行政征收及行政赔偿案。

行政案件的起诉期限以知道或应当知道行政行为内容之日作为起算时点，而非以知道或应当知道行政行为违法之日作为起算时点。

【案例】最高人民法院（2015）行监字第1727号马某发诉蒙自市人民政府行政决定案。

人民法院不能以被诉行政行为落款的日期作为起诉期限的起算点，而应以送达之日的次日作为起算点，来计算公民、法人或者其他组织起诉是否超过法定起诉期限。

【案例】最高人民法院（2016）最高法行申300号张某远诉济南市槐荫区人民政府、济南市槐荫区腊山分洪工程非法占地案。

公民、法人或者其他组织向有关机关申诉信访和反映问题，不宜作为认定起诉期限被耽误的法定理由。

【案例】最高人民法院（2016）最高法行申2645号陈某利诉安徽省五河县人民政府行政征收案。

行政诉讼起诉期限不适用中断或者中止，人民法院有权依法对原告起诉是否超过法定起诉期限进行审查。

【案例】最高人民法院（2016）最高法行申162号威海市美尔雅装饰有限责任公司诉威海市人民政府颁发国有土地使用证案。

人民法院在一审期间应当在被告举证的基础上，对原告起诉是否超过法定起诉期限依职权进行审查，对于原告起诉超过法定起诉期限且无正当理由的，人民法院可以径行裁定不予立案或者驳回起诉。

【案例】 最高人民法院（2017）最高法行申5410号张某力诉徐州市泉山区人民政府房屋征收补偿案。

原告起诉是否超过法定起诉期限，是否符合法定起诉条件，依法属于人民法院依职权主动审查的范围。

【案例】 最高人民法院（2016）最高法行申4521号黄某敬诉北京市东城区人民政府行政复议案。

起诉人积极行使诉权但因不可归责于自身原因超过法定起诉期限的，人民法院应结合具体情形，按照有利于起诉人的原则，判断超过起诉期限是否有正当理由。

【案例】 最高人民法院（2017）最高法行申158号殷某祥诉江苏省人民政府土地行政复议案。

被征地农民领取征收土地补偿款或者收到征收土地补偿款提存通知之日，可以视为该被征地农民知道征收土地决定之日。

【案例】 海南省高级人民法院（2018）琼行终543号许彩桃诉儋州市政府行政强制纠纷案。

本案中，许彩桃主张儋州市政府于1993年12月17日将其房屋予以强制拆除，但其直至2018年3月13日才提起本案行政诉讼，明显已超过法定的起诉期限。并且，现有证据不能证明存在不可抗力、行政机关特意阻拦等外在原因导致其不能正确、及时地行使诉权的情况。法律规定起诉期限的目的，是督促当事人及时提起诉讼，尽早解决行政纠纷，使社会关系达到稳定的状态。对于当事人而言，一旦法律救济的期限届满、自我放弃法律救济手段，或者因其他情形导致法律救济途径穷尽，行政行为即具备不可诉性。

2.《适用解释》第六十九条第一款第（六）规定，重复起诉，已经立案的，应当裁定驳回起诉。

【案例】 最高人民法院（2017）最高法行申5691号张月仙诉山西省太原市晋源区政府不履行法定职责案。

本诉与前诉，当事人、诉讼请求与诉讼标的均相同，构成重复起诉。

3.《适用解释》第六十九条第一款第（七）规定，撤回起诉后无正当理由再行起诉，已经立案的，应当裁定驳回起诉。

【案例】 海南省高级人民法院（2017）琼行终1666号龙借喜诉定安县政府林权行政登记案。

以需要另行提起民事诉讼为由提出撤诉申请，应当认识到可能败诉的风险，故在另行提起民事诉讼败诉后基于同一事实和理由再行起诉，不应当认为有正当理由，依法应裁定驳回起诉。

4.《适用解释》第六十九条第一款第（九）规定，诉讼标的已为生效裁判或者调解书所羁束，已经立案的，应当裁定驳回起诉。

【案例】 海南省高级人民法院（2018）琼行终36号蔡兴让诉海口市美兰区政府房屋行政征收案

在本案起诉前，案外人已对本案被诉的征收决定提起行政诉讼，请求撤销该决定，案件经审理已作出生效判决，驳回原告的诉讼请求。本案中，当事人亦起诉请求撤销同一征收决定，本案被诉标的与前案被诉标的为同一行政行为，已为生效裁判所羁束。

此外，行政复议行政诉讼都是对行政行为的监督纠错机制，除复议前置案件，当事人对行政行为不服，可以先复议、再诉讼，或者直接提起行政诉讼，而不可在行政复议期间提起行政诉讼，以免行政、司法资源的浪费。

【案例】 最高人民法院（2016）最高法行申464号张某诉上海市人民政府不履行行政复议职责案。

行政争议尚处于行政复议审理期间而复议申请人又提起行政诉讼的，人民法院可以依法裁定驳回起诉。

（作者单位：海南省高级人民法院）

规范性文件附带审查制度的“冷热现象”思考

谭爱华　　周　敏

【摘要】2015年5月1日修订的《行政诉讼法》第五十三条、第六十四条增加了规范性文件附带审查制度的内容。此制度实施三年来，一方面，司法实践中审理此类案件数量相对较少、民众关注度较低，另一方面，在案件数量少不足以形成针对性的研究资料情况下，最高人民法院近期却如火如荼地大力开展对规范性文件附带审查的司法解释征求意见稿的讨论工作。为何会产生实践“冷”与制度“热”的两极化现象？本文试图以该制度实施三年的相关行政案件为研究样本，以实证研究的方式剖析规范性文件附带审查制度在司法实践与制度建设两方面“冷与热两极化”的内在原因并找出相应的解决方案。

【关键词】规范性文件　附带审查　司法解释

一、规范性文件附带审查实施三年的裁判案例释析

（一）实践层面：法院对规范性文件附带审查的萧条状况

本研究实证分析的数据资料来源于2015年5月1日至2018年5月1日期间，在“中国裁判文书网”上的以“规范性文件审查”“行政案由”为关键词进行检索得来的数据支撑，以期客观、全面地呈现出新行政诉讼法实施三年来对规范性文件附带审查的实践状况。本次检索共得到358条结果，其中一审程序中对规范性文件附带审查的行政案件共180件（160件由基层人民法院审理，20件由中级人民法院审理）；二审程序中对规范性文件一并审查的共170件（148件由中级人民法院审理，22件由高级人民法院审理）；提出规范性文件一并审查的再审案件共8件（1件由最高人民法院审理，7件由各地高级人民法院审理），具体分布详见图1。

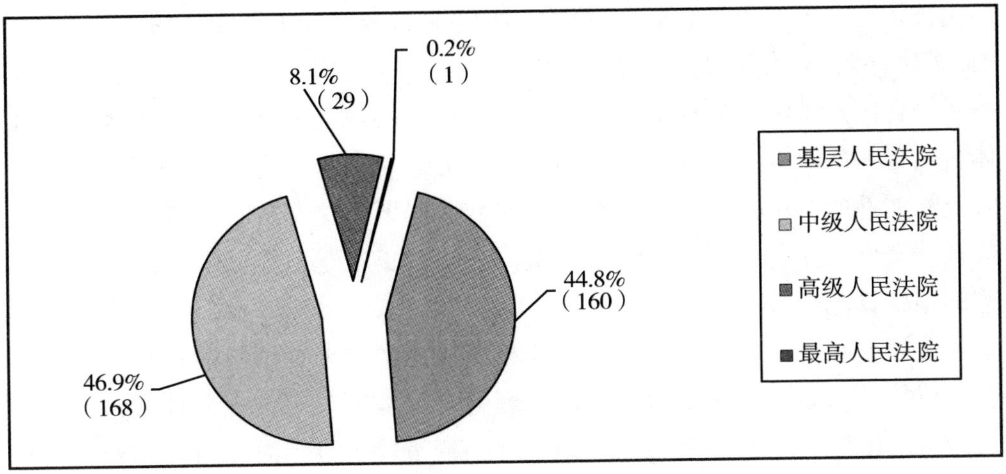

图1　各级法院审理案件数量及占比分布（单位：件）

1. 法院对规范性文件一并审查的情况

法院对于规范性文件附带审查请求的回应性较低，在所有提出对规范性文件一并审查的180件一审行政案件中，141件案件均未启动规范性审查的案件，占案件总数的78.33%。

分析得知，未启动规范性文件审查的理由主要有以下几个方面：（1）原告的起诉不具备法定条件，主要原因分布在原告主体不适格、超过起诉期限、行政行为未对原告权益产生影响，因此对规范性文件审查的诉讼请求也失去支撑性基础；[①]（2）申请一并审查规范性文件的时间不符合规定，即无正当理由在法庭调查中或在法庭调查后提出一并审查请求，实践中，法院对于在一审开庭后提出申请，或者是一审未提出申请二审提出申请，以及一审二审均未提出申请，再审中提出申请的均作出驳回原告诉讼请求的判决；[②]（3）请求审查的对象不属于规范性文件范畴；[③]（4）请求审查的规范性文件并非

① （2016）苏1102行初20号裁判理由“根据行政诉讼法的规定，对规范性文件的审查属附带审查，因原告的起诉不具备法定条件，其要求对规范性文件审查的诉讼请求也失去基础”。

② （2016）粤04行终6号裁判理由“在二审中，余彬才要求本院对《卫生局裁量标准》进行审查。请求附带审查规范性文件的，应当在一审中作为具体诉讼请求提出。虽然本院不能按规范性文件附带审查的若干要求予以审查，但是本案司法审查不能回避对《卫生局裁量标准》合法性、合理性的评述。”

③ （2017）京0113行初76号裁判理由“根据《中华人民共和国行政诉讼法》第五十三条的规定，规章并不包含在规范性文件附带审查的范围之内，故赵红梅在本案中一并请求对地方政府规章——《北京市建设征地补偿安置办法》（北京市人民政府令第148号）的合法性进行附带审查不符合法定条件”。

作出被诉行政行为的依据；[①] 可见，法院对规范性文件附带审查具有诸多“前提条件”，只有经过“重重考验”，即是否符合法定起诉条件、提出时间是否符合法律规定、是否属于行政诉讼法指向的规范性文件、是否为作出具体行政行为所依据的规范性文件等，唯有上述条件均符合的前提下才涉及对规范性文件的实质内容进行审查。大多数情况下，这些前置条件成为法院对规范性文件一并审查请求的判驳理由，法院真正对规范性文件合法性予以审查的很少见。

此外，除个别案件外，法院普遍对规范性文件审查内容的说理简单，甚至可以用“萧条”二字来形容，裁判理由中常常出现“该规范性文件不属于行政行为依据，故不予审查”，[②] 或是“该规范性文件不对原告权益产生直接影响，不属于审查范畴”[③] 等诸如此类“简单明了”的描述，缺乏清晰的说理依据，难以服人。

2. 法院对规范性文件审查结果的阐述理由

法院对于规范性文件附带审查请求的回应性较低，在所有提出对规范性文件一并审查的180件一审行政案件中，仅39件案件启动规范性文件附带审查，占案件总数的21.67%，大多数说理论证部分都不够充分，说服力不强。

根据案例分析得知，对规范性文件审查结果理由的描述主要有以下几个方面：

（1）仅表述为被告作出的行政行为所依据的规范性文件中的相关规定，并不存在违反上位法的情况。[④] 没有阐明上位法的相关规定或合法性审查的

---

① （2016）湘0112行初71号裁判理由“关于原告提出对国法秘函〔2005〕256号《复函》的合法性附带审查的请求，本院认为，本案所审查的是原告对被告不履行法定职责提起诉讼，该不作为行为并不以该《复函》为依据，故该《复函》不在本院审查范围，对原告一并审查该《复函》的申请，本院不予准予。”

② （2016）粤7101行初2514号裁判理由“关于原告请求审查粤环〔2015〕8号《印发广东省环境保护厅关于推进广东省环境监测社会化改革试点的指导意见的通知》的合法性，因该通知并非原告所诉行政行为的依据，故本案中对该通知合法性不予审查。”

③ （2017）渝行申616号裁判理由“6号函是巫溪县建委作出的告知性行为，对李志华的权利义务不产生实际影响。李志华对巫溪县建委不予办理规划许可证决定不服，应当请求法院对《不予办理建设工程规划许可证决定书》进行审查，并可以提起对69号实施意见和5号补充通知进行附带审查的请求”。

④ （2015）红行初字第0043号案例中，法院的裁判理由是“由于《天津市公有住房变更承租人管理办法》是我市现行的关于公有住房变更承租人相关事项及程序的细化规定，其中第十条是申请公有住房使用权过户应提交的材料，具有可操作性，应当适用于本案”，没有列明上位法的相关规定，更没有合法性审查的过程，极不具有说服力。

过程。

（2）列举说明上位法相关规定内容，同时列明被审查规范性文件的条款，然后直接表述为被告作出的行政行为所依据的规范性文件中的相关规定不违反前述法律、法规及规章的规定，具有合法性或本院予以参照。① 此类判决理由无法清晰阐述上位法规定与规范性文件内容之间的逻辑关系。

（3）围绕原告请求一并审查规范性文件的诉讼要求有针对性地进行审查。② 这种针对规范性文件制定权限及内容进行重点审查，并展开较为详细的说理论证的情形较为少见。

（4）主要针对被审查的规范性文件是否符合上位法规定或制定权限是否合法两项内容展开论证，但是论证时大多是表述为该文件依据上位法制定，并无不当。较为充分、详细的说理论证还是很少见的，③ 且在认定被审查的规范性文件不合法的，也多采取此类论证方式。一般是以违反上位法或是增设公民义务为理由认定该规范性文件不可作为涉案行政行为合法的依据。④

（5）对规范性文件的合法性从制定主体、制定权限，具体内容是否与上

① （2016）津0106行初25号案例中判决理由为“依据《天津市房屋租赁管理规定》（政府令第72条）第二十五条第二款规定，公有住房承租人的变更办法由市房地产管理局制定，故津国土房管（2014）225号《天津市公有住房变更承租人管理办法》是我市现行的关于公有住房变更承租人相关事项及程序的细化规定，应当作为公有住房使用权变更的法律依据。”

② （2016）川0105行初41号案例中，原告要求附带审查规范性文件中取消“格式条款备案”的合法性，法院针对该诉讼要求，追溯上位法的修改背景，并论证该规范性文件符合上位法，可作为该案的依据。具体裁判理由如下：国务院于2014年4月14日发布并实施了《国务院关于清理国务院部门非行政许可审批事项的通知》（国发〔2014〕16号），要求取消面向公民、法人或其他组织的非行政许可审批事项。四川省人民政府于2014年6月18日发布并实施了《四川省人民政府关于全面清理非行政许可审批事项的通知》（川府发〔2014〕35号），要求取消面向公民、法人或其他组织的非行政许可审批事项。四川省人民政府于2014年12月31日发布并实施了《四川省人民政府关于公布省本级非行政许可审批事项清理结果的决定》（川府发〔2014〕79号），取消了“格式条款备案”这一非行政许可审批事项。因此，《四川省人民政府关于公布省本级非行政许可审批事项清理结果的决定》（川府发〔2014〕79号）中附件一第三十六项取消“格式条款备案”，符合《第十二届全国人民代表大会第一次会议关于国务院机构改革和职能转变方案的决定》，不存在违法，可以作为认定本案事实的依据。

③ （2017）浙0703行初34号案例中的说理部分：行政行为依据国务院部门和地方人民政府及其部门制定的规范性文件作出。《张宅村房屋实施方案》系有权机关制定的具有普遍约束力的针对不特定人的在本行政区域内反复适用的规范性文件。该文件依据《金华市集体所有土地上房屋征收与补偿实施意见（试行）》《金义都市新区房屋征收与补偿实施意见（试行）》等规定制定并无不当。

④ （2017）苏0583行初136号，裁判理由为：被告苏州社保中心作出涉案决定依据的《通知》第二条第二款规定需提交生效的民事判决书或民事调解书和人民法院出具的执行终止裁定书的内容，增加了公民、法人或者其他组织义务，并非是对法律及规章的细化解释，应属于对当事人申请的限制，违反了上位法的立法应有之意，不能作为涉案行政行为合法的依据。

位法相抵触，是否符合上位法立法目的，是否有效等方面进行了较为全面、详细的说理论证。这种论证在实践中也是很少见的，尤其是涉及规范性文件制定程序审查内容的说理表述少之又少。这类裁判说理主要会从以下几个方面对规范性文件进行审查：确定被请求审查的文件属于规范性文件范畴；明确附带审查的具体条款；明确该条款是否为被诉行政行为作出的依据；对规范性文件的相关条款进行审查。①

（二）制度层面：规范性文件附带审查制度的设计热度不减

1. 2015 年新行政诉讼法将其纳入司法审查范围

2015 年修订的《行政诉讼法》正式确立规范性文件附带审查制度。该法第五十三条规定了公民、法人或其他组织在对行政行为提起行政诉讼时，可以一并就该行政行为所依据的规范性文件提出审查请求，这突破了以往将被诉对象拘囿于具体行政行为的藩篱，将法院对于审查判断适用权从隐形走向显形，不仅允许当事人起诉时附带提起审查，而且对于行政规范性文件是否合法，法院有完全的司法审查权。认定其不合法的，② 不作为认定行政行为合法的依据，并向制定机关提出处理建议。

2015 年 4 月 22 日，为迎接修订后的行政诉讼法施行，最高人民法院适时地发布了法释〔2015〕9 号司法解释，并与修订后的行政诉讼法同一天开始实施，其在第二十条、第二十一条对提请时限和人民法院审查认定其不合法时的处理办法作出明确解释，指出如果原告一并提起附带审查的应当在一审开庭前提出，有正当理由的，可以在庭审中提出。同时，人民法院认定为不合法的，不作为认定被诉行政行为合法的依据，并在裁判文书中予以阐明，此外还应当向制定机关提出处理建议等规定。

---

① （2017）苏 0583 行初 136 号的裁判理由具备的三点说理部分：（1）人保规〔2011〕16 号关于转发省人力资源和社会保障厅《关于实施新〈工伤保险条例〉有关问题的处理意见》通知（以下简称《通知》）系由苏州市人力资源和社会保障局以苏人保规〔2011〕16 号的形式向各市、区人力资源和社会保障局的发文，符合规范性文件的本质特点，该通知应属于规范性文件的范畴。（2）被告作出的涉案不予先行支付决定内容明确依据了该通知。虽然被告作出的决定书中未注明适用该通知的具体条款，但本案所涉为工伤中第三人伤害后的医疗费用的先行支付，因此应理解被告适用的为《通知》的第二条第二款，故原告吴锦祥提出的该规范性文件附带审查符合法律规定。（3）综合上述法律、规章等的规定内容，被告苏州社保中心作出涉案决定依据的《通知》第二条第二款规定需提交生效的民事判决书或民事调解书和人民法院出具的执行终止裁定书的内容。

② 黄学贤："行政规范性文件司法审查的规则嬗变及其完善"，载《苏州大学学报（哲学社会科学版）》，2017 年第 2 期。

2. 2018 年司法解释进一步充实规范性文件附带审查的内涵

为了更加完善规范性文件附带审查制度，2018 年 2 月 8 日施行的《最高人民法院关于适用〈中华人民共和国行政诉讼法〉的解释》（以下简称《2018 年司法解释》）对规范性文件附带审查的管辖问题、附带审查请求的提出时间、审查的范围、审查的标准、对审查意见的处理方式等问题都作出更为具体的规定。这些规定将此前人民法院在审判实践中积累下来的有益经验以具有法律效力的司法解释的形式固定下来，这对于附带审查制度的构建无疑起到了重要的理论支撑作用，但相比于法治较为健全的欧美国家，我国的这一制度无疑还处于起步期。我国在审查标准、审查强度、审查方式以及审查后的处理等问题上仍有许多亟待完善之处，但是这并不妨碍司法的最高殿堂对“规范性文件附带审查制度”这一问题如八月火球般的热切关注与重视。

3. 2018 年《最高人民法院关于行政诉讼一并审查规范性文件若干问题的规定》征求意见稿的应然操作效果

从应然层面讲，最高人民法院的司法解释在补充和完善法律方面发挥着极为重要的作用，是法院的裁判依据，具有法源地位。为了实现法制统一，需要出台更为细化、精确的尺度和标准，司法统一需由司法机关通过司法解释来回应现实需求，即由最高人民法院出台相关司法解释，提供细化的法律尺度，统一人们对某些问题的认识。但立法具有天然的滞后性，再细化也不可能包罗万象和穷尽不断变化之现实。对于规范性文件附带审查制度的应用，现有的制度建设已基本可以涵盖对其的相关规定，目前在没有大量实证资料支撑的情况下，出台专门性的司法解释是否为时尚早？如在本次司法解释征求意见稿中规定各级人民法院经审理认为规范性文件不合法的，应当在向规范性文件的制定机关提出处理建议，并抄送制定机关的同级人民政府、上一级行政机关、监察机关以及备案机关的同时，将审查结果上传至规范性文件审查平台，以供各级人民法院查询。本条对于抄送主体的规定中“监察机关”指的是同级监察机关还是上一级监察机关，无论是前者还是后者，是否违背了国家监察法中关于监察机关职权职责条款的规定？由于规范性文件适用范围的有限性，条文中“将审查结果上传至规范性文件审查平台”规定的必要性有多大？这一点在司法实践中又是如何进行处理的，上述疑问均需通过大量司法实践积累且值得进一步研究的问题。

(三)“冷热两极化”差距不可小觑

规范性文件附带审查制度虽然在理论中走俏，但是在实践层面上却遭遇搁浅。在法律实践中，特别是在行政诉讼领域，有关规范性文件附带审查的案件少之又少，当事人很少会对规范性文件提出附带审查的请求。在“中国裁判文书网”以“行政案件”为关键词进行检索，共得到227147个结果，以“规范性文件审查”“行政案件”为关键词进行检索，共得到358个结果，仅占所有行政案件的0.15%。由此可见，规范性文件附带审查制度在实践中并没有受到关注，甚至可以说是被冷落的制度之一了。

规范性文件附带审查理论与制度的两极化是不容忽视的问题。一方面，对规范性文件的司法附带审查，是维护法制统一，保持政令畅通的需要，更是保护行政相对人合法权益，促进依法行政、建设法治政府、法治国家的重要手段，我们有必要建立司法附带审查制度。另一方面，现有的制度建设已基本可以涵盖对规范性文件附带审查的相关规定，在没有大量实证资料基础上的司法解释真的能回应实践的需求吗？规范性文件所遭遇的“上热下冷”窘境既折射了理论和实践之间的张力，也暴露出规范性文件理论研究落地不足、实践操作不强等问题。“给司法实践留下了模糊地带”。[①] 作为一个全新的问题，规范性文件附带审查制度还有许多值得探讨的方面，本文通过对目前规范性文件附带审查的案例做数据及内容分析，探讨目前规范性文件附带审查制度“上热下冷”的现象究竟缘何？今后又该如何对制度的“热”与实践的“冷”进行全面、客观的评价，以期寻求其应有的平衡点。

二、“冷”的成因

(一)当事人诉请意愿不足

根据《行政诉讼法》第二十五条规定，可以提出行政诉讼的主体是认为行政行为侵害其合法权益的公民、法人或者其他组织，另根据《行政诉讼法》第五十三条规定，公民、法人或者其他组织认为行政行为所依据的国务院部门和地方人民政府及其部门制定的规范性文件不合法，在对行政行为提起诉讼时，可以一并请求对该规范性文件进行审查。综合两条规定来看，可

① 夏雨：“行政诉讼中规范性文件附带审查结论的效力研究”，载《浙江学刊》2016年第5期。

以提出规范性文件附带审查请求的主体是认为行政行为侵害其合法权益的公民、法人或者其他组织，其他与该行政行为没有利害关系的公民、法人或者其他组织都无权提起规范性文件的附带审查请求。这一制度规定严格限定了提出规范性文件附带审查的主体范围。这里要借用“抽象行政行为与具体行政行为”这组概念来论证，我们暂且在这里把行政诉讼中针对具体行政行为提出诉求看作“主诉”，把针对规范性文件提出的附带审查请求看作“从诉”。从诉讼结构来说，附带诉讼中主诉与从诉之所以能附带在一起，是因为主诉和从诉具有实质关联，主诉能够解决从诉所必须解决的实体法问题。反过来说，如果主诉与从诉并无实质关联，主诉所解决的问题对从诉没有意义，那么附带之诉就没有必要成立。[①] 具体到规范性文件附带审查制度中，也就是说提出“从诉”的主体必须是在“主诉”范围内认为该行政行为所依据的规范性文件违法。需要注意的是，法院在审查时并不会对案件所涉及的“全部”规范性文件进行审查，而是需要有提出审查的主体在“从诉”中列明所需要审查的具体条款，这就要求当事人具有高度的“洞察力”。但是，大多数行政相对人或利害关系人都不精通法律，他们一般无法意识到规范性文件的违规、违法。

不仅如此，大多数当事人对规范性文件附带审查制度都不了解，甚至很多人连什么是规范性文件都不清楚。由于规范性文件制定机关的多层次性，以及规范性文件数量之繁多，专业的法官或者律师对于规范性文件的认识都存在偏差。更别提多数不具备法律知识背景的行政相对人及利害关系人了。由于相对人及利害关系人对规范性文件所掌握的“信息不对称”原因，使得他们即使面临自己权益受到侵害是因为具体行政行为所依据的规范性文件违法、违规时，也不具备对这一问题的敏感性，甚至是“毫无察觉”地跳过了这个问题，当然，他们在提请诉求时也就不会涉及对规范性文件的附带审查。

（二）法院难以形成统一的审查标准

虽然新行政诉讼法中将规范性文件附带审查制度纳入行政诉讼受案范围，但是现存法律制度与理论对规范性文件附带审查制度的规定仍不太明朗，相关制度不具有实操性。所以导致许多法院不愿意受理此类案件，将许多案件

---

① 陈国栋：“扩张，还是限缩？——行政附带赔偿诉讼适用范围之确定”，载《行政法学研究》2013年第3期。

挡在门外。或者是法官在审理此类案件时，因为相关制度的不明确，导致法官一般是不予审查或者是直接驳回。具体来说，主要存在以下几个方面的问题：

一是缺乏统一的审查标准，对于要不要审查、审查哪些方面、审查到何种程度等问题上，尚未统一标准和认识，这导致不同法官对待同类审查请求时裁判尺度的不一致。根据《2018 年司法解释》第一百四十八条第一款规定，人民法院对规范性文件附带审查时的审查范围包括规范性文件制定机关是否超越权限或者违反法定程序、作出行政行为所依据的条款以及相关条款等方面。《2018 年司法解释》第一百四十八条第二款解释了《行政诉讼法》第六十四条规定的“规范性文件不合法”的具体情形：1. 超越制定机关的法定职权或者超越法律、法规、规章的授权范围的；2. 与法律、法规、规章等上位法的规定相抵触的；3. 没有法律、法规、规章依据，违法增加公民、法人和其他组织义务或者减损公民、法人和其他组织合法权益的；4. 未履行法定批准程序、公开发布程序，严重违反制定程序的；5. 其他违反法律、法规以及规章规定的情形。《2018 年司法解释》相较以前的法律规定，无疑是进步的。但是，在司法实践中的可操作性上还是有限，试以“未履行法定批准程序、公开发布程序，严重违反制定程序的”属于规范性文件不合法来讲，别说法院一般不会审查规范性文件的制定和发布程序，如果审查，那么关于“严重违反法定程序”这一标准如何认定呢？每位法官在审理案件时多多少少会渗透自己处理问题的价值取向，在某些情形下对于“严重违反法定程序”必然会存在不同的认定标准，这可能会导致同类审查请求的裁判结果不一。

二是尚未形成相对成熟的审查体系和审查模式，法官面对规范性文件附带审查请求，往往会怀有排斥与不适，即使启动了审查，也仅仅是将被申请审查的条款与上位法相关条款进行简单比对，进而得出与上位法是否抵触的结论。对于没有上位法或上位法规定不明确的情形，则“无能为力”。对于审查与上位法是否抵触之外的其他方面是否审查、如何审查则显得“极其迷茫”。如规范性文件制定权限如何审查、规范性文件制定程序是否有必要审查、审查到何种程度、是否需要规范性文件制定机关说明理由等，均缺乏定论。

三是尚未触及深层次的实质审查内容。规范性文件与被诉行政行为相比，审查的视角、方法大不相同，往往需要运用比例原则等行政法的基本原则对行政机关制定规范性文件的自由裁量权进行有效规制，价值衡量色彩浓厚。也需要运用法律解释的方法对文本规定进行深入剖析。而我国行政诉讼法将规范性文件附带审查纳入行政诉讼受案范围才三年有余，行政法官在接触规范性文件的审查时一直怀有排斥与不适的感觉，处理审查请求时也时刻秉持着谨慎小心的态度，这严重束缚了法官“造法的手脚”。与此同时，行政法官们缺乏对规范性文件审查的实践经验，与其他业务相比，对规范性文件的审查技艺难免生疏。

（三）我国现有行政与司法体制因素的制约

我国社会治理情形复杂，为了高效、有限地完成国家治理，就不得不建立多层次的行政体制和法律体系。与多层次的行政体制相配套的法律体系当然也具备多层次的特征，我国法律体系有严格的效力阶梯，从高到低效力位阶依次是宪法——法律——行政法规——地方性法规、地方政府规章。

2004 年《最高人民法院关于审理行政案件适用法律规范问题的座谈会纪要》中明确了规范性文件的主要范畴，即有关部门为指导法律执行或者实施行政措施而作出的具体应用解释和制定的其他规范性文件，主要是国务院部门以及省、市、自治区和较大的市的人民政府或其主管部门对于具体应用法律法规或规章作出的解释；县级以上人民政府及其主管部门制定发布的具有普遍约束力的决定、命令或其他规范性文件。因此，《行政诉讼法》第五十三条中的规范性文件，仅包括国务院部门、地方人民政府及其部门制定的规章以下的规范性文件，其将国务院制定的法规、规章以下的规范性文件予以排除。① 简而言之，制定规范性文件的机关主体高至国务院部门、低至县级政府的主管部门都可以制定规范性文件。行政规范性文件的制定主体之间，上下级关系看似等级分明，实则错综复杂，这使得规范性文件违反法律、法规的现象不可避免。由此可见，虽然规范性文件为了弥补法律、法规或规章的空缺，但其效力辐射范围却很广泛。国务院部门制定规范性文件会在全国范围内发生效力，“威力”不亚于一个省级政府制定的地方性法规。这一广泛存在的效力位阶问题成为法院审查时最大的阻力。

① 参见江必新、邵长茂：《新行政诉讼法修改条文理解与适用》，中国法制出版社 2014 年版，第 195 页。

《行政诉讼法》第十八条第二款规定："经最高人民法院批准，高级人民法院可以根据审判工作的实际情况，确定若干人民法院跨行政区域管辖行政案件。"这一规定很大程度地加强了司法独立的建设。但是任何改变不是一夕一朝之间就能完成的。现实中行政体制与司法体制仍存在千丝万缕的关联，这是无法避免的。目前，我国司法组织体系主要为四级法院，另外设有军事、铁路、水运等专门人民法院。虽然我国司法体制建设的理想模型是独立于行政体系的，但行政工作人员与司法工作人员同在一个"体制内"，而中国官场中人情、社会关系等非正式组织历来颇受重视，所以司法系统与行政体制仍具有千丝万缕的联系，即使这种联系微弱，但也确实是存在的。此外，中国行政体制继承了传统的官僚科层制观念，体制内各阶层分明，具有严格的官级制度意识，"官大一级压死人"就是中国官场的写实描述。因此，在实践中，如果各级法院在对规范性文件进行附带审查时发现该规范性文件存在不合法之处，很有可能因为法院层级太低或者是制作并发布该规范性文件的行政机关级别太高而不了了之。例如原告在向基层法院起诉时请求附带审查行政机关作出行政行为时所依据的规范性文件，法院对该规范性文件内容予以审查后，发现该文件确实具有问题，如果该文件是与基层人民法院级别相当的行政机关作出的，那法院在审查时底气应该很足，那如果是这个规范性文件是由国务院部门制定的呢？基层法院还有底气去质疑该规范性文件的合法性吗？虽然，目前社会主流都在强调司法独立，强调法官办案不能受到行政机关的掣肘。但是，在中国传统的官僚科层制行政文化之中，公务人员大都具有明显的层级观念，"以下犯上"绝对可以说是中国官场禁忌之一。但是，绝对也有将"公正公平"放在首位，不畏高权，不介意官位晋升的人存在，但这毕竟是少数。

三、"热"的成因

（一）完善规范性文件附带审查制度是法治国家建设的必然要求

就行政规范性文件而言，存在两种形式的审查。一种是行政系统内部的一套监管的制度——规范性文件备案审查制度，即行政机关按规定将所制定的规范性文件报送上级行政机关（政府各职能部门报本级政府，下级政府报上级政府），由上级行政机关依法审查，并作出相应处理（一般包括撤销、建议修改后重新发布）。[①] 另一种是作为外部监督的司法审查，即司法附带审查制度。之所以对规范性文件设定备案制度和司法附带审查制度，因为规范性文件中有不少是政府实施行政管理、作出行政决策、发布行政决定和命令的重要载体和直接依据，涉及面广、影响力强，直接关系到行政活动的合法性和行政行为的效果，关系到政府的公信力和执行力。备案审查是从源头上规范行政行为，[②] 然而“一切有权力的人都容易滥用权力，这是万古不易的一条经验”。[③] 与之相对的司法附带审查则是在备案审查“失灵”时的最后一道防线。由于现行制度控制成效的有限性，行政规范性文件的失序、失范现象甚为严重。进行司法附带审查，是维护法制统一，保持政令畅通的需要，更是保护行政相对人合法权益的需要，是促进依法行政、建设法治政府、法治国家的重要手段。[④]

随着行政机关对社会经济的干预和影响程度逐渐扩大，规范性文件的数量急剧膨胀，甚至可以说是泛滥。全国各地各级政府及其部门都开始纷纷涌入规范性文件的制作队伍。众多规范性文件中有一些的确为政府治理活动提供了更贴切的依据，但是也客观存在一些“粗制滥造”、不符合实际情况，甚至与上位法冲突的规范性文件，这些规范性文件对依法行政构成严重威胁。不仅如此，各制定机关的法律素质参差不齐，且制定规范性文件均未经过立法程序或没有按立法程序论证，在民意的表达、利益的体现和符合法律方面，往往都存在着很大的缺陷，存在大量的违法情况。而规范性文件具有普遍适用性，一旦违法，往往涉及不特定的多数相对人，社会影响远大于具体行政行为。因此，为保护公民合法权益不受规范性文件滥用的侵害，必须有一种新的控权理论或法律原则来防止其滥用给行政相对人造成损失。正如对待行政机关的自由裁量权一样，“现代法治所要求的并不是消除之，而是法律应当能够控制它的行使”。[⑤] 这不仅需要对规范性文件的制定进行规范，也需要对规范性文件确立事后补救机制，司法作为一道最后的“防火墙”就显得尤为

---

① 杨书军：“规范性文件备案审查制度的起源与发展”，载《法学杂志》2012 年第 10 期。

② 河南省人大课题组：《加强规范性文件备案审查制度建设研究》。

③ ［法］孟德斯鸠：《论法的精神》，商务印书馆 1982 年版，第 154 页。

④ 谢维雁，段鸿斌：“关于行政规范性文件立法备案审查的几个问题”，载《四川师范大学学报（社会科学版）》第 45 卷第 1 期。

⑤ ［英］威廉·韦德：《行政法》，楚建译，中国大百科全书出版社 1997 年版，第 55 页。

重要，规范性文件附带审查制度纳入行政诉讼受案范围由此应运而生。

（二）法治国家规范性文件附带审查制度司法审查发展的历史启示

由于法治观念的差异，普通法系国家行政案件和普通案件均适用同一诉讼程序处理。由于受“国王不能为非”的普通法思想的影响，美国建国初期形成了行政机关“主权豁免”的特权，即行政相对人向法院提起行政诉讼要经政府同意。① 随着“无救济便无权利”的法治思想的发展，行政机关的豁免权逐渐被摒弃，通过实行可以审查的假定原则，将行政机关的行政行为普遍纳入司法审查的范围，仅将个别例外情况排除在司法审查之外。② 而且由于法官可以在判例中对排除司法审查范围的法律条款作相反的理解，因此司法审查的范围不断扩展。与美国相似，英国的司法审查也遵循可以审查的假定原则，凡是被认为违背“越权原则”的行政行为均属于行政诉讼的受案范围，且对于司法审查的范围持一种“尽量使其扩大化”的态度。以法、德为代表的大陆法系国家，采用双轨制的审判体制。为防止其他国家权力干涉行政权，单独设立行政法院处理行政诉讼案件。关于司法审查的范围，法国的成文法并无明确规定，但法国通过行政法院和权限争议法庭作出的判例，确立了“可以审查”的假定原则，其司法审查的范围很广，不仅受理一般的行政相对人提起的诉讼，还受理同一行政主体内部机关之间和不同行政主体之间的诉讼。德国行政法院司法审查的范围也比较广泛，包括一切除宪法案件和法律规定应归于其他法院管辖外的公法案件。如 1960 年德国颁布的行政诉讼法规定，所有国家机关在行使职权时所产生的公法性争议均由行政法院负责审理，只要这些争议不涉及宪法或由于其他法律的规定应归于其他法院处理。③ 可见，行政诉讼制度比较完善的西方法治国家都将规范性文件附带审查制度纳入了司法审查范围，且“大都采取了普遍的法治主义原则，采用概括式标明行政行为应该接受司法审查”，反映了“法律就是朝着允许全体公

---

① 汪栋、沈盼盼：“行政诉讼受案范围的中外比较”，载《唐山学院学报》2007 年第 4 期。

② 如美国联邦行政程序法第 701 条规定，司法复审仅不适用于：法律授权不予司法复审的行政行为；法律授权行政机关自行决定的行政行为。转引自郭百顺“抽象行政行为司法审查之实然状况与应然构造——兼论对行政规范性文件的司法监控”，载《行政法学研究》2012 年第 2 期。

③ 应松年：《外国行政程序法汇编》，中国法制出版社 2004 年版，第 11 页。

民起诉他们所感兴趣的任何行政裁决的方向发展”。[①]

（三）规范性文件附带审查制度是对现实需要的回应

最高人民法院对规范性文件的司法解释征求意见稿进行深入讨论，虽然不是从回应实践的角度出发，但也是从应然的角度试图通过制度建设，改善实践中规范性文件审查的司法现状。

事实上，无论是否将规范性文件附带审查纳入行政诉讼受案范围，法院在行政诉讼过程中根本无法避免对规范性文件的审查，因为任何具体行政行为都有相应的法律规范依据，法院在审查具体行政行为的效力时，必然会对作为依据的规范性文件进行审查。否则，任何行政机关都可以通过规范性文件的豁免权来逃避司法审查，这将极大地破坏法治政府的权威。所以说，新行政诉讼中将规范性文件附带审查纳入行政诉讼受案范围，实质上新制度解决的还是老问题。但是，将规范性文件纳入行政诉讼受案范围并不是一无是处的。首先，对于当事人，立法机关将启动审查程序的请求权赋予相对人，只要是认为具体行政行为侵害到自己权益的行政相对人、第三人均能在提起具体行政诉讼时请求附带审查作出具体行政行为的依据。这相当于对相对人、第三人的权益保护加上了一层“保护罩”。其次，对于行政机关而言，附带制度无疑成为他们头上的“紧箍咒”，行政机关在制定规范性文件时会更加注重内容质量，行政机关在作出行政决定时也不得不更加谨慎地选择适用条款。

但是，规范文件附带审查制度的确定于法院而言却意味着巨大的挑战。对于法院而言，立法机关将规范性文件审查纳入行政诉讼范围的举动将回应附带审查诉求的强制义务课予法院，导致旧法律制度下法院可以回避行政规范性文件司法审查的空间被压缩殆尽，法院面临评价争议行政行为及其依据的规范性文件之合法性并说服争议各方服判息诉的双重说理压力。[②] 众所周知，此项制度十分重要，但在法律设定上却不够明晰，导致人民法院在司法实务中更加无所适从。目前，关于规范性文件附带审查的具体规定主要在《2018 年司法解释》中作出诠释，主要解决了三大问题：一是附带审查请求

① 参见刘兆兴：《论德国对行政权力的司法审查制度》，中国社会科学文献出版社 1998 年版，第 117 页。

② 李成：“行政规范性文件附带审查进路的司法建构”，载《法学家》2018 年第 2 期。

时限，二是明确违法规范性文件在裁判理由中，三是办理该建议的抄送部门机关。但是，对于其他的问题，包括一部分极具争议且又是使得该制度得以高效运行所不可缺少的关键性问题，因现存规范均无规定，而相关研究成果主要在于规范性文件是否应当纳入司法审查以及应当用独立审查还是附带审查的审查方式上，对附带审查的具体制度几乎没有研究，更别提深入的、体系的论证。因此，不能有效地指导司法实践。目前，最高人民法院集中注意力开展对规范性文件附带审查制度的司法解释工作，也是要以理论研究推动实践探索的做法之一。

四、缩小“冷热两极化”的思考

（一）法院审理任务的更新

对于规范性文件的审查，法院应该持有更加“积极”的心态，从程序操作上而言，不论是庭审、合议庭评议抑或审委会讨论案件程序，原告请求审查规范性文件的，均应组织诉辩、评议与讨论。下级法院未依法履行审查义务的，二审法院可以径直予以纠正，并作为“发改案件”进行考核。对于虽在裁判文书中确认规范性文件违法但未向文件制定机关提出处理建议的，应责令其提出处理建议，预防性地解决纠纷。对于规范性文件审查出现错误，影响行政诉讼裁判结果的，当事人应可申请再审。此外，对于实践中原告提出的审查请求明显不符合行政诉讼法规定要求的，如请求撤销规范性文件或确认无效的，应积极予以释明，指导其选择请求确认违法的方式，确保制度的准确实施。

（二）规范性文件审查程序独立性转变

实践中，应诉行政机关多数并非文件制定机关。应诉行政机关与原告对于文件制定过程、理由、依据以及影响因素等知之甚少，多有猜测，因此难以对之形成实质性的诉辩主张。因此，在对规范性文件进行审查的实务中，一方面法院难以充分展开审查，另一方面文件制定机关缺席程序，致使规范性文件的程序正当性存疑。从应然角度而言，这属于立法问题，应通过行政诉讼法以及相关立法进行整体修订，确立文件制定机关参与规范性文件司法审查程序的义务。但从实务应对而言，在现行规定背景下，法院可以依据司法协助义务这一定位，在案件审理中征求制定机关意见后作出裁判。征求意见可以书面征求，也可以当面听取制定机关意见，如有必要，应将相关案卷材料移送制定机关参酌认定。此外，法院应可依据诉讼法相关规定，对于文件制定的相关档案材料予以调取，或要求制定机关对于文件制定过程、目的、理由、依据等作出口头或书面说明。

（三）发挥法院审查规范性文件的司法既判力

由于目前司法实践中对规范性文件附带审查标准欠缺统一，而法律制度本就具有天然的滞后性。因此，从长期来看，行政诉讼法应当明确法院审查规范性文件的司法既判力，以体现司法自身规律，避免不同案件中的司法裁判发生冲突以及司法权与行政权的抵牾。在行政诉讼法及相关立法进行体系修订前，法院也可以采取补救之策应对。例如，在向制定机关提出处理建议后，应做必要的协调工作，尽量保证制定机关与法院意见一致，按照处理建议予以落实。制定机关认可法院意见的，应及时对于规范性文件进行标注避免继续实施。实践中，有学者提出建立规范性文件审查数据库，供法院内部统一裁判，也很有意义。裁量理由中对于规范性文件合法性的认定，应具有既定力，除非有足以推翻的事实和依据，后案中对于同一规范性文件原则上应作同等认定，以维护司法统一。

（作者单位：陕西省高级人民法院　西北政法大学）

基于裁判的统一：规范性文件一并审查的系统架构

——以1367份裁判文书为分析样本*

秦新举

【摘要】 规范性文件一并审查涉及不同权力的尊让与谦抑，也涉及党、政、司法机关职能边界等敏感话题，虽然法院对规范性文件的“隐性”审查由来已久，但新行政诉讼法的“显性”规定并不能使规范性文件一并审查的实效一蹴而就，因此期待与诟病并存。笔者通过“类案智能推送”系统搜集了涉及规范性文件一并审查的1367份裁判文书，力求全面呈现当前司法审查现状，并基于裁判的统一，从宏观、中观、微观层面，全方位探讨规范性文件一并审查的系统构架问题。宏观上，分析当前审查模式下存在的三大矛盾，提出统一的基本思路：突出审查的附带性；坚持以书面审查为主，实质审查为必要补充；以条款审查为主，整体审查为必要补充；以实体审查为主，程序审查为必要补充；以合法性审查为主，合理性审查为必要补充的原则。并立足实践争议，着重探讨了中观层面一并审查之诉的构成要件以及微观层面的具体争议的规范确立等。同时立足研究成果及切身实践，草拟规范性文件一并审查的意见稿，供司法解释参考。

【关键词】 裁判统一　规范性文件　一并审查

新行政诉讼法虽然将规范性文件一并审查从既往法院的自发实践上升为法律意义上的固定制度，但一并审查制度的完善显然不会因为法律文本的修

---

* 截至2018年6月12日，笔者通过“类案智能推送”系统搜索“《中华人民共和国行政诉讼法》第五十三条”，共搜集裁判文书1477份，涉及“规范性文件一并审查”的1367份，其中最高人民法院85份，均未对规范性文件进行实体审查；省高级人民法院240份，仅北京、福建、广西各1件案件进行了实体审查；中级人民法院559份，共实体审查38件，不予适用12件；基层人民法院483件，实体审查46件，被认定违法5件。实体审查率6.36%，不予适用率1.24%。下文所引案例，无特别说明均出自该系统。

改一蹴而就。从法律文本分析，《行政诉讼法》第五十三条、第六十四条勾勒了规范性文件“附带审查+不予适用+提出建议”的基本模式，这些框架性规定难以从实践操作层面给司法实践以明确指引。从笔者搜集的1367份涉及规范性文件一并审查的裁判文书分析，一方面不同法院对法条中“规范性文件”“所依据”“不予适用”的理解等存在诸多分歧，甚至截然相反；另一方面6.36%实体审查率，1.24%的不予适用率无不彰显法院对规范性文件一并审查的审慎的态度。由此，被学者批评为程序不明、标准不清、处理软弱。[①] 亦有批评认为，在审查动力、能力双重不足的制约下，部分案件中法院消极对待行政规范性文件的合法性评价，以与上位法不相抵触一笔带过也就不足为奇了[②]。这些批评不无道理，如新疆维吾尔自治区高级人民法院在审理“赵维平诉伊犁州人力资源和社会保障局、伊犁州人民政府行政给付一案”中认为：“因该文件系劳社部颁发……本院对该文件无法予以司法审查。”北京市第四中级人民法院在审理“原告闫尚启诉被告平谷区政府房屋征收一案”中认为：“被告平谷区政府作出《征收决定》所依据的《北京市旧城区改建房屋征收实施意见》中的相关规定，并不存在违反上位法的情况”。绍兴市中级人民法院在审理“原告高立军诉被告嵊州市人民政府房屋行政征收一案”中认为，“该规范性文件涉及对集体土地上房屋征收的内容缺乏上位法依据，对其合法性不予认可。”将法院对规范性文件审查的畏难情绪及“言多必失”的消极说理态度彰显无遗。不论是法律文本分析、司法实践考察还是学者的批判，无不提示一并审查制度依然处于理想和现实的碰撞、磨合中，需要从“筋骨”到“皮肉”的系统架构。

一、宏观层面的体系构建——附带审查模式的基本思路

附带审查[③]是当前规范性文件司法审查的核心要义，不论是宏观体系构建还是具体制度设计均围绕附带性展开。附带审查将规范性文件的合法性视为行政行为合法性的延伸，对规范性文件的审查只是必要手段，附属、服务

---

① 黄学贤：“行政规范性文件司法审查的规则嬗变及其完善”，载《苏州大学学报（哲学社会科学版）》2017年第2期。

② 李成：“行政规范性文件附带审查进路的司法建构”，载《法学家》2018年第2期。

③ 法律文本中称“一并审查”，因附带审查更直观体现一并审查的附带性特征，笔者在相同意义上使用“附带审查”表述。

于对行政行为进行合法性判断的目的。由此产生如下几对矛盾：

(一) 新、旧审查模式——主动审查与被动审查

为便于区分，笔者以新行政诉讼法实施为界，将新行政诉讼法实施前由司法解释及政策性规定创设的规范性文件审查规则称为“旧模式”，而由新行政诉讼法规定的审查模式称为“新模式”。“旧模式”的审查规则尤其体现在2004年5月18日最高人民法院发布的《关于审理行政案件适用法律规范问题的座谈会纪要》(以下简称为《座谈会纪要》)的规定①。具体而言：其一，法院对其他规范性文件的司法审查权是一种“附带审查权”，即审查对象是作为“被诉具体行政行为依据的具体应用解释和其他规范性文件”。其二，在审查的内容上，《座谈会纪要》作出了“合法、有效并合理、适当”的规定。其三，对于“合法、有效并合理、适当”的其他规范性文件，法院在认定被诉行政行为合法性时，应当承认其效力，反之可以排除适用。其四，在裁判理由中对被诉审查的规范性文件是否合法、有效或适当，法院可以进行评述。有观点认为，《座谈会纪要》已明确其他规范性文件“不是正式的法律渊源”，而如果法院适用这种非正式法律渊源认定行政行为的合法性，则必须作出充分的说明和论证；相反，如果法院以规范性文件违法为由否定行政行为的效力，亦必须作出充分的说明，否则将产生裁判说理论证方面的瑕疵。因此，从裁判技术的角度考虑，《座谈会纪要》对其他规范性文件是否合法、有效或适当“可以”进行评述的规定，更为准确的表述是“应当”进行评述。② 换言之，法院将其他规范性文件作为法律适用的依据的前提是对该规范性文件进行合法性评判，也即在“旧模式”中，法院对规范性文件的审查系主动审查。

“新模式”除法律赋权及明确了审后处理措施外，并未突破“旧模式”的审查框架。有观点认为，新行政诉讼法规定的法律意义表现在通过对原告一并请求权的赋予，启动了人民法院针对违法的规范性文件向其制定机关提出处理建议的权力，从而实现了依托行政诉讼制度，激活对规范性文件进行

---

① 《座谈会纪要》规定，其他规范性文件“不是正式的法律渊源，对人民法院不具有法律规范意义上的约束力”“人民法院经审查认为被诉具体行政行为依据的具体应用解释和其他规范性文件合法、有效并合理、适当的，在认定被诉具体行政行为合法性时应承认其效力”“人民法院可以在裁判理由中对具体应用解释和其他规范性文件是否合法、有效、合理或适当进行评述”。

② 余军、张文：“行政规范性文件司法审查权的实效性考察”，载《法学研究》2016年第2期。

效力审查以及做出相应处理的原有机制，但并非形成了一个新的对规范性文件进行审查的机制，距离人们普遍期待的通过行政诉讼直接消除违法的规范性文件的效力这一目标还有一定的距离。① 这一真知灼见阐明了新、旧模式的同与不同。值得思考的是，行政诉讼法遵循不告不理原则，在“新模式”下，当事人的请求是启动规范性文件一并审查的前提条件，由此推理，当事人未提出请求的，法院不予审查。从这一层面上讲，法院对规范性文件的审查属于被动审查，这与“旧模式”下法院的主动审查便有了矛盾的对立性。

这种对立性导致法院的裁判分歧，如武汉市中级人民法院在审理“武汉乾坤科技有限公司诉武汉市国家税务局第四稽查局税务行政处理上诉一案”中认为，“对于具体行政行为明确引用的规范性文件，即使当事人没有提出对规范性文件一并附带进行合法性审查的诉讼请求，也应当对具体行政行为所引用的规范性文件依据进行合法性审查。因为，这是正确解释和选择法律适用的前提。”湛江市中级人民法院在审理“上诉人周康贵诉被上诉人湛江市公安局、原审被告湛江市公安局交通警察支队不履行法定职责一案”中认为：“由于上诉人周康贵在本案中并没有提出对湛江市公安局制定的《道路交通事故社会救助基金内部审批流程》的合法性进行审查的请求，法院在本案中无权对其合法性进行审查，原审判决直接对其合法性作出认定欠妥。”并将此认定为审判程序瑕疵。这种观点的差异不仅体现法官对其他规范性文件审查的认知，也在一定程度上说明协调新、旧两种模式冲突，或者说解决在原告未提出一并审查请求时法院如何适用其他规范性文件问题，成为新模式下附带审查不可回避的课题。

（二）诉的不完整性——单独请求与不完整裁判权

附带审查最基本的要求是相对人不能单独对规范性文件提起行政诉讼，相对人只能因为与行政行为具有利害关系，故作为行政行为依据的规范性文件也产生利害关系，从而获得提起附带审查的请求权基础。这种请求权虽然要通过单独的诉讼请求提出，但因其附带性而不能成为独立的诉，属于不完整的诉，对此如何裁判成为必须要解决的问题。通常认为，完整的裁判权应当包括对于其他规范性文件的处分权、形成权，即经过合法性审查认为违法

---

① 应松年主编：《中华人民共和国行政诉讼法修改条文释义与点评》，人民法院出版社2015年版，第170页。

的，可以判决撤销、变更或者通过法定程序由有权机关废止或修订。而在宪法未赋予法院相应的权力的情况下，法院无法直接判决撤销不合法的规范性文件。这是新、旧模式下人民法院对规范性文件审查难以逾越的鸿沟。这种评价及处理权，被称为司法权中浅层次的评价权。①

有观点认为，既然当事人提出附带审查的请求，则法院就应当作出明确的裁判，而不能遮遮掩掩，欲说还休②。实践中，有些法院进行了大胆尝试，如宿州市中级人民法院在审理"刘印井诉萧县人民政府房屋征收决定一案"中，认为被诉规范性文件合法，判决驳回原告关于规范性文件违法的诉讼请求。安徽高院予以维持。这种判例已属凤毛麟角，更难见在判决主文中宣告规范性文件无效的判例。

在"新模式"下，一方面要求相对人作为单独的诉讼请求提起一并审查规范性文件请求，或者说赋予相对人单独提出一并审查请求的权利，另一方面对这种请求因法院不完整裁判权而难以得到全面回应，由此产生了单独请求与不完整裁判权矛盾的对立性。这其中的矛盾揭示的正是立法机关对司法权尊让行政权的认可。而附带审查的系统构建必须解释、统一这对矛盾，"不作为认定行政行为合法的依据"便有了合理性基础。

（三）制定机关角色定位——被审查对象与非当事人

"新模式"下，一方面，当事人不得同时以规范性文件的制定机关作为共同被告起诉，法院也不得把规范性文件的制定机关列为第三人，即规范性文件的制定机关不是行政诉讼案件的当事人；另一方面，人民法院可以对规范性文件进行评判，并在裁判文书中说明理由，特别是在法院作出直接影响制定机关权益的违法性评判时，制定机关并无救济渠道。作为被审查规范性文件的制定机关，不能以当事人身份参与其中，这种安排的矛盾性显而易见，必然会因为正当程序的不足而影响法院相关处理的权威性。特别是在涉及程序审查问题时，有无听证程序、有无违反备案、审批规定、有无最终发布等，需要由制定机关提供相应的证据证明，在此情况下，上述矛盾将更为凸显。

---

① 江必新、梁凤云：《最高人民法院新行政诉讼法司法解释理解与适用》，中国法制出版社 2015 年版，第 212 页。

② 黄学贤："行政规范性文件司法审查的规则嬗变及其完善"，载《苏州大学学报（哲学社会科学版）》2017 年第 2 期。

非常有必要赋予制定机关一定的法律地位，赋予其权利义务，不能让制定机关“深陷其中”，亦不能让其“袖手旁观”，以有效协调制定机关角色定位中被审查对象与非当事人矛盾带来的冲突。

矛盾是对立统一的，新模式下规范性文件一并审查的宏观架构，既要正视矛盾的存在，清醒地认识矛盾的对立性，又要抓住重点，促进矛盾的融合。笔者认为：一是突出审查的附带性，这是上述矛盾存在的现实基础，也是解释、融合矛盾的合理性依据。二是明确审查的基本原则，应当坚持以书面审查为主，实质审查为必要补充；以实体审查为主，程序审查为必要补充；以条款审查为主，整体审查为必要补充；以合法性审查为主，合理性审查为必要补充的原则。三是逻辑体例上，可依附行政审判运行流程，明确一并请求之诉的构成要件，并循序立案、审查、处理、建议等谋篇布局。同时明确角色定位、明晰权利义务、简化审查流程、明确合法性审查标准等，在便利操作的同时，为该制度的深化、发展留下空间。

二、中观层面的制度确立——附带审查之诉的构成要件

（一）请求主体：第三人请求资格争议

新模式下原告当然有权提出请求，而对被告无权提出请求通常亦无争议。争议的是第三人的请求资格问题。对此，有观点认为，在“第一审开庭审理前”或者“法庭调查中”两个时间节点中，因第三人已经进入了行政诉讼程序，且第三人具有原告的法律地位，在行政诉讼中独立于原告的利益需得到诉讼保护。所以，从保护第三人合法权益这一诉讼目的看，赋予第三人有请求法院对规范性文件合法性审查之权利，不悖于行政诉讼的立法目的。① 笔者赞同这一观点，一并审查附带于原告对行政行为提起的诉讼，允许第三人对该行政行为所依据的规范性文件进行审查，不违附带审查原则。

（二）请求客体：作为审查对象的规范性文件争议

行政诉讼法第五十三条规定的“规范性文件”即请求客体，是实践中的一大困惑。法院尝试在裁判中对此作出判断，如北京知识产权法院在审理“安徽华源医药股份有限公司诉国家工商行政管理总局商标局”一案中认为：

---

① 章剑生：“论行政诉讼中规范性文件的合法性审查”，载《福建行政学院学报》2016 年第 3 期。

“《新增服务商标的通知》系针对不特定的公民、法人或者其他组织作出的，可在其第四条规定的过渡期内反复适用并具有普遍的约束力。鉴于商标局的主体地位、法定权限、《新增服务商标的通知》的制定形式及制定程序等因素，应当认定《新增服务商标的通知》在性质上属于《行政诉讼法》第五十三条第一款规定的规范性文件。”上海市第一中级人民法院在审理“上海迪比特实业有限公司诉上海市闵行区规划和土地管理局一案”中认为：“上诉人要求一并审查的……等文件，系不同行政主体针对具体个案作出，因不具有针对不特定相对人以及可反复适用等特征，则不属于行政诉讼法中规定的可进行一并审查的规范性文件。”正反评价，基本明确了法院的态度，即将制定主体的制定权限以及是否针对不特定相对人、是否反复适用及是否具有普遍约束力作为规范性文件的判断标准。这与学界关于规范性文件的概念界定具有统一性。单纯地界定概念，尚不足以应对形形色色的具体实践，有必要对如下争议进行明确。

1. 关于国务院办公厅制定的文件。以《国务院办公厅关于做好政府信息依申请公开工作的意见》为例，实践中出现了截然不同的裁判。南通市港闸区人民法院在审理“钱海军与南通市公安局政府信息公开一案”中，依原告申请对该文件进行了附带审查；而长沙市中级人民法院在审理“陆青诉长沙市开福区人民政府、长沙市人民政府不履行法定职责一案”则认为，国务院办公厅制定的文件视同国务院制定的规范性文件并拒绝对其进行附带审查，湖南省高级人民法院二审支持。福建省高级人民法院亦有类似判例。① 对此实践争议，有观点认为，从解释论上，国务院部门的文件应系包括国务院办公厅、组成部门、直属机构等在内的国务院机构的泛称。因此，得免于附带审查的规范性文件应以国务院自身为限，不包括作为国务院办公机构的办公厅和作为办事机构的法制办等隶属于国务院的行政机构制定的文件。② 反对者认为，《行政诉讼法》第五十三条有关规范性文件的制定主体显然是指具有行政主体资格的行政机关及法律、法规、规章授权的组织，临时性机构、议事协调机构、各级人民政府及其部门的内设机构等由于不具有行政主体资

① 参见福建省高级人民法院“陈永兵诉厦门市人民政府不履行政府信息公开法定职责上诉一案”。

② 李成：“行政规范性文件附带审查进路的司法建构”，载《法学家》2018 年第 2 期。

格，无权制定规范性文件。[①] 笔者认为第二种意见更有说服力，国务院办公厅作为国务院的内设机构，其制定的规范性文件应当视为国务院的文件，进而不能成为附带审查的对象。

2. 关于法律、法规授权的组织制定的规范性文件。对该争议，有观点认为，根据《行政诉讼法》第二条第二款关于“前款所称行政行为，包括法律、法规、规章授权的组织作出的行政行为”的规定，可以推导出法律、法规、规章授权的组织制定的规范性文件也属于请求审查的客体。实践中，新行政诉讼法实施前，最高人民法院公报案例“田永诉北京科技大学拒绝颁发毕业证、学位证案”中，海淀区人民法院对北京科技大学的规范性文件进行了评判，并认为与上位法冲突，应属无效。笔者认为，将该类规范性文件纳入一并审查范围于法有据，亦无实践障碍。

3. 关于党政合署的规范性文件。实践中曾发生因法院判决公开党委信息而引起轩然大波的案例，法院一般对党委文件持审慎态度。对党政合署文件，特别是涉及行政管理内容的规范性文件的审查，存较大分歧。如在“张盛珠与鹤溪街道办事处、景宁畲族自治县人民政府其他行政行为一案”中，一审法院认为“《景宁畲族自治县农民异地搬迁工程实施办法》系中共景宁畲族自治县县委办公室文件……原告要求对文件进行合法性审查的主张不予支持。”二审法院则认为，“中共景宁畲族自治县委办公室和景宁畲族自治县人民政府根据……依程序联合制定《景宁畲族自治县农民异地搬迁工程实施办法》……从制定主体和内容判断，该办法属于……规范性文件附带审查范围，原审法院认为该办法不属于审查范围有误”。与此不同，同处浙江的杭州市中级人民法院在审理“周水法诉杭州市规划局规划行政许可一案中”认为上诉人提出的对中共杭州市委、杭州市人民政府市委［2001］29 号文件进行合法性审查于法无据。对此争议，有观点认为，“一旦将这类规范性文件排除在请求客体范围之外，行政机关就可能会通过这个途径制定、发布可以作为行使行政职权依据的规范性文件，从而架空《行政诉讼法》第五十三条的规定。”笔者认为该担忧确有其现实性，顶层设计对此应予以明确。在尚无明确规定之前，交由法官自主探索，实属难以承受之重，不宜纳入一并审查范围。对该类文件可以依据法律适用规则判断是否予以适用。

① 程琥：“新行政诉讼法中规范性文件附带审查制度研究”，载《法律适用》2015 年第 7 期。

实践中，法院通过判例亦明确了一些被排除审查的规范性文件，如无法律、法规授权的派出机构或者内设机构以自己名义制定的规范性文件①；国务院部门和地方人民政府及其部门制定的会议纪要等对外不发生法律效力的内部规定等②。对实践中的争议和探索，可通过直接定义、正面列举、反面排除方式，明确属于请求客体的规范性文件范围。

（三）关联性——与被诉行政行为的连接中介

附带审查要求被诉请审查的规范性文件必须与行政行为具备实质性连接，构成行政行为的依据，即与行政行为有关联性。有观点认为，提请审查的规范性文件必须是被诉行政行为的直接依据，它可以是全部依据，即执行规范性文件的具体内容而作出被诉行政行为，也可以是部分依据，即对其作出具有实体或程序上的影响。③ 该观点明确了“直接依据”标准。有观点认为，《行政诉讼法》第五十三条第一款规定的“行政行为所依据的……规范性文件”只能是规范性文件的特定内容（实质属性）的部分，而非该规范性文件整体。④ 强调作为审查客体的规范性文件和作为关联性依据的具体条款的辩证关系。综合两种观点，“直接依据”“条款审查”⑤ 成为判断关联性的标准和纽带。实践中，法院通过裁判反面确定一些排除关联性的规则，具有参考价值。

1. 具有审查的必要性。大量不予审查的案例均明确本诉不成立，对规范性文件不予审查。有些法院由此推演出必要性审查标准，即如果被诉行政行为已经被撤销或驳回起诉等，则无对规范性文件进行审查的必要。如太原中院在审理“阎兰池诉太原市工商行政管理局万柏林分局撤销行政决定上诉一案”中认为：“原审因所诉行政行为的撤销未继续审查其所依据的规范性文

① 参见江苏省高级人民法院（2017）苏行终 310 号“上诉人江苏盐阜公路运输集团有限公司诉盐城市大丰区农业委员会林业行政处罚及盐城市林业局行政复议决定案”。

② 参见最高人民法院“慕文生诉陕西省咸阳市三原县人民政府违法征收再审裁定”。

③ 江必新主编：《中华人民共和国行政诉讼法理解适用与实务指南》，中国法制出版社 2015 年版，第 244 页。

④ 朱芒：“规范性文件的合法性要件——首例附带性司法审查判决书评析”，载《法学》2016 年第 1 期。

⑤ 长沙望城区人民法院在审理“刘小青与长沙市望城区国土资源局、长沙市国土资源局行政征收一案”中认为：“对于规范性文件的审查主要是针对该规范性文件中涉及被诉行政行为所适用的具体条款的审查，而不是对整部规范性文件进行审查……因原告刘小青没有明确审查的具体条款，故本院对所申请审查的规范性文件不予审查。”

件，符合法律规定。”其所传递的信息是如果行政行为因事实、程序、适用法律错误被撤销，则规范性文件无审查必要。

2. 与被诉行政行为处于同一法律关系中。最高人民法院在审理“陶春红诉青海省西宁市城东区人民政府行政赔偿一案”中认为：“本案是行政赔偿案件，人民法院只能就行政赔偿争议进行审理与裁判。因此陶春红请求原审法院对上述规范性文件的合法性一并审查，并不作为认定行政行为合法依据的诉讼请求不能成立。”江苏省高级人民法院在（2016）苏行申520号裁定中认为：“政府信息公开诉讼中人民法院司法审查的对象是行政机关信息公开答复行为的合法性，至于申请公开的信息内容本身是否合法不是法院司法审查的范围”，与此相关的规范性文件不予审查。该两案中因与规范性文件关联的对象与被诉法律关系处于不同层次而被排除。

3. 与行政行为的合法性要件直接相关。佛山市中级人民法院在审理“上诉人吕剑峰诉被上诉人佛山市高明区教育局行政处分一案”中认为：被上诉人引用的规范性文件仅是作为认定上诉人是否属于行政机关任命的事业单位工作人员这一事实的证据材料，并非对其进行处分的依据，故不予审查。汉源县人民法院在审理“刘兴修诉汉源县公安局治安行政处罚一案”中认为：公安机关虽然将126号文件提交法院，但同时强调该文件只是行政处罚的参考意见，不是办案法律依据，故不予审查。黄石市中级人民法院在审理“原告冯祖德诉被告大冶市人民政府请求确认行政协议无效一案”中认为，提请附带审查的规范性文件必须是被诉行政行为内容的直接依据，即对作出行政行为有实体或程序上的影响……本案协议内容是由签约双方协商一致而成，26号文对本案诉争的拆迁安置补偿协议书内容和签订程序不构成实质影响，依法不属于被诉行政行为所依据的规范性文件，不属于本案审查的范围。不论是非要件、事实依据、参考依据还是不产生实质性影响的依据，均因不与行政行为合法性要件直接相关而被排除审查。

（四）请求时间——附带审查的时间限制

最高人民法院在“再审申请人何晓华因诉被申请人国家能源局南方监管局不履行法定职责一案”中认为，“本案中，何晓华于2015年4月1日提起行政诉讼，一审法院于2015年4月8日向南方监管局寄送起诉状副本，何晓华于2015年5月29日开庭当日才提交规范性文件合法审查请求，且并无正当理由……一审……对何晓华提出的新的诉讼请求不予准许，适用法律正确，本院予以支持。”将请求时间作为判断一并审查之诉的构成要件。现行司法解释对请求时间的规定为“应当在第一审开庭审理前提出；有正当理由的，也可以在法庭调查中提出。”之所以作出上述规定，最高人民法院解释认为，“规范性文件附带审查对于公民而言，还属于一项全新的制度，还有一个从不熟悉到逐步熟悉的过程。此外，公民、法人或者其他组织提出一并审查请求的，规范性文件是客观存在的，行政机关作为行政行为的作出者并不需要对规范性文件本身进行答辩，亦无须耗费太多时间。”① 该解释应有所调整，因为被告在答辩时并非对规范性文件的合法性不负任何责任，相反应对其适用的规范性文件承担说明理由义务。所以专门的司法解释非常有必要对请求时间作出规定，明确不同情形提出请求的时间节点及逾期提出的法律后果。

笔者认为，可以结合“行政行为所依据的”解释明确时间要件：如果起诉时行政机关已经在文书中明确规范性文件系作出行政行为的依据，则原告应当在起诉时一并提出；如果被告未在法律文书中列明适用的规范性文件，或系不作为的案件，被告在答辩期限内明确的，则原告应该在庭审前提出；如果被告在庭审中方明确的，则在庭审调查结束前提出。除上述情形外，原告提起规范性文件审查的，不予审查。这样一方面明确时间要件要求，督促相对人及时提出请求，另一方面让被告或制定机关有一定的准备时间，也让法院对规范性文件的审查更为充分。

附带审查之诉的构成要件对应法院对一并请求规范性文件的立案审查，这同样附属于对本诉的审查。如果本诉不符合立案条件，则可以一并裁定不予立案；如果本诉成立，鉴于一并审之诉成立与否涉及专业判断，且不适合以裁定方式单独不予立案，故不宜进行实质审查。但形式审查，非常必要。实践中，有些原告仅在诉讼请求中提出审查请求，在事实与理由部分甚至未明确什么条款违法、违反了什么法等，但却启动了相对复杂的规范性文件审查程序，给被告、制定机关、法院带来诸多困惑。特别是新适用解释出台后，有的当事人对规范性文件从制定主体、程序到内容等均笼统提出意见，法院对此一一审查无疑要耗费很大的精力。因此，非常有必要明确在立案时应当

---

① 江必新、梁凤云：《最高人民法院新行政诉讼法司法解释理解与适用》，中国法制出版社 2015 年版，第 200 页。

形式审查的内容，如要求明确诉请审查的具体条款，规范性文件违法的基本依据等。此外，基于对规范性文件审查的审慎态度，结合附带审查以书面审查为主的审查方式，应当规定规范性文件审查请求应当以书面形式提出，避免原告请求的随意性，也有助于被告、制定机关答辩以及法院审查。

三、微观层面的具体规范——附带审查的实践关切

（一）规范性文件的合法性审查

如前，笔者提出了规范性文件宏观架构应当坚持的原则，本部分着眼争议进行梳理、解释、论述。

1. 审查依据：规章与政策的适用效力。《行政诉讼法》第六十三条规定，人民法院审理行政案件以法律、行政法规、地方性法规、自治条例和单行条例为依据，参照规章。对规范性文件附带审查的法律依据亦应如是。在政策与规章的适用效力上，存有争议或困惑。在只有政策调整的领域，对规范性文件的合法性评判不得不考虑政策的参考依据。如衢州市柯城区人民法院在审理“携程家电商场诉衢州市衢江区财政局财政行政给付”一案中，涉及家电下乡补贴规范性文件的合法性评价问题，而不同层级行政主体制定的政策文件成为调整家电下乡的全部规范。判断规范性文件是否合法，无法脱离上位的政策的依据。在政策与规章冲突的领域，法院也面临选择。如在“益民公司诉河南周口市政府其他一案”中，最高人民法院依据中央政策排除了建设部规章的适用。这种适用政策性规范性文件的正当性在于他们得到了高层级、权威性的政策要素的支持，可以作为评判规范性文件合法性的参考依据。

2. 程序审查：全面审查与重点审查的争议。有观点认为，可参照《国务院关于加强法治政府建设的意见》规定的程序，对规范性文件进行程序审查。笔者持不同意见，对规范性文件的制定程序进行如此全面、详细的审查，在当前的实践中不具可行性：其一，对程序的认定，需要由制定机关提供相应的证据，在法律未赋予制定机关举证义务，特别是在制定机关不配合的情况下，法院难以作出判断。其二，对程序进行审查将耗费法院大量精力，有违附带审查的立法初衷。其三，程序性要件的审查效果及于规范性文件整体而非特定条款，程序违法也必将导致合法性整体丧失。如果仅仅因程序违法而排除适用，在只有规范性文件调整的领域，难以施行，法院不得不持审慎态

度。故对程序的审查应当处于补充地位，重点关注是否经过批准、是否对外公示等严重程序违法情形。实践中，鲜有对程序进行审查的判例，即便有也是一笔带过，且未有证据、依据的相关说明。这是不得不面对的现实困难。

3. 内容的审查：是否抵触的判断标准。内容审查的难点及争议的焦点是如何判断规范性文件是否与上位法相抵触。最高人民法院的《座谈会纪要》对此已有规定，无疑可以参照执行，成为规范性合法性评价的基本原则。实践中一些法院也进行了有益尝试，如广州铁路运输中级法院在审理“广州市交通委员会不履行法定职责一案中”，引入比例原则并通过对比方法进行说理，认为被诉规范性文件“针对被盗抢车辆所设置的限制措施无助于其所追求的行政目的的实现，违反行政比例原则，对被盗抢车辆车主的合法权利造成不当限制。同样实施车辆总量控制的北京、天津均允许在已注册登记的车辆被盗抢后无法找回的情况下，车主可直接取得指标。”湘西土家族苗族自治州中级人民法院在审理“上诉人覃登荣与被上诉人龙山县人社局行政批准一案”中，对规范性文件的合理性进行了评判，认为“……本案涉及的两个规范性文件所确定的认定出生时间的规则合理且不明显违反法律，可以在本案中参照适用。”这些案例中体现的对规范性文件的合理性评价，更大程度上是对规范性文件合法性评价的深化，处于补充地位。

4. 审查方式：书面审查为主。被审查对象非诉讼当事人的矛盾，必须通过审查方式的适当安排予以缓和。尤其在制定机关并非被告的情况下，法院只能在原告、被告等参与的情况下审查规范性文件的合法性，而作为被告无法对应当由制定机关说明的规范性文件的制定目的、依据、必要性、需要解决的主要问题、确立的主要制度等问题作出说明。因此，在庭审中为规范性文件审查设定单独环节难以操作。故应当以书面审查为主，必要时人民法院可以在庭审中将规范性文件是否合法作为一个争议焦点进行审查，听取原、被告的意见。在此基础上，人民法院认为规范性文件可能存在合法性问题，需要向制定机关进一步就规范性文件的制定方面问题作出说明的，可向制定机关送达起诉状或申请书，要求制定机关提交书面意见，并就制定相关条款的目的、依据及理由等问题作出说明，听取制定机关的意见。同时有必要赋予制定机关一定的义务，确保附带审查顺畅进行。

（二）对被诉行政行为的裁判

规范性文件的合法性审查与行政行为合法性审理存在如下悖论：如果行

政行为以规范性文件为依据，法院经审查认为该规范性文件违法的，不作为判断行政行为合法性的依据，并不当然确认被诉行为违法；经审查认为规范性文件合法的，根据法律适用规则，人民法院依据法律、法规或者参照规章进行判断，亦不当然确认被诉行为合法。换言之，即便是合法的规范性文件也不能仅据此驳回原告的诉讼请求。可见，规范性文件的审查结果与行政行为的判断不必然相关，对规范性文件的审查只解决该规范性文件能否作为认定被诉行政行为合法依据进而被法院适用的问题，对行政行为合法性的判断并不必然受到影响，这也是规范性文件一并审查附带性的生动诠释。实践中，亦有认定规范性文件违法，同时判决驳回原告诉讼请求的判例。

（三）二审对规范性文件的评判

与上述对被诉行政行为的裁判类似，实践中，二审对规范性文件的评判亦体现了一并审查的附带性。如山东省高级人民法院在（2017）鲁行终891号判决中认为："该文件规定的……并不违反……相关规定。原审法院判决对此不予审查，理由不当，应予纠正。"并未以遗漏诉讼请求为由发回重审。广西壮族自治区高级人民法院在审理"上诉人高原与被上诉人柳州市人民政府规划行政许可一案"中认为："虽然一审法院未对18号文进行合法性审查确属不当，但是判决认定的主要事实清楚，适用法律正确，判决结果正确"，判决驳回上诉，维持原判。上海市第三中级人民法院在审理"上诉人朱浩因诉被上诉人上海市质量技术监督局、中华人民共和国国家质量监督检验检疫总局撤销回复及行政复议一案"中认为："原审将46号文纳入规范性文件审查并进而作出实体判断，缺乏法律上的必要性，本院予以纠正。"并驳回上诉，维持原判。二审对规范性文件一并审查进行纠正，不直接影响对一审判决结果的评判。相反，二审对一审判决结果的评判，则直接影响对规范性文件一并审查的认定。如盘锦市中级人民法院在"审理上诉人黄铁良与被上诉人盘锦市人社局不履行行政职责一案"中，认为一审判决驳回原告诉讼请求错误，并裁定驳上诉，同时指出"上诉人要求附带审查规范性文件的诉请也不能得到支持。"样本范围内的案例在此问题上空前一致，突出体现了规范性文件一并审查的附带性。

当然，一个完整的体系构建，规范性文件审查后的政策处理占据重要地位，包括发出司法建议、实现信息共享等，囿于篇幅限制，且无法从涉及规范性文件一并审查的裁判文书中提取经验做法，此不详述。

结语

与新、旧审查模式相伴而生的主动审查与被动审查的矛盾、因诉的不完整性导致的单独请求与不完整裁判权的矛盾以及制定机关角色定位中被审查对象与非当事人的矛盾，决定了当前规范性文件审查模式远非理想的审查模式，本文论述的系统构建也只是立足在这样的现实基础上的一种探索，目的是提供逻辑自洽、富有操作性的审查模式供实践参考，以统一裁判尺度。正如沈德咏大法官在“离职告别书”中所言：“我们要清醒地认识到，中国法治和司法现代化之路还很漫长，我们这一代人，甚至未来两、三代人，注定只是筑路者和铺路人，在推进法治建设和司法改革上，务必要坚持从实际出发，脚踏实地，务求实效，稳中求进是最明智的选择。”国家法治建设如此，具体到一项制度建设又何尝不是。综观规范性文件司法审查的发展，现行附带审查制度只处在法院对规范性文件进行司法审查的起步阶段，这个阶段的使命应该定位为探索、巩固、拓展，这也是通向理想的规范性文件司法审查之路的必经阶段。我们有理由相信，在理想和现实的冲突磨合中，在实践和理论的互动下，这一制度必将挣脱矛盾、纠结、无力，更加统一、自洽并富有实效。

（作者单位：浙江省衢州市柯城区人民法院）

行政案件集中管辖背景下
行政争议实质性化解的审视与路径解构

殷　勇　　邹加沅

【摘要】 行政争议实质性化解理论的发展以审判目的论、实质法治论、行政权处分新论为基础，在实践中，由于大量协调化解案件的客观存在，这一理论付诸实践既是司法改革背景下司法责任承担的必然要求，也是立案登记制背景下行政审判压力的释放需要。新行政诉讼法将化解行政争议列为立法宗旨，力求在行政诉讼合法性审查的基础上，通过多元化纠纷化解机制对行政争议进行协调与化解，以达到衡平监督行政行为与解决实质诉求、程序公正与实体正义关系的目的，为行政审判回归当事人诉求本身，注重解决实体争议提供了立法依据及制度保障。在当前全国各级法院积极推进行政案件集中管辖制度背景下，行政审判出现案件数量进一步增加、当事人对司法解纷功能的期待及信任感进一步增强、行政区域分离使司法与行政的沟通难度进一步加大、解纷资源的分离使协调化解的难度加大等特点，集中反映了行政案件集中管辖后，法院在化解行政争议方面具有了更加超脱的中立地位，为实质化解行政争议提供了司法权威保障，但同时使法院进一步陷入案多人少、协调化解路径阻塞、协调化解资源缺乏的境地。行政案件集中管辖背景下行政争议实质性化解应考虑以上新的变化及需求，充分利用法院相对超脱、更加独立的地位所带来的中立权威，从实质性关注当事人诉求、降低当事人诉讼成本、便利当事人诉讼、整合协调化解资源、多元化解决行政争议等角度，着力于行政争议诉前化解制度化、强化行政诉讼调解制度功能、强化行政复议解纷功能、完善诉讼便利性措施、重构跨区域良性互动机制等方面的路径重构，在现行法律体制框架内对当事人争议的实质诉求作出回应。

【关键词】 行政争议　实质性化解　集中管辖

对行政争议而言，因涉及行政权力的不可处分性、主体地位不平等性、行政行为合法性审查等原理，学术及实践领域对其是否可以适用协调化解多年来未达成一致。行政争议的实质性化解在过去并不被重视，也与行政诉讼立法目的及行政审判关注的重点相关，以往进入行政诉讼审查程序的行政行为主要是行政处罚、行政强制，均具有较强的羁束性，没有太多协调化解调解空间，行政审判的重心也在于对行为的合法性进行判断。在当代社会，由于法律关系的错综复杂，接受司法审查的行政行为类型也更为多样，加之历史遗留、政策变迁而导致的利益主体交错、行政争议与民事纠纷的相互浸染等问题在审判实践中频繁出现，如果采用常规的合法性审查，往往导致裁判不解决实际问题，进而使人民群众对行政诉讼制度失去信心。在行政诉讼领域，往往解决纠纷的关键在诉讼外，需协调各方资源予以应对，一个诉讼案件解决的问题有限，当事人却不得不提起若干个诉讼，乃至于循环诉讼仍不能解决问题。相比之下，行政争议的实质性解决机制使行政审判在合法性审查的基础上，能通过多种方法对行政争议进行综合处理，特别是注重调解与协商，可以更好地衡平个案公正与公共利益以及实质与程序公正之间的关系，从根本上解决当事人的实际诉求。

近年来，随着审判实践中集中反映当事人实质诉求得不到解决、诉讼程序空转、“案结事难了”的“三高一低”问题（上诉率高、申诉率高、信访率高、行政机关败诉率低）日益突出，行政争议实质性化解成为行政审判领域的热点课题。随着新行政诉讼法将解决行政争议列为立法宗旨，赋予了行政诉讼在推进国家治理体系和治理能力现代化中更加重要的职责使命，进一步强化了行政诉讼定纷止争的职能。同时，新行政诉讼法通过确立行政争议有限调解、规范性文件附带审查、行政争议附带民事审查、将行政协议亦纳入诉讼范围等，为行政审判回归当事人诉求本身，注重解决实体争议提供了立法依据及制度保障。

一、行政争议实质性化解的理论与实践基础

最高人民法院最近几年特别强调行政争议实质性化解，围绕该命题进行了一系列的制度创新和工作机制的改革和完善。如今随着行政诉讼受案范围的扩大，在行政处罚、行政强制之外，大量不同种类的行政行为被提起诉讼，

尤其是行政协议等大量新类型行为进入诉讼。且因城市拆迁、房屋征收、农村征地、环境污染、企业破产等引发大量行政争议，其处理结果对地方经济、社会发展和社会稳定产生重大影响①，解决争议日渐成为行政审判的首要目的。此外，随着司法监督力度的加强，过去认为不可逾越的对自由裁量权的审查也被突破，对滥用自由裁量权或自由裁量明显不当的，法院也可以判决撤销或变更。行政争议实质性化解已具有充分的理论及实践基础。

（一）行政争议实质性化解的理论基础

1. 行政审判目的论

“目的是全部法律的创造者，每条法律规则的产生都源于一种目的，即一种事实上的动机”②。行政诉讼是一种解决行政争议的制度，其目的是定纷止争，通过公平配置现有资源以及调整各种利益冲突的方式实现公平正义。新行政诉讼法第一条立法宗旨明确指出，为保证人民法院公正、及时审理行政案件，解决行政争议，保护公民、法人和其他组织的合法权益，监督行政机关依法行使行政职权，根据宪法，制定本法。从而第一次将解决行政争议作为立法目的予以规范，集中体现了行政审判与时俱进、满足人民群众日益增长的司法需求的制度要求。

2. 实质法治要求

亚里士多德在《政治学》中提出，“邦国虽有良法，要是人们不能全部遵循，仍然不能实现法治。法治应当包含两重含义：已成立的法律获得普遍的服从，而大家服从的法律本身是制定良好的法律”③，这一经典论述被认为是实质法治的理论源头。在形式法治理念下，行政审判活动被定位为像自动售货机一样对行政行为的合法性进行审查，而能否有效解决纠纷以及合法性审查所能带来何种法律与社会效果则在所不问，其忽视司法供给侧与社会需求侧之间的矛盾和冲突所带来的不利后果显而易见，如案结不了、胜负皆不服。实质法治追求的不仅是过程，而且是结果的正义，不仅要做到表面的合法，而且要符合社会对于公平正义的认识，当事人实体权益的保障。实质法

---

① 江必新：“从跨区划管辖到跨区划法院——兼论新型诉讼格局之构建”，载《人民司法》2017 年第 31 期。

② ［美］博登海默：《法理学、法律哲学与法律方法》，中国政法大学出版社 1998 年版，第 105 页。

③ ［古希腊］亚里士多德：《政治学》，商务印书馆 1965 年版，第 199 页。

治要求行政审判不仅关注行政行为的合法性审查，更加注重对当事人实质诉求的回应，有效解决纠纷，达到法律效果与社会效果的统一。

3. 行政权处分的理论变迁

传统观点认为，行政机关对国家赋予其所实施的公权力没有处分权，所以法院在行政诉讼过程中不存在协调化解空间，只能依法进行合法性审查。随着行政诉讼制度的成长及实践需求，行政权处分理论也在不断更新的过程中，有一些学者提出“公权力并非不可处分，而是不可随意处分”。[①] 也有一些学者认为“行政争议的和解或调解并非基于也不必纠缠于行政权的可处分性，而是基于公众参与所发展起来的一项为处理各种行政争议进行事后协商和沟通，即组织相对人的补充性参与，促使当事人双方互相认可对方的事实证据和法律意见并形成共识的机制”。[②] 这些观点基于行政执法及行政审判实践的需求而提出，具有较强适应性及生命力，得到广泛认可。

第一、行政机关自由裁量的不可避免性。由于行政管理事项的复杂性、法律规范的抽象性及滞后性，法律规范不可能对所有行政行为的构成要件及法律效果作出完美预设，在很多情况下会赋予行政主体较为广泛的自由裁量权，在一定范围内自由裁量处分。既然行政主体享有有限处分权，其在诉讼中就可以在裁量幅度内与行政相对人进行协商化解。

第二，解决基础性争议的需求。以行政裁决为例，行政裁决是行政主体对平等民事主体之间的民事争议作出的处理决定，因此民事争议的解决对于行政裁决案件的处理结果具有终局意义。在审理此类案件的司法实践中，法官的工作重点往往是平等民事主体间的矛盾化解。如果行政裁决中的民事主体能够通过协调和解达成一致的，行政诉讼中原、被告之间所谓的“行政争议”也就迎刃而解了。行政裁决案件作为行政诉讼协调化解的典型，为行政诉讼协调化解机制的构建提供了实证模型。

（二）行政争议实质性化解的实践基础

随着行政诉讼立法目的的变更及服务性、指导性行政行为的不断出现，传统行政法理论已不再能适应实践的需求，新行政诉讼法在行政赔偿、行政补偿之外，将行政机关行使法律、法规规定的自由裁量案件纳入到可以适用

① 刘东亮：“论行政诉讼中的调解”，载《行政法学研究》2006 年第 2 期。

② 叶必丰：“行政和解调解：基于公众参与和诚实信用”，载《政治与法律》2008 年第 5 期。

调解的范围。该规定系基于行政审判实践的归纳与总结，反映当前行政审判实践中的客观问题。

1. 大量协调化解案件的客观存在

即使在行政诉讼法修改之前，人民法院在审理行政案件时也已逐渐将解决纠纷作为行政审判的一项重要工作，贯穿执行于合法性审查的全过程。根据全国范围的相关统计，自1990年《行政诉讼法》施行以来，在行政诉讼司法实践中，因当事人之间在案外达成和解协议，原告申请撤诉的案件，每年均超过当年结案总数的30%，1995年至1997年甚至超过50%。以S市法院系统2015年全年审结的一审行政案件为例，通过协调和解解决争议的案件共1053件，其中，原告主动撤诉的1030件、被告改变具体行政行为后原告撤诉的23件，将合法性审查和协调化解相结合，较好地实现了办案法律效果和社会效果的有机统一。在这些原告撤诉的案件中，很多都是以当事人案外达成协议，原告申请撤诉结案的，如此多的实践案例显然已为行政协调和解机制的建立提供了客观基础。在这种情况下，无论是理论界还是审判实践领域均认为，与其让变相的和解处理成为规避法律的工具，不如从制度上对当事人和解、协商予以规制，由法院对当事人达成的协议是否合法进行审查，在不违反当事人自愿和法律的强制性规定，不损害国家利益、公共利益和他人合法权益的情况下，确认协调化解的法律效力，使行政诉讼协调化解制度正式成为一种化解行政争议，促进行政机关依法行政的有效手段。

2. 司法改革背景下司法责任承担的必然需求

行政争议实质性解决有利于社会和谐稳定发展。有学者认为“任何国家的司法都必须分担一定的治理国家和社会的政治责任，这是无法逃避和放弃的”①。司法的社会责任具体到行政诉讼过程中，就是法院在行使行政审判权解决纠纷的过程中，并不是要绝对保护行政相对人，打压行政机关，也不是要维护行政机关，而是在尊重行政权行使的前提下，解决行政机关和行政相对人之间的纠纷，实质解决社会纠纷、平复社会矛盾，理顺社会关系，这是司法责任的必然要求。在行政审判中，如果不注重行政争议实质性解决，简单一判了之，极可能产生依法裁判而矛盾未得到处理，甚至导致矛盾激化，这与司法责任的承担是背道而驰的。

---

① 梁玉莲：“试论实质性解决行政纠纷的可能性”，载《政法学刊》2014年第10期。

3. 立案登记制背景下行政审判压力的释放需求

以S市2016年行政审判收结案情况为例，2016年，全市法院共受理一审行政案件5305件，去年同期4288件，同比上升23.72%，审结一审行政案件4787件，去年同期3630件，同比上升31.87%；受理二审行政案件2790件，去年同期1989件，同比上升40.27%，审结二审行政案件2564件，去年同期1778件，同比上升44.21%。立案登记制施行以后，行政案件收结案呈井喷式增长状态，如果不能在保障诉权与依法审判之间找到平衡，将使行政审判承受不可承受的压力。司法衡平理论认为，行政诉讼应当把握好特殊性与一般性，处理好合法性审查与回应原告诉求之间的关系，在两者间寻求平衡。行政诉讼中合法性审查原则，是行政诉讼的特有原则，应当予以秉持，新行政诉讼法第六条也保留了该原则。同时，在充分考虑到行政审判特殊性的前提下，也应当尊重诉讼本身的应有之义。立法中增加解决行政争议的内容，可以进一步强化通过行政诉讼化解行政纠纷的作用，强化以法治的方式解决行政争议的能力，既有利于在法治范围内提升解决问题的能力，也有利于增强公民、法人或者其他组织的法治意识，形成依法维权的良好氛围。

二、行政案件集中管辖改革对行政争议实质性化解的影响

如前所述，行政争议的实质性化解系基于实践需求，且具有理论基础支撑，而新行政诉讼法为行政审判回归当事人诉求本身，注重解决实体争议提供了立法依据及制度保障。全国各地法院在此背景下对行政争议的实质性化解工作进行了诸多有益探索，如多元化纠纷解决机制、行政争议的诉前调解、司法与行政的联动化解等。而当前开展的行政案件集中管辖改革可能对行政争议实质性化解工作带来一些新的变化。

党的十八届四中全会提出："探索设立跨行政区划的人民法院和人民检察院，办理跨地区案件。完善行政诉讼体制机制，合理调整行政诉讼案件管辖制度，切实解决行政诉讼立案难、审理难、执行难等突出问题"。《行政诉讼法》第十八条第二款规定："经最高人民法院批准，高级人民法院可以根据审判工作的实际情况，确定若干人民法院跨行政区域管辖行政案件。"在司法实践中，为摆脱地方的干扰，提高司法独立性和权威性，全国各级人民法院按照中央与最高人民法院的部署，积极探索建立与行政区划适当分离的行政

案件管辖制度，跨行政区划法院改革已经取得重要突破。随着行政诉讼法的修改、全国铁路运输法院改革试点的推行，全国首批跨行政区划法院在上海、北京相继设立，全国大部分省、自治区、直辖市均开展了不同形式、不同程序的跨区域集中管辖试点工作。以上海市推行行政案件集中管辖试点工作为例，2014 年 12 月 28 日，上海市第三中级人民法院依托上海铁路运输中级人民法院正式挂牌成立，成为我国首个跨行政区划的人民法院，集中管辖以上海市人民政府为被告的一审行政案件及以市级行政机关未上诉人或者被上诉人的二审行政案件（不包括知识产权案件）以及上海铁路运输法院施行集中管辖审理行政案件后的二审案件。2016 年 7 月 1 日以后，上海铁路运输法院集中管辖涉及虹口、静安、长宁、普陀四区的行政案件；2018 年 7 月 1 日，在原有集中管辖基础上，上海市全面推行集中交叉管辖改革，确定四家基层法院集中管辖全市基层法院一审行政案件，同时按照交叉管辖原则，将法院与属地分离，正式推行集中管辖下的交叉管辖，被集中管辖法院不再受理一审行政案件。从实践情况下，行政案件集中管辖的方式有很多，但其价值取向均在于尽可能降低“司法地方化”的不利影响，通过将行政案件集中管辖、异地审理实现排除行政干预，从而为法官公正审判创造条件。集中交叉管辖的制度设计实现了司法与行政管理区划的相对分离，但距离的加大与地域的隔断必然会给行政审判当事人带来不便，增加其参与诉讼的成本，这些问题也会反映在行政审判实践领域中。

（一）案件数量进一步上升，但诉讼便利程度下降

立案登记制施行以来，全国各地法院行政诉讼案件数量急剧上升。随着行政案件集中管辖，因诉讼主客场问题的解决，当事人对行政审判的信任感与期待值均有所提升，集中管辖法院行政案件数量进一步增加、新类型案件不断涌现，行政审判的压力进一步加大。如福建省 2016 年全省法院受理一审行政案件 7410 件，较 2015 年上升 35.47%，北京四中院行政案件立案率从建院初期的不足三成上升至 90% 以上，以区政府为被告的行政案件从 2014 年的 216 件大幅上升至 2016 年的 2839 件，增长 14 倍之多，普遍反映案多人少、行政审判资源分配不均的矛盾依然突出。同时，由于将行政案件集中交由部分法院管辖，加上交叉管辖的制度设计，非集中管辖法院辖区的当事人必须到异地进行诉讼，距离加大、时间增加，导致时间与经济成本明显增加。加

上我国多数地区的交通状况是从区县到地市比较方便，而到其他区县的交通不方便，特别对处于偏远、山区和地域辽阔的地区，诉讼成本增加明显。一方面在一定程度上影响了当事人诉讼积极性，特别对于经济困难的当事人，可能因无法负担增加的诉讼成本而放弃诉讼。另一方面，也增加了法院审查的难度，跨区域集中管辖带来的距离问题、跨区域送达、调查取证成本均相应增加，协调化解的难度加大。①

（二）当事人信任感增强，但沟通化解难度加大

集中管辖改革在减少地方政府干预的同时，使行政相对人对行政审判更具信任感，更容易接受协调化解工作。同时，因集中交叉管辖改革后，协调化解资源的重新分配，新的沟通化解渠道尚未搭建完善，协调化解的难度加大。在行政案件集中交叉管辖前，各地在党委统一领导下，一般都建立了较为顺畅有效的司法与行政良性互动机制，如联席会议、专题研讨、信息互通等，一定程度上对行政争议实质性化解工作起到重要作用。在集中管辖后，因为尽可能降低“司法地方化”的不利影响，排除行政干预、保障司法独立性，原有机制因案件区域调整被打破，再加上集中地法院与被集中地行政机关之间的联系减弱，新的纠纷解决机制尚未建立，很多能依托当地化解的矛盾缺乏相应的资源与途径，致使矛盾不能得到及时解决。另外，加上集中管辖法院对被集中管辖地的行政执法环境、风土人情缺乏深入了解，为协调化解工作也增加了难度。审判实践中反映出的案件数量进一步增加、诉讼便利化程度降低、诉讼成本提升、解纷资源分散难以协调、协调化解难度进一步加大的问题，亟须通过重构集中管辖地法院与被集中管辖地法院、行政机关之间的良性互动机制，重配解纷资源予以有效应对。

（三）行政诉讼权威性提升，但行政争议多元化纠纷解决衔接减弱

行政争议存在自身的特殊性，单纯依靠行政诉讼往往力有不逮，需行政诉讼与调解、仲裁、裁决、复议等机制有机衔接、相互协调，加强诉前调解与诉讼调解的有效衔接，构建完善的多元化纠纷解决机制，致力于在矛盾聚集与激化前的协调化解。行政案件集中管辖之前，各地法院对行政争议的多

---

① 江必新：“从跨区划管辖到跨区划法院——兼论新型诉讼格局之构建”，载《人民司法》2017年第31期。

元化化解机制进行了一定程度的探索，制定并完善了一系列的制度，如行政规范性文件的审查衔接机制、行政复议与行政诉讼的会商机制、司法与行政联动化解机制，民事争议一并审查机制等，为行政争议的实质性化解提供了全方位的制度保障。集中管辖之后，虽使行政审判工作受地方干预的影响减小、司法权威性提升，但同时因受诉调对接体系分离、争议属地与集中管辖法院分离、复议机关所在地与集中管辖法院所在地分离等影响，原有行政争议多元化解纠纷解决衔接机制被打破，也使行政诉讼与非诉化解机制之间的联系减弱，可够利用的资源减少，亟需重构集中管辖背景下的行政争议多元化纠纷解决机制。

三、行政案件集中管辖背景下行政争议实质性化解的审视与路径构建

在当前全国各地推进行政案件集中管辖背景下，因行政案件数量进一步增加，审判压力随之进一步加大；公民诉权保障力度加大，当事人对司法解纷功能的期待及信任感进一步增强；行政区域分离使地方干预减少，同时使司法与行政的沟通难度进一步加大；司法裁判权威提升的同时，因解纷资源的分离使协调化解的难度加大。集中反映了行政案件集中管辖改革为法院化解行政争议提供了更加超脱的中立权威，为实质化解行政争议提供了司法权威保障，但同时使法院进一步陷入案多人少，协调化解路径阻塞、协调化解资源缺乏的境地。行政案件集中管辖背景下，行政争议实质性化解应考虑新的变化及需求，充分利用法院更加独立、相对超脱的地位所带来的司法权威，重构行政争议实质性化解路径，在现行法律体制框架内对当事人的实质争议作出回应。

（一）行政争议诉前调解制度化

立案登记制度施行以来，各级法院行政案件收案数量均明显增加，行政案件集中管辖以来，随着对诉权保障力度及司法公信力的进一步加强，案件量又出现不同程度的增加。这反映出当前在行政争议多元化纠纷解决机制不尽完善的情况下，行政诉讼仍系当事人寻求救济的首选方式。但立案登记制与集中管辖并非能一步到位解决所有问题。为适应新形势下的司法需求，减轻行政审判压力，有效应对立案登记制及集中管辖带来的诉讼爆炸、化解群体性诉讼、协调化解难度加大等问题，完善行政争议诉前化解制度势在必行。

2016年6月，最高人民法院发布了《关于人民法院进一步深化多元化纠纷解决机制改革的意见》，提出要探索建立调解前置程序，探索适用调解前置程序的纠纷范围和案件类型；有条件的基层人民法院对适宜调解的纠纷，在征求当事人意愿的基础上，引导当事人在登记立案前由特邀调解组织或者特邀调解员现行调解；完善诉调对接平台，加强诉讼与非诉讼纠纷解决方式的有机衔接。在此基础上，各地人民法院开始制度性的探索行政争议的诉前调解工作。如上海铁路运输法院在行政案件集中管辖改革试点期间，于2016年10月底正式运行诉调中心，从高校学者、退休法官、律师中选聘特邀调解员，率先探索将行政赔偿、行政补偿及行政机关行使自由裁量权等三类案件纳入诉前调解。[①] 上海市浦东新区人民法院在行政案件集中管辖之后，根据集中管辖的新情况，适时成立了行政争议多元调处中心，既作为化解行政争议的内部衔接工作平台，也作为法院与辖区政法委、法制办、司法局等机关的诉前对接平台，从而整合各区资源，加强法院与人民调解、律师调解等非诉调解组织之间的工作衔接与配合，形成行政争议解决合力，化解行政争议。从目前诉前调解机制的运行情况看，至少具有以下功能与优势。

首先，及时发现、化解矛盾，防止矛盾累积激化。充分利用新行政诉讼法确定的有限调解原则的规定，在尊重当事人意愿的前提下，加强行政案件诉前调解和协调力度，将各方同意调解或协调的案件纳入诉前调解工作框架体系中，在“大调解”格局内通过多元方式实现部分行政案件的实质性解决。

其次，能有效应对群体性诉讼及矛盾易激化案件。在涉群体性诉讼及矛盾易激化案件的立案审查阶段，由行政审判法官提前介入，立审会商，并加强与行政机关有关部门的沟通联系，通过协调、谈话等形式引导群众合理合法地表达诉求，通过诉前协调平台，力争将矛盾化解在诉前，将风险控制在萌芽。这些做法经过实践证明具有较好的效果，如通过加强诉前化解工作，S市P区法院诉前化解平台成功化解了500余名出租车司机请求判令撤销S市交通委员会制定的对于本市出租车实施的“高峰时段值班运营车”政策的案件、1100余户福建沿海村民因不满行政机关行政不作为提起的行政诉讼群体性案件，有效防止了群体性矛盾的出现。

---

① 侯丹华：“‘解决行政争议’背景下的诉前调解问题探讨”，载《法律适用》2017年第23期。

最后，节约诉讼成本。行政争议诉前化解正是指充分利用立案审查期限，对行政争议进行审查和协调，力争将行政争议化解于诉前的制度。通过专业的行政争议诉前审查，及时发现原告诉讼中存在的问题，对当事人明法析理，就能使其选择正确的诉讼主体和诉讼方式立案或者直接于诉前解决矛盾，减少当事人时间和金钱消耗，节约司法成本，也能使法院更好应对行政案件持续攀升的压力和案多人少的矛盾。

（二）强化行政诉讼调解制度功能

原行政诉讼法设立禁止调解制度的本意是担心因诉讼主体不平等、诉讼能力不均衡的问题使调解会损害当事人合法权益或公共利益，事实上，禁止调解不仅未能真正保护原告和社会的公共利益，反而在诉讼程序以外悄然地进行着侵害。当前行政审判实践领域，协调化解的纠纷解决方式的日益增多且颇受法院的接受和欢迎。主要原因有三：第一，部分行政案件中行政行为合法但存在合理性问题，各方当事人都倾向于以协商方式化解行政争议。第二，不少行政诉讼原告提起行政诉讼的目的在于查明事实、弄清原委或“讨个说法”，如通过协调方式予以处理，原告大多顺水推舟，这被视为一种“双赢”。第三，有些行政行为虽然存在合法性问题，但通过判决方式予以处理，并更不能实质性解决原告的诉求，而通过协商方式由行政机关继续履职或改变原行政行为予以改正，更能维护好当事人合法权益，当事人达成一致意愿通过协调化解的方式予以处理。当前行政审判中的协调化解，往往系法官、原告、被告均愿意选择的上策。禁止调解制度在行政审判实践中遭到的挫败，反映出该制度存在着的缺陷与不合时宜，与其让协调化解这种变相的调解成为规避法律的工具，不如从制度上加以规范，采取有效措施将调解纳入司法监控的范畴，以消弭理论与实践严重脱节所产生的尴尬。

新行政诉讼法顺应理论及实践需求，确立了有限调解的制度，明确了三类可适用调解手段解决行政争议的案件类型，突破了以往禁止调解的理论，同时行政案件集中交叉管辖改革为诉讼调解解决了司法独立性、地方保护主义、行政干预、被迫接受调解方案等后顾之忧，为调解在诉讼程序中的适用提供了更好的法治环境。在当前行政争议的实质性化解制度的构建过程中，应充分发挥调解在行政裁决、行政复议和部分行政诉讼案件中的作用，充分发挥其节约诉讼成本、最大限度地平衡利益、避免激化矛盾、轻便易行、保证效率的优势，并在充分考虑行政争议特殊性的情况下，在适当时机促进行政争议纳入现有民商事纠纷化解网络的构建之中，通过成熟的“大调解”网络达成实质性化解的目的。具体而言，法院在行政诉讼调解制度构建过程中应主要发挥以下三方面的作用：1. 提供调解环境。在当事人符合调解条件的前提下，适时为双方提供协商、对话的机会和场合，提供平等对话的平台，起到中介、沟通作用。2. 控制调解进程。主持调解过程，指导当事人对实质诉求与争议焦点展开协商，对相关的法律、政策及调解方案作出解释。3. 审查调解协议。双方达成调解协议后，由法院对调解协议的合法性进行审查，确保调解的效果。这是诉讼调解区别于诉讼和解的主要特征，也是其成立所必不可少的法律要件。调解协议的合法性审查并非严格的实体合法性，而是只要不违反相关法律的禁止性规定。①

（三）强化行政复议解纷功能

从近年行政复议实践来看，行政复议制度的基本属性和功能定位始终处于摇摆不定的状态。有观点认为要强化行政复议的行政属性，发挥行政复议在解决行政争议中短平快的作用；也有观点认为要强化行政复议的司法属性，推动行政复议的司法化改革。② 另有一部分观点认为，复议行为系行政机关内部监督行为与司法救济补充的复合行为。基于此，复议机关作出维持决定的情况下，复议机关事实上作出一个与原行政行为一样的行政行为，呈现出原行政行为与行政复议行为“一体化”的现象。行政复议机关可以对原行政行为进行矫正，矫正后的原行政行为与行政复议行为保持一致性。③

从目前全国行政复议解决行政争议趋势看，尽管行政复议案件数量在逐年上升，但是与行政诉讼案件数量相比，仍相对很少，行政复议制度解决行政争议的功能仍未发挥出最大功效。行政案件集中管辖改革以来，集中管辖法院所承担的行政审判任务进一步加大、诉讼成本加大、跨区域沟通协调化解的现实难度加大，而行政复议因其行政与准司法的双重属性及可充分利用本辖区内解纷资源的天然优势，可强化其解纷功能，发挥其“缓冲地带”和

---

① 卜晓虹：“反思与重塑：行政诉讼有限调解制度的构建”，载《法律适用》2006 年第 12 期。

② 程琥：“解决行政争议的制度逻辑与理性构建——从大数据看行政诉讼解决行政争议的制度创新”，载《法律适用》2017 年第 23 期。

③ 梁凤云：“行政复议机关作共同被告问题研究——基于立法和司法的考量”，载《中国政法大学学报》2016 年第 6 期。

“减压阀”的作用，在行政机关与行政相对人之间营造一种平衡，为及时化解矛盾，分流诉讼压力创造条件。首先，在新行政诉讼法“双被告”及共同承担举证责任的制度涉及下，实质上系认可行政复议的行政属性，且在原行政行为与复议行为“一体化”的理论下，行政复议行为具有对原行政行为进行矫正与纠偏的功能，化解行政争议系行政复议的应有之义，符合将矛盾控制于激化前，消化于行政程序内的要求；其次，行政复议机关作为本行政区域内的解纷机构，能充分利用本行政区域范围内的解纷资源，具有天然的解纷优势，这也符合当前将矛盾化解在属地的制度要求；最后，行政复议机关与原行政行为作出机关之间系上下级领导关系，可运用各种行政手段调配行政资源促进行政争议实质性化解，且更易为原行政行为作出机关所接受，较行政诉讼而言具有快速、有效的优势。在当前《行政复议法》修订调研过程中，已有相关学者及机构提出探索设置专门的行政复议委员会，整合各级政府及相关部门的复议职能，为进一步发挥行政复议解纷职能的效果提供了可能。

（四）完善行政争议多元化纠纷解决机制

从目前来看，我国现行行政争议多元化解决机制主要包括行政裁决、行政调解、行政复议、行政诉讼，以及人民调解、行业调解、律师调解、申诉信访等。其中，行政裁决、行政调解、行政复议属于纠纷解决的行政程序，行政诉讼属于司法救济途径，也是目前最为主要的纠纷化解途径，因诉讼化解不能而导致的申诉信访，有的学者精辟地将申诉信访定义为“党政途径”[①]。这些不同性质的纠纷解决方式，共同构成了我国目前的行政纠纷解决机制。在行政案件集中管辖的背景下，因行政案件跨区域管辖，以往由辖区范围内党委领导、司法与行政良性互动、社会、行业资源广泛参与的多元纠纷化解机制被打破，诉讼的解纷功能暂时弱化，而新的诉讼与非诉纠纷解决衔接机制尚未建立，亟须发挥多元化解纠纷机制分流行政案件、促进矛盾实质化解的作用。首先，在跨区域司法与行政良性互动机制尚未建立之前，法院在行政争议实质性解决过程中可多吸收人民调解、律师调解等调解资源，与行业协会、群团组织等形成机制共建、信息互通，充分利用社会资源实现

① 程金华：“中国行政纠纷解决的制度选择——以公民需求为视角”，载《中国社会科学》2009年第6期。

行政争议的实质性化解；其次，加强行政诉讼与行政调解、行政裁决、行政复议以及其他非诉纠纷解决方式之间的衔接，探索将行政争议化解于行政程序内，发挥司法作为公平正义最后一道防线的作用。

（五）强化诉讼便利化服务

诉讼便利性及成本问题系行政案件集中管辖改革过程中反映较为突出的问题，方便诉讼、降低诉讼成本是落实行政案件集中管辖制度应予重点研究的课题。集中管辖改革推进过程中各级法院的诉讼便利性问题应对措施，主要表现为以下几方面：

1. 依托信息化建设开展的网络便民服务。以上海市第三中级人民法院为例，其在行政案件集中管辖改革的同时，探索以诉讼需要及法官审判工作需要为中心的“大数据”战略，充分利用“互联网+”优势，以诉讼服务中心、12368服务平台、电子卷宗随案生成等信息化建设为主要载体，探索和尝试远程查阅、咨询、听证、庭审，尽可能提升诉讼的便捷性，吸引和鼓励当事人通过网络参与诉讼。

2. 依托诉讼服务中心建设开展的立案便利化服务。如探索巡回审判点代收材料、邮寄立案，网上立案等多种方式，通过自助立案系统、诉讼材料即时扫描等一系列适用集中管辖要求的信息化项目，为当事人提供立案便民服务。[①] 同时注重立案服务指导、法制宣传，避免集中管辖改革之初当事人不了解管辖新规而增加不必要的立案成本。

3. 采用设置巡回审判点或远程视频方式开庭。如在较为偏远地区设置巡回审判点，因行政区划集中管辖法院与所管辖地距离相对较远，对当地的风土人情了解较少，如果不考虑当事人诉讼的便利性问题，既不方便当事人参加诉讼，也不利于争议的实质化解。由巡回审判点办案，在当地开庭，有利于深入了解矛盾，做到定分止争、实现案结事了。通过远程视频开庭，既是对传统庭审形式的有益补充，也有利于降低诉讼成本，有效减少当事人讼累。如国家部委机关复议维持原行政行为的案件，当事人选择原行政行为所在地起诉的，复议机关需长途跋涉至全国各地参加庭审，由此而导致的诉讼成本及应诉难度可想而知。上海市浦东新区人民法院在一起涉及中国保监会作为

① 程琥：“行政案件跨行政区域集中管辖与行政审判体制改革”，载《法律适用》2016年第8期。

复议机关的行政案件中运用远程视频开庭的方式进行了开庭审理，取得了较好效果，既为当事人提供了便利，也提高了审判效率。

（六）重构行政案件集中管辖下的跨区域良性互动机制

在集中管辖后，原有沟通机制由于案件区域调整被打破，法院之间的联动、司法和行政的良性互动机制等均有待重构。为进一步推进法治政府建设，依法监督、支持和促进行政机关依法行政，有效预防和化解行政争议，保障公民、法人和其他组织的合法权益，需重构跨区域管辖之下的良性互动机制。

1. 积极争取地方党委支持，构建跨区域联动对接机制。作为司法体制改革重要部分的行政案件集中管辖改革及行政争议的实质性化解机制构建均离不开地方党委的领导。集中管辖之前，法院审理本地行政案件，能够借助当地党委、人大、政府及社会各方面的力量，开展协调化解工作。集中管辖之后，集中管辖法院与案件所在地党委、人大、政府之间的关系有待重新建立。面对区域案件差别、案件类型丰富、辖区覆盖更广、协调化解难度进一步加大的新局面，更需法院积极争取地方党委、人大、政府及社会各方面力量，为案件协调化解、信访维稳等工作争取支持和帮助。

2. 加强法院之间的衔接配合，健全系统内协助互通机制。加强上下级法院、集中管辖地法院与非集中管辖法院之间的联络互动。一方面是在行政争议实质性解决过程中，对需要上级法院参与或牵头协调化解的行政争议，及时上报争取指导与帮助，由三级法院合力联动解决。另一方面是行政案件集中管辖法院开展实质性解决工作需要实质争议属地所在法院协助的，与属地法院之间加强协助配合，形成一套上下联动、衔接紧密、配合良好的联络互动机制，通过联络协调、信息互通、资源共享，盘活审判资源，形成化解合力。

3. 加强司法与行政联动，重构跨区域良性互动机制。司法与行政的良性互动机制在行政争议实质性化解领域长期发挥重要作用。行政案件集中管辖以后，应继续发挥该机制的功能。首先，搭建交流沟通平台。加强集中管辖法院与被集中管辖地行政机关之间的沟通协调，定期沟通行政执法、行政复议、行政审判中的疑难复杂问题，合力促进矛盾的纠纷化解，特别是涉及群体性、与民生相关的行政争议，要借助联络机制，最大限度地通过协调化解行政争议。其次，推进落实行政机关负责人出庭应诉制度。负责人出庭应诉不仅有利于实质性解决行政争议，也有利增强行政机关负责人依法行政的意识。通过行政机关负责人出庭应诉来发现行政执法及应诉过程中存在的问题，督促行政执法人员规范行政执法，来促进案件的协调化解，努力从源头上预防和减少行政争议的发生。最后，进一步推进落实司法建议反馈机制。集中交叉管辖背景下跨区域良性互动平台尚未搭建，但针对行政审判中发现的行政执法存在的普遍性问题、需要及时改进的问题、可能引起群体性纠纷的问题等对当地行政机关执法司法建议或行政审判白皮书的机制并未受到影响，仍应充分利用该机制从源头控制与系统纠正的角度予以规范。

四、结语

行政审判不仅仅是形式上的合法性审查，更应从根本上关注案件的实质诉求，修复紧张的“官民”关系，消解对立的“官民”冲突。大部分当事人诉讼的主要目的在于解决纠纷，具有重实体、讲实惠的特点，不能实质性解决行政争议，就不可能真正地维护当事人的权益，也就得不到当事人的认可。行政争议实质性化解理论发展以审判目的论、实质法治论、行政权处分新论为基础，在实践中，由于大量协调化解案件的客观存在，这一理论付诸实践既是司法改革背景下司法责任承担的必然要求，也是立案登记制背景下行政审判压力的释放需要。新行政诉讼法将化解行政争议列为立法宗旨，力求在行政诉讼合法性审查的基础上，通过多元化纠纷化解机制对行政争议进行协调与化解，以达到衡平监督行政行为与解决实质诉求、程序公正与实体正义关系的目的，为行政审判回归当事人诉求本身，注重解决实体争议提供了立法依据及制度保障。行政案件集中管辖改革为法院化解行政争议提供了更加超脱的中立地位，为实质化解行政争议提供了司法权威保障，但同时使法院进一步陷入案多人少，协调化解路径阻塞、协调化解资源缺乏的境地。行政案件集中管辖背景下行政争议实质性化解应考虑以上新的变化及需求，充分利用法院更加独立、相对超脱的地位所带来的司法权威，从实质性关注当事人诉求、降低当事人诉讼成本、便利当事人诉讼、整合协调化解资源、多元化解决行政争议等角度，在现行法律体制框架内对当事人争议的实质诉求作出回应。路漫漫其修远兮，吾将上下而求索！

（作者单位：上海市浦东新区人民法院）

国有土地上房屋征收补偿协议案件实证研究

——以上海市四区2016—2018年度641起案件为分析样本

孙焕焕　马慧芳　李胜卡　靳先德

【摘要】 国有土地上房屋征收补偿协议纠纷关系着地方经济社会发展大局，对当事人权益影响较大。通过对新行政诉讼法实施以来，上海市法院审理的四区641起征收补偿协议案件进行深入分析，可以发现行政机关在协议签订、协议内容认定及履行协议方面存在诸多问题。而在司法审查中，对于当事人认定、请求履行协议案件的裁判、涉居住困难案件审理、重复起诉的判断等存在裁判标准不统一的问题，影响了司法权威和公信力。为了保障征收补偿工作的合法有序进行，促进法治政府建设，行政机关应准确认定协议相关事实，规范协议签订程序，并积极履行协议约定的义务。为促进适法统一，实质性解决行政争议，法院应统一裁判尺度，一是应与协议具有利害关系的当事人认定具有原告或第三人资格；二是居困认定应按照法律法规的规定严格实质性审查，如果不应认定为居困的人员在协议上列为居困人员的，应认定为违反法律法规的规定，在对其他条款无影响时（如选择货币安置的协议），可以判决部分变更，否则判决确认协议无效；三是曾提起过确认无效或撤销之诉的，不可再针对协议效力提起诉讼，否则构成重复起诉；四是落实一并解决民事争议的规定，解决以关联民事诉讼为前提的行政案件裁判难题，并可从根本上一次性解决纠纷。

【关键词】 征收补偿协议　居困认定　履行协议　当事人资格

国有土地上房屋征收与补偿问题是目前社会的一大热点问题和政府面临

的一大难题，对当事人权益影响较大。随着新行政诉讼法及新司法解释[①]的实施，国有土地上房屋征收补偿协议（下称征收补偿协议）纠纷纳入行政诉讼受案范围。在新形势下，如何保障征收补偿工作依法有序进行，不断提升征收补偿工作的公平性与效率性，保护被征收人合法权益，是值得深入研究的重要课题。本文以新行政诉讼法实施三年来，上海市法院审结的四区641起征收补偿协议案件为研究样本，分析征收补偿协议案件审理中遇到的难题，并给出对策建议。

一、案件实证考察：从641起征收补偿协议案件中透视审理现状

2015年5月1日，新行政诉讼法实施，该法第十二条第一款第十一项将征收补偿协议案件纳入行政诉讼受案范围。2015年7月至2018年6月，上海长宁、静安（包括原闸北）、虹口、普陀四区法院及上海铁路运输法院共审结国有土地上房屋征收补偿协议案件641件[②]，其中2016年度为164件，2017年度为174件，2018年度为303件（占同期审结四区所有行政案件的20.7%），结案数呈上升趋势。

（一）案件类型以请求履行协议和确认协议无效为主

除2016年度的裁定原告撤诉及移送案件（61件）及2017年度无法查询到的10起撤诉案件外，剩余的570起案件中，居首位的是请求履行征收补偿协议案件，为289件，占总数的50.7%；其次是请求确认协议无效案件，为239件，占41.9%；两者合计占92.6%；另外还有请求撤销协议案件32件，请求追加补偿案件7件，请求变更协议案件2件，请求赔偿房屋案件1件。

---

① 新行政诉讼法是指2014年11月1日修正、2017年6月27日再次修正的《中华人民共和国行政诉讼法》，新司法解释是指《最高人民法院关于适用〈中华人民共和国行政诉讼法〉的解释》。

② 2016年7月1日，上海铁路运输法院开始集中管辖长宁、静安、虹口、普陀四区行政案件。2015年10月，闸北、静安两区“撤二建一”，成立新的静安区。为表述方便，2015年7月至2016年6月称“2016年度”，“2017年度”和“2018年度”规则相同。

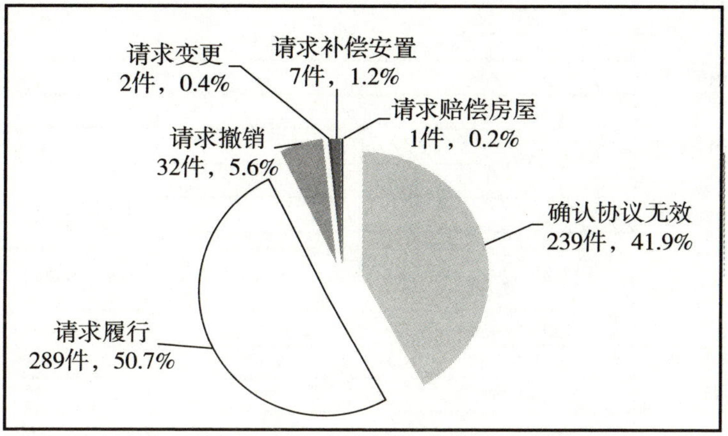

图1　570起案件类型分布情况

（二）结案方式以裁定撤诉和判决驳回居多

641起案件共涉及9种结案方式，其中裁定撤诉最多，为310件，占48.4%，调解案件为63件，占9.8%，调撤率为58.2%。判决驳回原告诉讼请求案件为182件，占28.4%，居第二位；裁定驳回起诉案件37件，占5.8%。被告败诉案件为47件，败诉率为7.3%，其中判决履行31件，判决确认协议无效14件，判决撤销1件，判决变更并驳回其他诉请1件；另还有移送案件2件。

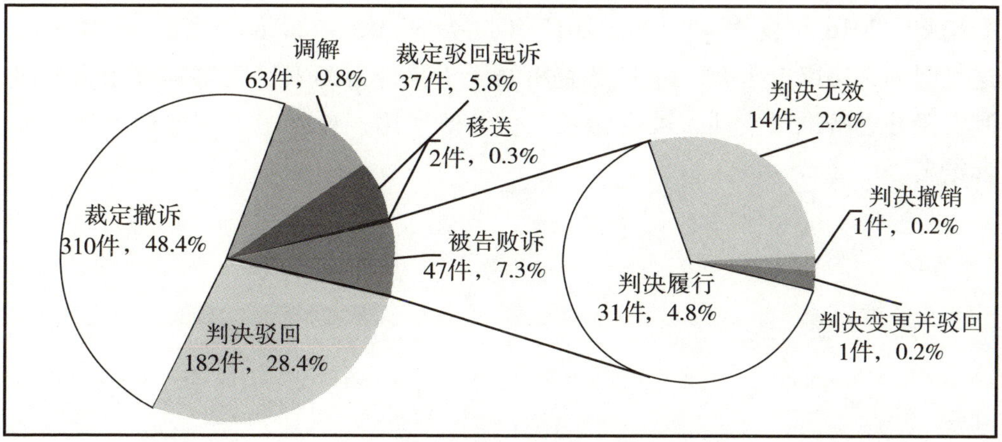

图2　641起案件结案方式分布情况

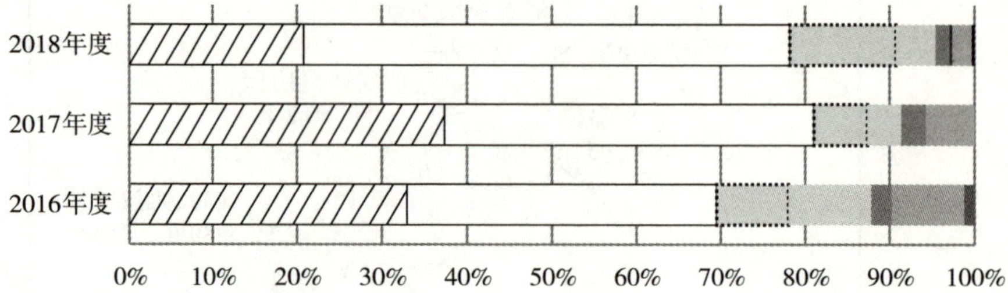

（单位：件）	2016年度	2017年度	2018年度
▨判决驳回	54	65	63
□裁定撤诉	60	76	174
⬚调解	14	11	38
■裁定驳回起诉	16	7	14
■判决无效	4	5	5
■判决撤销	0	0	1
■判决履行	14	10	7
■移送	2	0	0
■判决驳回并变更	0	0	1

图3　2016—2018 年度结案方式分布情况

1. 调撤率呈上升趋势

争议是否真正得到解决，在行政诉讼领域最突出的表现指标是调撤率，即调解、撤诉案件数占总数的比例。四区征收补偿协议案件调撤率呈逐年上升趋势，2016 年度为 45.1%，2017 年度为 50.0%，2018 年度高至 70.0%。这是因为，2017 年年底，上铁法院审结了 153 件诉静安区房管局请求支付过渡安置补助费批量案件，被告愿意支付该笔费用，最终绝大多数以调解或撤诉结案。

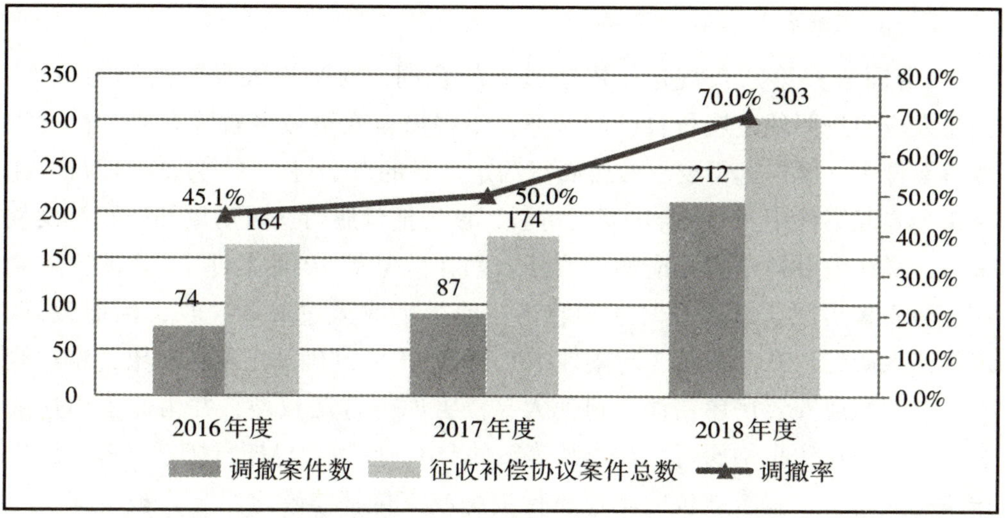

图4　2016—2018 年度案件调解撤诉情况

2. 被告败诉率呈下降趋势

被告败诉率，体现法院对行政行为司法审查的强度及被告在征收补偿协议签订及履行过程中的合法规范程度。641 起案件中，共有 47 件判决被告败诉，被告败诉率为 7.3%，低于 2016 年全国行政案件被告败诉率 6.1 个百分点[①]。其中，2016 年度被告败诉率为 11%，2017 年度为 8.6%，2018 年度为 4.3%。被告败诉率整体上呈下降趋势，这一方面说明行政机关在征收补偿协议中的执法规范性程度在加强，另一方面败诉率与调解撤诉的负相关关系显示出新行政诉讼法实施后，法院在实质解决行政争议方面的努力。被告积极推进争议的解决最终以撤诉或者调解结案在某种程度上也避免了败诉。

二、依法行政问题：行政机关签订及履行协议不够合法规范

征收补偿协议系行政协议，具有民事和行政双重属性，行政机关在协议签订和履行过程中行使的仍是行政职权。但通过对实践案例分析发现，行政机关在多个方面操作不规范、不合法，导致败诉。

① 全国行政案件行政机关败诉率系根据《全国法院司法统计公报（2016）》计算得来。

（一）未履行协议约定义务

《合同法》第八条规定，依法成立的合同，对当事人具有法律约束力。当事人应当按照约定履行自己的义务，不得擅自变更或者解除合同。在被告败诉案件中，原告起诉要求被告履行约定义务的有28件。一为怠于履行。在谷某等8起案件中[①]，原告按期交房后，被告拖延履行交付房屋和征收补偿款义务，最终败诉并承担相应违约责任。而在陈某等10件案件中[②]，被告或逾期交付安置房屋，或未及时通知收房，使被征收人过渡期拉长，因而致诉。二为错误履行。在陈某等3起案件中[③]，被告未能准确认定给付对象，将过渡费、补偿款或安置房屋错误交付他人，侵害原告合法权益，并由此承担违约责任。三为违法拒绝履行。在李某等案件[④]中，原告户已履行搬迁义务，原告以承租人身份，要求被告向其户履行交房或支付补偿款之义务，被告却拒绝履行，其苛以原告的义务既非法定，也非约定，由此败诉。

（二）未尽审慎审查义务

在征收过程中，被告应当尽审慎审查的义务，对授权委托书、签约主体等仔细审查，探明委托人的真实意思，以保障被征收人户的合法权益。而在房某诉某房管局一案中[⑤]，被征收房屋系公房，原告作为承租人并未委托第三人代为签约，第三人提供的委托书不真实，被告未予以审慎审查，导致该代理行为违反法律规定，代理关系不能成立，征收协议的签约主体不符合规定，最终协议被判决确认无效。同样情形存在于张某案中[⑥]。而在吕某案中[⑦]，委托书上有两名受托人，且委托人并未有委托吕荣某的意思表示，而是委托薛某。被告最终仅与吕荣某一人签订了协议，受托人薛某不认可，也

---

① 案号：（2017）沪7101行初680号、（2016）沪0109行初26号、（2015）闸行初字第80号、（2016）沪0109行初131号、（2015）闸行初字第180号、（2015）闸行初字第49号、（2015）虹行初字第202号、（2016）沪0109行初107号。

② 案号：（2016）沪0109行初97号、（2016）沪0108行初3号、（2017）沪7101行初1327号、（2016）沪0108行初26号、（2015）闸行初字第144号、（2016）沪0108行初15号、（2017）沪7101行初1338号、（2015）闸行初字第67号、（2015）闸行初字第145号、（2015）闸行初字第108号。

③ 案号：（2017）沪7101行初18号、（2016）沪0109行初108号、（2017）沪7101行初690号。

④ 案号：（2017）沪7101行初146号、（2017）沪7101行初286号、（2017）沪7101行初327号。

⑤ 案号：（2017）沪7101行初257号。

⑥ 案号：（2016）沪7101行初618号。

⑦ 案号：（2017）沪7101行初357号。

未征得原告同意。被告未予审慎审查，最终协议被确认无效。在戚某案中[①]，被告在签订征收补偿协议时，将已过世的戚某确定为被征收人，有悖法律规定。戚志某虽曾受戚某委托，但在戚某过世后该代理已不具有法律效力，因此戚志某以戚某的委托代理人身份签订协议显然不当。被告未审慎审查签约主体和代理资格是否终止，最终导致协议被确认无效。

（三）协议签订程序不规范

在涉及到每户被征收人的具体协商与补偿操作过程中，由于户内可能存在人口众多，利益诉求不一，意见反复等情况，极有可能造成征收补偿程序遗漏或颠倒，由此侵害到被征收人合法权益。被告败诉案件中，因程序违法导致协议被确认无效或撤销的案件共有 7 件，其中因居困认定步骤缺失或认定错误的有 4 件。在李某等 3 起案件中[②]，原告有权提出居住困难审核申请。被告未经居住困难审核，直接与第三人签订系争协议，违反法定程序，侵害原告合法权益，协议均被确认无效。在姚某案中[③]，原告一家为三人，尽管原告与其父亲共同共有房屋一套，但人均住房面积明显低于 15 平方米，应核定为居住困难户。然而被告在征收协议中仅将原告丈夫和女儿两人认定为居住困难人口，将原告排除，遗漏了应核定居困人员，协议也被确认无效。在掌某案中[④]，被告与原承租人签订征收补偿协议后，在解除通知未送达对方的情况下，又另行与第三人签订系争协议，程序违法，由此败诉。在孙某案中[⑤]，原告年事已高，体弱多病，且出现听力、认知等减弱的情况，无法独自一人应对征收补偿这一重大事项，而协助其签约的儿子则为无民事行为能力人。法院认为选择全货币补偿的方式既未考虑原告这一户的实际需求，更非原告真实意思的表示，遂判决撤销协议。

（四）协议内容违反法律法规规定

《合同法》第五十二条规定，合同无效的情形包括：一方以欺诈、胁迫的手段订立合同，损害国家利益；恶意串通，损害国家、集体或者第三人利

---

① 案号：（2016）沪 7101 行初 373 号。

② 案号：（2018）沪 7101 行初 29 号、（2016）沪 7101 行初 448 号、（2015）虹行初字第 228 号。

③ 案号：（2016）沪 7101 行初 7 号。

④ 案号：（2017）沪 7101 行初 1277 号。

⑤ 案号：（2017）沪 7101 行初 1357 号。

益；以合法形式掩盖非法目的；损害社会公共利益；违反法律、行政法规的强制性规定。征收部门给予被征收人的补偿数额，应当严格按照《国有土地上房屋征收与补偿条例》（下称《征补条例》）、《上海市国有土地上房屋征收与补偿实施细则》（下称《征补细则》）、基地政策等相关规定计算所得，不得少补偿、漏补偿，侵害被征收人合法权益，也不得多补偿、滥补偿，侵害社会公共利益。在被告败诉的案件中，共有张某诉某房管局等4件案件[①]，因被告未能准确认定被征收人户内人员情况，将不符合居住困难认定标准的人员列入居住困难人员名单，并据此不当增加被征收户的补偿利益，协议被法院依法判决变更或确认无效。

三、司法审查难题：征收补偿协议案件裁判标准不统一

新行政诉讼法将征收补偿协议纳入行政诉讼受案范围，法院在司法审查中，遇到不少新难题，不同法院或法官认知不统一，导致裁判结果不一致，影响司法权威和公信力。

（一）原告或第三人资格认定较难

1. 原告资格的认定标准不一致

在征收补偿协议纳入行政诉讼受案范围后，对于原告资格的判断标准与民事诉讼不同，从而引发了新的争议。一是在承租人在世的情况下，征收补偿协议内容又不存在认定居困等人口因素情形，户籍在册人员是否有权起诉请求确认协议无效？一种观点认为，行政诉讼以是否具有利害关系为原告资格判断标准，虽然户籍在册人员无签约权，但协议内容约定的征收补偿利益可能影响到今后分割利益的取得，所以对协议具有利害关系，具有原告资格。而另一种观点则认为，协议本身无人口因素（比如居住困难保障），户籍在册人员无签约权和协议内容选择权，故不具有原告资格。二是私房疑似继承人的原告资格较难判断。如在顾某请求确认协议无效案件[②]中，原告作为原产权人的继承人请求确认协议无效，第三人向法院提交经律师见证的遗嘱证明原告已非继承人，故不具有原告资格。法院对原告资格的判断陷入两难境

---

① 案号：（2016）沪7101行初181号、（2016）沪0108行初31号、（2016）沪0108行初25号、（2017）沪7101行初892号。

② 案号：（2017）沪7101行初1047号。

地：如果继续进行审理则可能损害其他利害关系人的利益；如果径行驳回起诉又有侵犯原告权益的风险。有一种观点认为，可以直接以现有证据不足为由裁定驳回，待原告通过民事确权诉讼确认享有继承权后，再来起诉。在原告朱某请求确认协议无效案[①]中，法院即认为原告之母出具放弃继承房屋权利书明确放弃其对被征收房屋的相关继承权利，原告亦无证据证明其与被诉协议有利害关系，不具有原告资格，遂裁定驳回起诉。

2. 第三人追加范围不一致

由于涉及被征收的房屋往往建成年代较久远，户籍关系与继承关系错综复杂，在征收补偿协议涉诉后，就会面临要将利害关系人追加为第三人的情形。第一，承租人在世时，居困人员追加第三人做法不一致。公房承租人或其他户籍在册人员起诉请求确认征收补偿协议无效的，协议中被认定为居住困难保障的人员是否应当认定为案件第三人[②]，存在同种情况不同认定的问题。在韩某确认协议无效案中[③]，法院将协议中认定的居住困难人员追加为案件的第三人参加审理；与此相反，祝某等请求确认协议无效案中[④]，四位户籍在册人员被认定为居住困难人员，法院未追加居困人员作为第三人。第二，承租人死亡的，追加范围不一致。

承租人死亡后，追加第三人存在两种做法。一种做法是在非承租人作为原告起诉的情况下，只追加新承租人或者按照继续享有承租资格的人的顺位追加第三人。根据原《上海市房屋租赁条例》第四十一条[⑤]、《关于贯彻实施〈上海市房屋租赁条例〉的意见（二）》第十二条的规定，承租人死亡的，除协商一致外，应从在本处有本市常住户口的共同居住人中，按照原承租人的配偶、子女、父母等顺序确定承租人，即当原承租人死亡，新变更的承租人应当被追加为第三人；若未变更新的承租人或者未指定新的承租人，则享有继续租赁资格的第一顺位的配偶有可能成为承租人，从而与补偿协议具有利

① 案号：（2015）普行初字第 104 号。

② 《上海市国有土地上房屋征收与补偿实施细则》第三十一条规定："按照本市经济适用住房有关住房面积核定规定以及本条第二款规定的折算公示计算后，人均建筑面积不足 22 平方米的居住困难户，增加保障补贴，但已享受过经济适用住房政策的除外。增加的保障补贴可以用于购买产权调换房屋。"

③ 案号：（2017）沪 0101 行初 55 号。

④ 案号：（2015）闸行初字第 199 号。

⑤ 《上海市房屋租赁条例》第四十一条："房屋租赁期间租赁当事人死亡或者依法变更、终止的，租赁关系按照下列规定处理……"

害关系，所以，只需要追加配偶；若配偶去世的，追加子女；无子女，追加原承租人父母；户籍在册人员则不需要追加，如朱某案①。另一种做法是追加所有户籍在册人员，如张某案②；又如何某案③中，法院就将未成年人及在国外居住的户籍在册人员追加为第三人。

承租人死于征收补偿决定发布后，户籍在册人员之外的承租人继承人追加问题。一种做法是只追加户籍在册人员，因公房中户籍在册人员享有相应权益，具有发言权；而户籍在册之外的继承人只是因继承享有征收补偿利益，但对于协议的签订与协议内容不具有发言权，如李某案④。另一种做法是将继承人和户籍在册人员均作为第三人予以追加，如安某案⑤。

（二）请求履行协议案件判决标准较难把握

由于房屋征收补偿是以户为单位进行整体补偿。因此，被征收人要求履行协议案件中，若家庭内部就征收补偿利益未达成一致，应当如何判决，实践中存在三种判决方式，但均无法根本上解决争议。第一种判决方式是履行给承租人（家庭签约代表）。法律规定公房承租人或者家庭推荐的签约代表是适格签约主体，其当然是接受征收部门履行相关义务的适格主体，如李某请求向原告支付过渡费补贴案中，第三人李震某是被征收房屋新承租人，也是该户的签约代表，法院认为第三人是征收补偿协议签订方，被告应向第三人履行，但征收补偿利益归该户共有，故第三人只是代为领取，遂判决履行给第三人。但判决主文是将征收补偿利益交付给“个人”，如果第三人将此利益据为己有，可能导致家庭内部其他成员无法主张自己的利益。第二种判决方式是判决履行到户。判决支持要求履行协议的诉讼请求时，要保证体现整户的利益。如在杨某请求交付房屋案⑥中，原告和两第三人系被征收房屋产权人，经法院询问，原告诉请确定为被告将房屋交付给被征收户，法院遂判决被告向被征收户履行。但实际上该判决在被征收户内部仍未就征收补偿利益分配达成一致的情况下，根本上无法履行。原告据此判决申请强制执行，

① 案号：（2016）沪0104行初189号。
② 案号：（2015）黄浦行初字第342号。
③ 案号：（2016）沪7101行初20号。
④ 案号：（2015）普行初字第51号。
⑤ 案号：（2016）沪7101行初365号。
⑥ 案号：（2017）沪7101行初327号。

法院也无法执行，原告遂提起申诉，并提起其他多起诉讼，反复争讼不休。第三种判决方式是询问该户其他利害关系人的意见，如家庭内部一致同意向原告交付的，则判决履行给原告个人，如果其他利害关系人不同意的，则判决驳回原告诉讼请求。如在张某请求交付房屋、支付征收补偿款余款及承担违约责任案[①]中，原告作为承租人提出诉请，要求履行给原告个人，但家庭内部就征收补偿利益分配未达成一致，法院认为应当先家庭内部协商达成一致后被告才能履行，现不予履行并无不当，遂判决驳回原告诉请。

（三）居住困难户认定在司法审查中存在难题

根据《征补细则》第三十二条的规定，居住困难审核申请系向区（县）住房保障机构提出，由该机构根据规定对居住困难户进行认定。那么当原告因对居住困难认定不服而起诉请求确认协议无效的，法院存在审理难题：一是居住困难认定属于区（县）住房保障机构职责，法院是否有权对居困认定实质要件进行审查？对此法院在实践中采取的是向区（县）住房保障机构（与作为被告的房屋征收部门存在区别）发函询问的方式，并以回函作为裁判依据。如在胡某、邢某分别以未认定居住困难户为由请求确认协议无效案件[②]中，法院发函询问区住房保障机构意见，其回函称因承租人不同意申请，且不配合提交相关材料，故无法进行居困认定。法院遂判决驳回原告诉请。还有一种做法是法院直接进行实质审查判断，无需征求住房保障机构意见。还有一种意见认为应当就居困认定单独另案提起行政诉讼。二是如不符合居困人口认定条件而被认定为居困人口的，法院应该如何认定协议效力？一种做法是确认协议无效。不符合居住困难人员被认定为居住困难人员，是对国家利益的损害，不符合相关法律法规的规定。被征收户是否符合居住困难条件，决定着协议约定的补偿利益基础不同（比如产权调换房屋的选择），因此，排除不符合居住困难认定人员后，协议补偿利益会发生变化。如在张某案[③]中，法院判决确认协议无效。另一种做法是判决驳回原告诉请。房屋征收补偿协议是征收双方协商一致的结果，征收部门为了快速与被征收户达成协议，行使裁量权，赋予后者倾向性的优惠条件以促使后者尽快腾空房屋搬

① 案号：（2017）沪 7101 行初 771 号。

② 案号：（2017）沪 7101 行初 573 号、（2017）沪 7101 行初 645 号。

③ 案号：（2016）沪 7101 行初 181 号。

离。法院在审理中去函询问区住房保障机构是否同意将这些人认定为居困以及理由如何，如果其同意认定为居困，并合理说明理由的，法院不宜以居住困难人员不符合条件为由判决确认协议无效。如在严某案[1]中，法院即判决驳回原告诉请。还有一种做法是作出变更判决。因为原告仅仅对居困认定条款提出异议，该条款相对独立，其他条款合法有效。在此情形下，可仅判决变更居困认定条款。如在温某案[2]中，法院去函询问住房保障机构意见，其明确表示部分人员认定居困错误，应予更正。法院认为，考虑到该内容涉及国家利益，被告作为征收部门明确要求返还。虽然该条款的变更可能会减损原告权益，但原告正是以此为由要求确认补偿协议无效，因此法院判决变更与其请求并无矛盾。除此，补偿协议约定的是全货币补偿方式，其余条款符合法律、法规规定，合法有效。法院据此判决驳回原告诉请，并判决将居困认定条款予以变更，将认定错误的居困人员去掉，并相应减少居困补贴金额。

（四）重复起诉的审查认定难

征收补偿协议案件因与民事分家析产诉讼相关联，因此，在某些情形下需要对是否属于重复起诉进行审查判断。一是当事人已提起分割诉讼，又到法院来要求履行协议的。如杨某作为被征收房屋私房产权人起诉请求履行协议案件[3]中，第三人作为共有产权人已另案提起民事分家析产诉讼，对于履行协议案件是否能够裁定驳回起诉存在不同意见。一种观点认为，履行和分家析产不矛盾，应当均进行实体审理，履行是向该户交付征收补偿利益，分家析产是对征收补偿利益的分配，两者并不存在冲突。另一种观点则认为，分家析产诉讼提起后，征收补偿利益是分家析产诉讼的民事判决的执行问题，不能够再提起履行诉讼。还有一种观点认为若分家析产诉讼尚在处理中，原告再起诉要求履行的，存在滥用诉权嫌疑，应当裁定驳回起诉。二是当事人已经起诉请求确认协议无效（尚在审理中），又提起诉讼请求撤销协议的，或者顺序相反，是否属于重复起诉。如在徐某请求撤销协议案件[4]中，其之前已经提起确认协议无效之诉，尚在二审审理过程中，现又提起撤销协议之

① 案号：（2016）沪7101行初275号。

② 案号：（2017）沪7101行初892号。

③ 案号：（2017）沪7101民初599号，因原告针对增加的面积奖励协议上的金额请求履行，该协议系和开发商签订，所以立民事案号。

④ 案号：（2018）沪7101行初428号。

诉，法院裁定驳回起诉。

四、问题根源探寻：引发依法行政问题和司法审查难题的多重因素

房屋征收部门在签订协议及履行协议过程中存在的执法不规范问题，以及司法审查中存在的难题，既有社会背景的原因，也与行政机关追求签约率、搬迁率有关。另外，新行政诉讼法实施后，征收补偿协议纳入行政诉讼受案范围，具有民事、行政双重属性，导致司法审查面临新问题。

（一）社会背景——城市化及社会转型导致征收补偿矛盾多发

中国社会正处在快速转型的新时期，城市化也以较快速度向前推进，伴随着快速转型和城市发展，城市社会面临着诸多秩序构建和重构任务。较多学者认为，社会转型致使中国正处于社会矛盾的凸显期，干部与群众、管理者与被管理者等群体之间易发矛盾与冲突。[①] 在城市快速发展和转型过程中，总离不开城市扩张和更新，城市扩张需要向城市外围征用土地用于建设，而城市更新则要对城市已有的建设格局加以翻新和改造，由于行政机关与行政相对人、开发商之间对于补偿标准、安置方式和征收用途难以达成一致，发生征收补偿纠纷。不同居民所期望的补偿利益也存在较大差异，所以随着城市征地征收的增多，征收者与被征收户之间的矛盾纠纷呈现多发态势。与此相对应的是，社会对诉讼的期待明显过高，对于其局限性和弊端的认知则不够客观，民众在纠纷解决中历来对国家权力高度依赖。这种现象与西方国家面临的治理问题很相像。社会的过度法制化或者畸形法制化导致了“治理的三重困境”，即法制与社会互相无视，或者法制过度干预社会导致社会崩溃，或者社会对法制提出过度要求导致法制崩溃这三种可能性。[②] 相比之下，民间性解纷机制和协商自治能力低下，社会团体和组织化解纠纷的机制生成困难，信访的激增与行政机关解纷能力弱化形成尖锐矛盾，涉诉信访对司法制度则造成了严重的侵蚀，转型期纠纷解决成为发展的瓶颈问题。

---

① 参见陆益龙：“乡村社会变迁与转型性矛盾纠纷及演化趋势”，载《社会科学研究》2013 年第 4 期。参见王学辉：“多元化纠纷化解机制研究——基于过程与阶段视角的分析”，载《行政法学研究》2012 年第 1 期。

② 参见胡仕浩：“多元化纠纷解决机制的‘中国方案’”，载《中国应用法学》2017 年第 3 期。

（二）行政机关——过于追求签约率、搬迁率而忽略合法规范性

行政程序不规范引发行政争议及未有效解决争议发生在征收补偿协议签订前、签订中、签订后等各个环节。一是在签约率方面，根据《征补条例》《征补细则》的规定，征收补偿协议只有在一定期限内达成签约率，才能生效。如果在一定期限内达不成签约率，将会导致所有已经签订的协议不能生效，且征收补偿只能推倒重来，有可能发生无法征收的情形。这一方面会导致行政征收的目标无法完成，影响行政管理目标的实现和地方经济社会发展大局，另一方面会引发已经签约的居民信访、闹访，不利于社会稳定。因此，行政机关为了追求签约率，急于求成，导致操作不规范的现象产生。二是在搬迁率方面，根据《征补条例》第二十七条的规定，征收应当“先补偿，后搬迁”。这里的先补偿一般是指达成征收补偿协议或者行政机关作出征收补偿决定。搬迁往往决定了行政机关能否将房屋拆除，从而影响到下一步旧城改建或者征收公共利益项目的进行。因此，搬迁对于行政机关而言，具有很强的推动力。实践中，行政机关为了尽快实现搬迁会进行优惠奖励等，让当事人尽快签约交房拆除。但在当事人交房拆除后，行政机关主动履行交付产权调换房屋或征收补偿款的动力缺乏，损害到被征收户利益，引发纠纷，不少案件中行政机关因此败诉。

（三）诉讼制度——征收补偿协议双重属性引发审理难题

新行政诉讼法将征收补偿协议等行政协议纳入行政诉讼受案范围，与以往作为民事案件审理，在适用法律、审理规则、裁判方式等方面面临新课题。一方面，因具有行政属性，法院在审理时需要对其合法性进行全面审查，从而其审理标准、举证规则等相较于民事诉讼更加严格，要求更高，其败诉与否也与行政机关败诉率等指标挂钩，协议内容除了考虑双方合意，还要考虑国家公共利益的维护。另一方面，因协议具有民事属性，具有鲜明的个体意志性、灵活性，当事人意思表示的不同决定了案件的不同走向，故而导致类似相同类型案件采取了不同的裁判方式。此外，新行政诉讼法规定一并审理民事争议制度尚未发挥实效。新法第六十一条规定了在涉及征收等行政诉讼中，当事人申请一并解决民事争议的，法院可以一并审理。新司法解释对一并解决民事争议制度进行了细化解释规定。征收补偿协议案件涉及到相关民事争议的，也应属于可一并审理民事争议的案件范围。但在实践中，641 起

案件尚没有案件一并审理相关民事争议，导致在某些情形下因未一并解决关联民事争议（比如无法确认是否属于继承人）而使行政案件审理陷入困局。之所以一并审理适用率低下，一是由于当事人对该项制度不够了解；二是法院在一并解决民事争议方面也持谨慎态度，法律规定法院“可以”进行一并审理，意味着法院具有审查决定权，可以决定不进行一并审理[①]；三是根据新司法解释第一百三十九条第一款第二项的规定，违反民事诉讼专属管辖规定的，不予准许一并审理民事争议。而在实践中，行政案件集中管辖背景下，关联民事案件属于专属管辖案件，与行政案件往往分属不同法院管辖，导致一并审理存在障碍。

五、解决对策建议：增强依法行政能力，促进裁判标准统一

征收补偿的合法有序进行需要房屋征收部门提高依法行政水平，推进法治政府建设，保障被征收户合法权益，从源头上避免纠纷发生。另外，法院在征收协议案件中应坚持依法独立行使审判权，统一司法审查标准，严格按照法定标准和原则审理相关案件，发挥好司法监督作用。

（一）促进行政机关依法行政，规范征收补偿程序

国有土地上房屋征收与补偿工作是关系到社会稳定发展与城市化建设水平的大事，对于社会的安定和谐起到推动和保证作用，关涉到民众的切身利益。在依法治国的背景下，行政机关应牢固树立依法行政意识，作出合法、合理的行政征收行为，及时回复原告异议，保障被征收户合法权益，经得起司法审查的考验。

1. 准确认定征收补偿协议事实

征收协议必须在行政机关即征收实施单位查明事实的基础上签订，具体包括以下几点：一是征收实施单位应加强与被征收居民沟通。征收工作人员应积极主动联系被征收居民，全面了解被征收户人员、房屋的情况及被征收房屋是否存在用作经营用途等情形，做好征收政策宣传、公告工作；二是应仔细甄别被征收户内人员居住情况，全面核实居住困难人员的实际情况；三

① 参见最高人民法院行政审判庭编著：《最高人民法院行政诉讼法司法解释理解与适用》，人民法院出版社 2018 年版，第 648 页。

是严格按照法定要件审查认定签约代表，谨慎选择签约对象，如涉葛某某征收协议案件中，家庭内部对征收补偿利益分割未能达成一致分配方案，征收部门应进一步加强风险防范意识，审慎选择签约人，以避免其他家庭成员的利益受损；四是严格核实被征收房屋面积、认定补偿部位等关键事实，切实保障被征收户合法权益；五是征收部门应加强与基层自治组织的沟通。各征收部门应会同街道及居委会做好房屋调查确认工作，并交由被征收人确认后公布。

2. 严格规范协议签订程序

征收工作涉及居民的切身利益，社会舆论关注度较高、牵涉面较广，因此征收工作应按照法律规定进行。特别是通过工作流程的规范化运作，凸显程序的公正性，才能真正实现征收工作的“阳光、透明、公正”。其中，签订征收补偿协议是征收工作中的核心环节，征收协议签订既包括协议签订前的公告、征询意见等阶段还包括协议签订过程中的签约代表推选、协议签订注意事项的告知以及签约后协议的生效日期、协议的送达及履行等程序，因此是一个系统的、完整的行政行为，必须要遵循严格的行政程序。鉴于当前征收协议签订过程中还存在着如签约代表推选、协议送达及履行等程序方面的不完善之处，导致行政机关征收过程中的实际操作存在不规范行为，所以行政机关应当进一步规范协议签订程序，在遵循《征补细则》等上位法规定的基础上，细化征收政策及征收方案，使征收工作更加有法可依。

3. 积极履行协议约定义务

征收补偿协议作为一种法定行政合同形式，从理论上而言，似乎应当适用一般行政合同原则和理论。如有学者观点认为，行政契约的双方性与协商性，体现的是行政机关管理方式和手段上的转变，即相对人亲自参与到对自己进行管理的契约条款的制定过程当中。但相对人的参与并不意味着行政管理职责的消失，行政契约无法成为行政主体放弃或怠惰管理的托辞，合同条款并不能排除行政权运用法定权力控制行政合同所规范的事务。[①] 但与传统行政合同类型相比较，《征补条例》就征收补偿协议一方存在不履行的情形时，另一方如何进行救济所做的制度安排存在明显区别，即其排除合同履行过程中行政合同特权理论的适用，而是基于双方当事人平等地位以通过诉讼

① 参见郑春燕：“论裁量视角下的行政契约”，载《浙江学刊》2007年第5期。

途径确定合同义务。[①] 这种基于双方当事人以平等地位履行合同的房屋征收协议，要求协议双方必须积极履行协议义务，被征收人要积极履行搬迁交房义务，征收单位要积极履行交付征收补偿款或安置房屋义务，尤其是作为代表政府公信力的征收实施单位一方更要在查明事实、合法签约的基础上正确履行合同义务，避免因怠于履行、错误履行、拒绝履行等不合法行为而损害政府公信力，承担败诉风险。

（二）统一司法审查标准，实质性解决争议纠纷

对于司法审查中遇到的难题，法院需要统一裁判标准，以维护司法权威和公信力。

1. 统一当事人认定标准

第一，户籍在册人员对于撤销协议或者确认协议无效诉讼具有原告资格。根据《行政诉讼法》第二十五条的规定，行政诉讼中原告资格的确定标准就是“利害关系”，主要考虑以下三个要素：是否存在一项权利；该权利是否属于原告的主观权利；该权利是否可能受到了被诉行政行为的侵害[②]。户籍在册人员只要认为其合法权益受到征收补偿协议的侵害即可提起行政诉讼，并不必然要求真正发生侵害其合法权益的事实。据此，被征收房屋的户籍在册人员因协议内容约定的征收补偿利益可能影响到今后分割时其潜在的利益获得，所以对协议具有利害关系，从而应认定其有权提起确认协议无效或者撤销协议之诉。第二，明确第三人追加范围。第三人的追加同样以是否具有“利害关系”为标准，并且尽量保障利害关系人的利益，采取相对较宽的认定标准。一是公有房屋承租人在世时居困人员具有第三人资格。征收案件中，被征收户被认定为居住困难户时，将对该户中居住困难人员增加保障补贴，此类人员在承租人在世时应予认定为与案件审理存在利害关系并具有第三人资格。二是承租人死亡后，新承租人应被追加为案件第三人。承租人死亡后，被征收户往往会推选新承租人作为签约代表，征收协议是行政合同，在合同相对性仅指向承租人的情况下，应认定新承租人具有与案件审理的利害关系。如果未确定新承租人的，户籍在册人员均追加为第三人。三是承租人在征收决定作出后去世，承租人户籍在册人员之外的继承人应予追加。承租人去世

① 石强：“我国征收补偿协议履行机制研究”，西南政法大学硕士学位论文。

② 李广宇：《理性诉权观与实质法治主义：行政裁判文书自选集》，法律出版社 2017 年版，第 3 页。

后，被征收户若未能产生新承租人，承租人户籍在册人员之外的继承人基于继承权获得承租人应分得的征收利益，对征收补偿协议的效力和履行问题具有利害关系，因此，应追加为第三人。

2. 谨慎把握居住困难人员审查尺度

关于司法审查与行政权的界限问题，一方面，行政诉讼制度保障的主要是个人权利领域，但它同样也保障国家通过国家机关实现法律利益。就这层意义而言，行政诉讼是国家制度保障法制的最后一环①；另一方面，根据行政法一般原则，如果法律没有相反规定，行政机关原则上有权以合同的方式活动②。征收补偿协议属行政协议范畴，原则上属于合同法的效力范围，征收部门在同被征收对象签订征收协议时享有一定的自由裁量权，但若征收补偿协议部分条款因具有法律法规明文规定，行政机关必须严格执行。《征补细则》已经明确规定了居住困难户的认定标准，行政机关认定居住困难户时应严格依法予以认定。当因居住困难认定涉诉时，法院应根据相关法律的规定对行政机关居住困难户认定的合法性进行审查，如上文所述，可通过向住房保障机构去函询问等方式，要求住房保障机构就居住困难户认定的合法性进行合理说明。如果法院经过司法审查，查明行政机关居住困难认定存在不合法的情形，即少认定或多认定时，应认定协议中的居住困难户条款不合法，根据案件具体情形可以通过变更判决的方式，在征收协议其余条款符合法律、法规规定，合法有效的情况下，将居困认定条款予以变更，从而避免因直接确认协议无效导致后续纠纷；如果案件情形不适合作出变更判决的，则要判决确认协议无效。

3. 厘清重复起诉的审查认定标准

根据新司法解释第一百零六条的规定，当事人就已经提起诉讼的事项在诉讼过程中或者裁判生效后再次起诉，同时具有下列情形的，构成重复起诉：（一）后诉与前诉的当事人相同；（二）后诉与前诉的诉讼标的相同；（三）后诉与前诉的诉讼请求相同，或者后诉的诉讼请求被前诉裁判所包含。禁止重复起诉的出发点之一在于诉讼系属，而诉讼系属是从人民法院接到起诉状时

---

① 参见［德］耶利内克：《主观公法权利体系》，曾韬、赵天书译，中国政法大学出版社 2012 年版，第 41 页。

② 参见［德］哈特穆特·毛雷尔：《行政法学总论》，高家伟译，法律出版社 2002 年版，第 345 页。

开始，因此，按照上述法条规定，也许前一诉讼尚在诉讼过程中，也许前一诉讼已经做出生效裁判，总之，无论前一诉讼进展到何种程度，只要已产生诉讼系属，且符合该条款所规定的三个条件，后诉便构成重复起诉①。对于征收协议案件中，同一当事人先行提起确认协议无效之诉后又提起撤销之诉，或者顺序相反，均构成重复起诉，因为无论请求确认协议无效还是撤销协议，法院都会对协议作出全面审查和评价。经过对前诉进行实体判决之后，后诉即构成重复起诉。另外，对于当事人提起履行之诉同时提起分家析产诉讼案件，因两案诉讼请求及当事人不同，分家析产诉讼属于物权分割之诉，案件当事人为被征收户内部成员，而履行之诉属于债权之诉，当事人为被征收人、承租人及征收实施单位，因此不构成重复起诉。如果分家析产诉讼尚在进行中，可以征收补偿利益分配未达成一致为由判决驳回原告诉请；如果分家析产诉讼已经生效，再提起履行之诉的，可根据分家析产诉讼的判决内容，决定履行案件的裁判方式。

4. 落实关联民事纠纷一并审理的规定

根据新行政诉讼法及新司法解释的规定，可将与征收补偿协议相关联的民事争议一并审理。第一，可申请民事纠纷一并审理的情形。一是请求履行征收补偿协议，而当事人对于征收补偿利益的分配存在争议、不同意由原告领取的，可以将关联征收补偿利益分割民事诉讼一并审理。该种情形下一并审理可以解决履行案件的裁判难题，一揽子彻底解决纠纷。如果当事人不同意一并解决，又不同意向原告交付征收补偿利益，则只能判决驳回原告诉讼请求。二是请求履行征收补偿协议，而当事人（包括利害关系人）一致同意由原告领取征收补偿利益的，可以将关联征收补偿利益分割民事诉讼一并审理。三是请求确认协议无效或履行协议，对于原告是否属于私房权利人存在争议的，可以一并解决关联民事确权纠纷或者继承纠纷。该种情形可以解决原告是否属于继承人存疑情况下的请求确认协议无效或履行协议案件原告资格问题；如果当事人不同意一并解决，而当事人又提供证据证明其不属于继承人的，可以先裁定驳回起诉，待继承纠纷解决后，再另行起诉。对于请求确认无效案件是否可以一并解决分家析产争议的问题，笔者认为，虽然当事人起诉的终极原因往往是家庭内部分配矛盾，但由于分家析产诉讼的前提是

---

① 李广宇：《理性诉权观与实质法治主义：行政裁判文书自选集》，法律出版社 2017 年版，第 129 页。

认可协议效力，与行政诉讼确认协议无效的诉请冲突，即民事案件的审理以行政案件审理为前提，故而不属于可以一并审理的情形。第二，一并解决民事争议需要当事人提出申请，不可依职权启动。行政案件审理必须以民事争议解决为基础的，法院必须作一并审理民事争议释明指导。当事人不申请，可能导致行政案件无法正常审理。[①] 上述第一种和第三种情形均属于法院必须释明指导的情形；只要有当事人提出申请的，即便有部分当事人提出异议，法院仍可决定一并审理。而对于第二种情形，征收补偿利益分割民事诉讼审理不会对行政案件审理造成障碍，并不属于一定要进行释明指导的情形，不过若当事人申请并一致同意一并解决民事争议的，也可以一并审理关联民事争议。第三，专属管辖问题。在行政案件集中管辖的背景下，原不动产所在地的行政案件整体迁移到集中管辖法院，行政案件的不动产专属管辖法院调整到集中管辖法院，如果机械地认为民事诉讼是不动产专属管辖，仍由原辖区法院管辖，那么新《行政诉讼法》第六十一条的规定在多数情况下将形同虚设，有违新行政诉讼法“解决行政争议”立法目的要求。因此，建议对于因集中管辖造成的行政案件管辖和关联民事案件不动产专属管辖不一致的情形，仍应认定为未违反民事诉讼法专属管辖规定，可以进行一并审理。

（作者单位：上海铁路运输法院）

① 参见最高人民法院行政庭编著：《最高人民法院行政诉讼法司法解释理解与适用》，人民法院出版社 2018 年版，第 654 页。

案例分析

生产安全事故调查报告批复可诉性的认定

刘　涛

【裁判要旨】

人民政府对生产安全事故调查报告作出的批复，通常只是生产安全事故调查和处理过程中的阶段性行为，并不直接对事故发生单位和有关人员的权利义务产生实际影响。有关行政机关按照人民政府的批复后续所作的行政处罚，才真正直接对事故发生单位和有关人员的权利义务产生实际影响、产生外部法律效力。人民政府的批复作为阶段性行为，即使间接对事故发生单位和有关人员的权利义务有一定的影响，也已被最终的行政处罚所吸收和涵盖。因此，在存在后续行政处罚的情形下（无论是尚未完成还是已经作出），人民政府对生产安全事故调查报告作出的批复不具有可诉性。事故发生单位和有关人员可通过起诉最终的行政处罚来实现对自身相关权益的救济。例外的是，若生产安全事故调查报告批复已具有最终性，不再存在后续的最终处理决定，则批复具有可诉性。

【案号】

一审：河北省邢台市中级人民法院（2017）冀05行初132号。
二审：河北省高级人民法院（2018）冀行终327号。

【案情】

原告（上诉人）：邢少英、赵文计、夏立桐。

被告（被上诉人）：南宫市人民政府。

第三人：南宫市宏瑞蓝天彩钢有限公司。

2014年3月5日0时14分，南宫市宏瑞蓝天彩钢有限公司在生产过程中发生液化天然气气瓶爆炸事故，导致2人死亡，1人重伤，直接经济损失198万元。事故发生后，南宫市人民政府组织南宫市宏瑞蓝天彩钢有限公司“3·5”爆炸事故调查组（以下简称事故调查组）进行调查。事故调查组由南宫市政府办、安监、公安、质监、监察、人社、工会等部门派人组成，并邀请南宫市人民检察院派员参加，同时聘请了气瓶行业专家参与调查。后事故调查组作出《关于南宫市宏瑞蓝天彩钢有限公司“3·5”爆炸事故的调查报告》（以下简称《调查报告》）。该报告由“事故单位及相关单位基本情况”“事故发生经过与救援情况”“事故发生原因和性质”“事故责任的认定及对事故责任人员和责任单位的处理建议”“事故防范和整改措施建议”五部分组成。其中，认定南宫市宏瑞蓝天彩钢有限公司工人刘勇志对事故发生负有直接责任，鉴于其在事故中死亡，建议不再追究责任；认定南宫市宏瑞蓝天彩钢有限公司法定代表人曲丙寿对事故发生负有主要责任，涉嫌重大劳动安全事故罪，建议移交司法机关依法追究刑事责任；认定南宫市南杜办事处三友停车场LNG加气站（以下简称三友加气站）现场主要负责人夏立桐对事故发生负有主要责任，涉嫌重大劳动安全事故罪、非法经营罪，建议移交司法机关依法追究刑事责任；认定孙家泰等9名国家工作人员对事故发生负有领导责任或直接领导责任，建议给予相关党政纪处分及其他组织处理；认定南宫市宏瑞蓝天彩钢有限公司工作人员张更杰、谷长亮对事故发生负有重要责任，建议南宫市宏瑞蓝天彩钢有限公司对其予以免职辞退的处理；认定南宫市宏瑞蓝天彩钢有限公司法定代表人曲丙寿对事故发生负有责任，建议南宫市安全生产监督管理局予以罚款的行政处罚；认定南宫市宏瑞蓝天彩钢有限公司、南宫市兴达气体有限公司、南宫市盛泰气体设备有限公司、三友加气站对事故发生负有责任，分别建议相关行政机关给予相应行政处罚。具体而言，对三友加气站，《调查报告》载明“事故的直接原因为：三友充装点无合法手续，违规对非自有气瓶进行充装，充填工未对兴达公司的气瓶内介质进行识别，造成LNG混装、错装……三友加气站。无工商营业执照、无气瓶充装证、无燃气经营许可证、未组织气瓶操作人员进行相关培训，对事故发生负有责任。建议分别由南宫市工商行政管理局、南宫市住房和城乡建设局依照《无照经营查处取缔办法》和《城镇燃气管理条例》予以查处取缔”。

2014 年 9 月 12 日，南宫市人民政府作出政字〔2014〕68 号《关于对南宫市宏瑞蓝天彩钢有限公司“3·5”爆炸事故调查报告的批复》（以下简称《批复》），主要内容如下：“市‘3·5’爆炸事故调查组及各有关部门、生产经营单位：关于南宫市宏瑞蓝天彩钢有限公司‘3·5’爆炸事故调查报告已收悉，经研究，现批复如下：一、同意事故调查组对事故原因的分析和事故责任的认定，以及为防止同类事故再次发生所指定的防范措施。二、同意事故调查报告对事故责任单位和责任人员处理意见的建议，有关部门要认真落实对有关责任单位和责任人员的处理意见，并将落实情况上报邢台市安监局和南宫市人民政府备案。三、各有关部门以及相关企业，要认真汲取‘3·5’爆炸事故教训，切实加强对安全生产工作的领导与管理，认真完善各项规章制度，严格落实安全生产责任制，全面加强职工安全培训，及时排查消除各类事故隐患，有效防止同类事故发生。”

邢少英、赵文计、夏立桐系三友加气站共同出资人（夏立桐负责加气站的日常经营活动）。三人称其于 2016 年 12 月 13 日在南宫市人民法院（2016）冀 0581 民初 400 号南宫市宏瑞蓝天彩钢有限公司诉南宫市兴达气体有限公司、南宫市盛泰气体设备有限公司、邢少英、赵文计、夏立桐、南宫市南杜街道办事处财产损害赔偿纠纷一案庭审中，得知《调查报告》及《批复》，遂于 2017 年 9 月提起行政诉讼，请求撤销南宫市人民政府作出的《批复》。

【审判】

河北省邢台市中级人民法院审理认为：一、邢少英等三人起诉是否超过起诉期限。尽管本案《批复》作出时间为 2014 年 9 月 12 日，但该批复南宫市人民政府既未向邢少英等三人送达，且邢少英等三人主张其于 2016 年 12 月 13 日在南宫市人民法院（2016）冀 0581 民初 400 号财产损害赔偿纠纷一案庭审中，方得知《调查报告》及南宫市人民政府所作《批复》，南宫市人民政府对此亦未举证予以否认，其于 2017 年 9 月提起本诉，未超过法定的起诉期限。二、南宫市人民政府作出的《批复》是否应予撤销。1. 南宫市人民政府作出的《批复》，影响到相关单位及人员是否应当受到行政处罚，为内部行为但已外化，对邢少英等三人权利义务产生实际影响，属于可诉行政行为。2. 对邢少英等三人主张的《批复》及《调查报告》未告知其处罚的事实、理由和依据，未告知陈述申辩等权利。《批复》及《调查报告》为行政机关内部行为，相关法律法规并未规定陈述、申辩等程序权利，且《生产安全事故报告和调查处理条例》第三十二条第二款的行政处罚，亦非南宫市人民政府作出《批复》时应当向邢少英等三人告知相应处罚的事实、理由的依据。同时，邢少英等三人获取《批复》后，其相应程序权利已获保障。对邢少英等三人所称，不予支持。3.《调查报告》中认定事故直接原因之一为：三友充气站无合法手续，违规对非自有气瓶进行充装，充填工未对兴达公司的气瓶内介质识别，造成 LNG 混装、错装，并提出相应处理意见。南宫市人民政府《批复》对上述事故原因及意见予以认可，并无不当。综上所述，南宫市人民政府作出的《批复》系内部行为外化，认定事实清楚，程序合法，对邢少英等三人诉请撤销该批复的主张，不予支持。依照《行政诉讼法》第六十九条之规定，判决驳回邢少英、赵文计、夏立桐的诉讼请求。

判决后，邢少英、赵文计、夏立桐不服，提起上诉。河北省高级人民法院经审理认为，南宫市人民政府对事故调查组提交的《调查报告》作出的《批复》，只是生产安全事故调查和处理过程中的阶段性行为，并不直接对三友加气站的权利义务产生实际影响。南宫市工商行政管理局、南宫市住房和城乡建设局按照南宫市人民政府的《批复》后续所作的行政处罚，才真正直接对三友加气站的权利义务产生实际影响、产生外部法律效力。《批复》作为阶段性行为，即使间接对三友加气站的权利义务有一定的影响，也已被最终的行政处罚所吸收和涵盖。因此，在存在后续行政处罚的情形下（无论是尚未完成还是已经作出），南宫市人民政府作出的《批复》不具有可诉性，不属于人民法院行政诉讼的受案范围。邢少英、赵文计、夏立桐作为三友加气站的出资经营者对《批复》提起行政诉讼，不符合《行政诉讼法》第四十九条第（四）项规定的起诉条件。其可通过起诉最终的行政处罚来实现对自身相关权益的救济。综上，一审法院立案受理并作出实体判决实属错误。依照《行政诉讼法》第八十九条第一款第（二）项、《最高人民法院关于适用〈中华人民共和国行政诉讼法〉的解释》第一百二十三条第（一）项的规定，裁定：一、撤销邢台市中级人民法院（2017）冀 05 行初 132 号行政判决；二、驳回邢少英、赵文计、夏立桐的起诉。

【评析】

一、问题的提出

《安全生产法》第八十三条第一款规定："事故调查处理应当按照科学严谨、依法依规、实事求是、注重实效的原则，及时、准确地查清事故原因，查明事故性质和责任，总结事故教训，提出整改措施，并对事故责任者提出处理意见。事故调查报告应当依法及时向社会公布。事故调查和处理的具体办法由国务院制定。"《生产安全事故报告和调查处理条例》第三十二条则规定："重大事故、较大事故、一般事故，负责事故调查的人民政府应当自收到事故调查报告之日起15 日内做出批复；特别重大事故，30 日内做出批复，特殊情况下，批复时间可以适当延长，但延长的时间最长不超过30 日。有关机关应当按照人民政府的批复，依照法律、行政法规规定的权限和程序，对事故发生单位和有关人员进行行政处罚，对负有事故责任的国家工作人员进行处分。事故发生单位应当按照负责事故调查的人民政府的批复，对本单位负有事故责任的人员进行处理。负有事故责任的人员涉嫌犯罪的，依法追究刑事责任。"当前，对于人民政府依上述法律规定作出的生产安全事故调查报告批复的可诉性问题，司法实践中存在很大的争议（本案即是典型），各地法院作出的相关裁判也不尽相同。

根据笔者于 2018 年 9 月在中国裁判文书网的初步检索结果，在省级层面上，浙江、辽宁、江苏、湖南、重庆五地高院在其裁判文书中认为生产安全事故调查报告批复具有可诉性、属于人民法院行政诉讼的受案范围，而山东、河南、内蒙古、海南、贵州、广东六地高院在其裁判文书中则认为生产安全事故调查报告批复不具有可诉性、不属于人民法院行政诉讼的受案范围；至于最高人民法院，则在不同的裁判文书中支持了不同的观点，有的支持批复可诉，有的则支持批复不可诉（详见文末附表 1、2）。若同案而不同判，在一定程度上便会有损司法的权威性和公信力，也会让人民群众对该类案件的法律规则与后果无法形成稳定的预期。因此，应尽早对生产安全事故调查报告批复的可诉性形成清晰、明确、一致的认识，及时统一各地法院的裁判标准与裁判尺度。

二、批复可诉与否的理由梳理

从最高人民法院及浙江等高级人民法院的相关裁判文书中，可梳理出认定人民政府所作生产安全事故调查报告批复可诉的主要理由如下：第一，也是最常用的一点，批复对当事人的权利义务产生了实际影响。批复系基于事故调查报告作出，而事故调查报告涉及事故责任者在事故中的责任认定与责任承担等问题，这些问题已经直接影响或者将会影响其权利义务。批复发生法律效力后，有关部门会依照批复要求启动对有关事故责任主体的责任追究、处理等程序。第二，人民政府作出批复，系在依法行使其对安全生产监督管理的职责，即在行使行政职权。第三，批复已经进行了送达，外化为一种外部行政行为。

从最高人民法院及山东等高级人民法院的相关裁判文书中，可梳理出认定人民政府所作生产安全事故调查报告批复不可诉的主要理由如下：第一，批复属于上、下级行政机关之间的内部批文，系内部行政行为，通常并不针对当事人作出，亦未直接向当事人送达。第二，批复的内容为“对事故有关责任者和责任单位的处理意见”，处理意见不具有强制约束力、没有可直接对当事人进行强制执行的具体内容、非最终处理决定，故批复并不对外直接设定当事人的权利义务，对当事人的权利义务并不产生实际影响。第三，对当事人权利义务产生实际影响以及对外发生法律效力的行政行为系后续行政处罚决定，当事人的合法权益可通过起诉行政处罚决定得到救济。第四，批复是人民政府对下属机构行使监督管理职责的体现，应属内部行政管理行为。

三、批复可诉与否的理由分析

从上述理由可以看出，无论认为批复可诉还是不可诉，各地法院对于批复的作出系人民政府作为行政机关行使行政职权的行为这一点并无分歧，双方主要分歧在于批复是否属于内部行为以及批复是否对当事人的权利义务产生了实际影响这两点。笔者认为，双方的理由都有一定的道理，但也都有不尽准确或不尽完整之处。

1. 关于批复是否属于内部行为

主张可诉的一方认为，批复已经进行了送达，外化为一种外部行政行为。但是，《生产安全事故报告和调查处理条例》第三十二条关于人民政府作出批复的法律条文确实并未规定向当事人送达批复的程序，批复并不针对当事人作出，实践中行政机关向当事人送达批复也确实较为少见。主张不可诉的一方，虽强调了批复的内部性，却忽略了批复不同于一般内部行为的两个特征：一是《生产安全事故报告和调查处理条例》第三十二条明确规定了负责事故调查的人民政府应当对事故调查报告作出批复，属于法律的外化。二是《生产安全事故报告和调查处理条例》第三十四条规定事故处理的情况由负责事故调查的人民政府或者其授权的有关部门、机构向社会公布，依法应当保密的除外，因此，通常事故调查报告及人民政府对此作出的批复都会向社会公开发布，无须向当事人送达即已外化。

2. 关于批复是否对当事人的权利义务产生了实际影响

主张可诉的一方认为，批复所依据的事故调查报告涉及事故责任者的责任认定与承担，有关部门会依照批复要求启动对有关事故责任主体的责任追究、处理等程序，因此批复已经直接影响或者将会影响当事人的权利义务。但是，该方忽略了批复只是对事故责任者提出处理意见，通常并非最终的处理决定，并不直接对外设定事故责任者的权利义务，即使启动了相关最终处理程序，也并未直接影响事故责任者的权利义务，此外即使批复在事实上间接对事故责任者的权利义务有一定的影响，这种影响也已经被后续针对事故责任者的最终处理决定所吸收和涵盖。主张不可诉的一方，虽强调了批复的非最终性，却忽略了在特殊情况下批复也可能具有最终性，如批复同意事故调查报告对事故性质属于非责任事故（如意外事件）的认定，那么实际上该批复作出后便不存在后续的处理行为，该批复即相当于最终处理决定。

此外，司法实践中当事人往往同时起诉人民政府的批复以及有关部门后续作出的行政处罚决定，或者先对行政处罚决定提起复议，复议维持后再对批复提起行政诉讼，或者在批复作出后行政处罚决定尚未作出时即对批复提起复议或诉讼。若认为批复可诉，则会导致司法效率低下、司法资源浪费以及司法干扰、中断行政等问题，主张批复不可诉的一方对此并未论及。

四、批复可诉性的具体认定

1. 批复作为阶段性行为的显著特征

笔者认为，人民政府对生产安全事故调查报告作出批复，最为显著的特征便是其通常只是生产安全事故调查和处理过程中的阶段性行为。从《生产安全事故报告和调查处理条例》的章节安排与条文内容可以看出，完整的生产安全事故调查和处理过程分为两大阶段，涉及多个行政主体的参与。第一阶段为事故调查阶段（即第三章所涉内容），包括组成事故调查组、事故调查、提交事故调查报告等。第二阶段为事故处理阶段，该阶段又分为两个小阶段，前半阶段为人民政府对提交的事故调查报告作出批复，后半阶段主要为有关机关和事故发生单位按照人民政府的批复作出最终处理，包括有关机关依照法律、行政法规规定的权限和程序，对事故发生单位和有关人员进行行政处罚，对负有事故责任的国家工作人员进行处分；事故发生单位按照人民政府的批复，对本单位负有事故责任的人员进行处理。此外，在第二阶段的后半阶段，负有事故责任的人员涉嫌犯罪的，由司法机关依法追究刑事责任；事故发生单位落实防范和整改措施；安全生产监督管理部门和负有安全生产监督管理职责的有关部门对落实防范和整改措施的情况进行监督检查；事故处理的情况由负责事故调查的人民政府或者其授权的有关部门、机构向社会公布。可见，人民政府作出批复，通常只是生产安全事故调查和处理过程中第二阶段中前半阶段的行为。故批复是否可诉，应当从阶段性行为的特征出发去认识和把握，而不应过多纠缠于其是否属于内部行为、是否外化。

2. 阶段性行为可诉性的认定标准

通说认为，认定阶段性行政行为是否具有可诉性有三个标准，分别是确定性法律效力（规制）标准、成熟性标准和权利救济标准，具体如下：(1) 确定性法律效力（规制）标准是指行政诉讼审查的对象应是对公民、法人或者其他组织的权益产生确定性法律效力（规制效果）的行政行为，行政机关在作出行政处理决定之前的阶段性行为，如果尚未对公民、法人或者其他组织的权益产生实际的影响，不属于行政诉讼的受案范围。该标准是为了避免司法权过度干涉行政权。司法权能对行政权审查的前提条件就是相对人的权益发生可确定性的损害，否则在行政行为都还没有完成阶段司法权的介入会侵蚀行政权固有的领域。另外，在对相对人可产生确定性法律规制效果的行政行为产生前，相对人提起行政诉讼难以有明确的诉讼请求，原告资格也不好确定。(2) 成熟性标准是指行政程序必须发展到适宜由法院处理的阶段，即已经达到成熟阶段，才能允许进行司法审查，通常行政程序达到最后决定阶段才算成熟。行政行为是否具有成熟性，则看当事人的法律地位是否受到了行政决定的实质影响，是否增减了当事人的权利和利益，是否会妨碍行政主体作出最终行政行为。该标准一是可避免法院过早陷入行政机关与相对人的争议之中，妨碍法院的中立地位。行政机关对其职权范围以内的问题拥有首次决定权，其作出确定的决定以前，不应受到法院的干涉。二是可避免因法院审查打断行政机关作出决定的程序，保证行政程序的连续性与完整性，且中间性的决定可以由最终的决定吸收，只对该最后决定的审查，有利于减少司法成本，提高司法效率。三是由于行政机关在作出最终决定之前，行政法律关系处于不确定状态，亦存在进一步发生各种变化的可能性，法院缺乏进行审查的确定的对象和现实条件，必须等到行政行为成熟法院的裁判时机才趋于成熟。如果行政相对人认为预备、中间的决定违法，可在最终行为做出后，以该实体决定违法起诉，并以中间、预备的行为为违法理由。(3) 权利救济标准是指法院在审查过程中要注意阶段性行政行为的法律效果是否会被最终行为所吸收。如果阶段性行政行为所产生的效果涵盖在最终行为中，那么只须对最终行为进行审查就能给予相对人提供司法救济保护其权益，无须再对阶段性行政行为进行单独的审查。

3. 作为阶段性行为的批复的可诉性认定

用确定性法律效力（规制）标准、成熟性标准和权利救济标准这三个标准去判断，作为阶段性行为的生产安全事故调查报告批复通常尚未对公民、法人或其他组织的权利义务产生确定性的法律效力，也尚未达到适宜法院处理的成熟阶段，不会妨碍相关主体作出最终处理决定（广义上的最终处理决定并不仅限于有关行政机关作出的行政处罚决定，还包括有关机关对国家工作人员作出的处分及事故发生单位对本单位人员作出的处理，甚至包括有关司法机关对犯罪人员的刑事处理)，且批复产生的法律效果会被最终处理决定所涵盖和吸收，故不具有可诉性。当然，严格来说，事故发生单位也属公民、法人或者其他组织，人民政府作出批复后，事故发生单位依法应当按照批复对本单位负有事故责任的人员进行处理。从这个角度来说，人民政府作出的批复也对公民、法人或者其他组织直接设定了义务，并非完全不直接对外产生确定性的法律效力。但此种情况下作为相对人的事故发生单位不会对该项义务产生争议，因为该项义务影响的是员工权益而非单位权益，故在行政诉讼中对此种情况通常可不予考虑。例外的是，若生产安全事故调查报告批复已具有最终性，不再存在后续的最终处理决定，则批复具有可诉性。如批复同意事故调查报告对事故性质属于非责任事故（如意外事件）的认定，那么实际上该批复作出后便不存在后续的处理行为，该批复即相当于最终处理决定，已对事故受害人或死者近亲属等公民、法人或者其他组织的权利义务产生确定性的法律效力，已达到适宜法院处理的成熟阶段，相关公民、法人或者其他组织对批复起诉的，属于人民法院行政诉讼的受案范围。又如，在事故调查报告认定了事故死者为事故责任者但鉴于其已死亡不再追究的情况下，人民政府的批复对事故死者便具有最终性，不再存在后续的最终处理决定，这种情况下对事故死者近亲属来说批复亦具有可诉性。

人民政府对生产安全事故调查报告作出的批复，通常只是生产安全事故调查和处理过程中的阶段性行为，并不直接对事故发生单位和有关人员的权利义务产生实际影响。有关行政机关按照人民政府的批复后续所作的行政处罚，才真正直接对事故发生单位和有关人员的权利义务产生实际影响、产生外部法律效力。人民政府的批复作为阶段性行为，即使间接对事故发生单位和有关人员的权利义务有一定的影响，也已被最终的行政处罚所吸收和涵盖。因此，在存在后续行政处罚的情形下（无论是尚未完成还是已经作出），人民政府对生产安全事故调查报告作出的批复不具有可诉性。事故发生单位和有关人员可通过起诉最终的行政处罚来实现对自身相关权益的救济。例外的是，若生产安全事故调查报告批复已具有最终性，不再存在后续的最终处理决定，则批复具有可诉性。

附表 1　认定批复可诉的法院及裁判文书统计表

法院	案号	案由	可诉理由
最高人民法院	（2017）最高法行申3737号	宁波市鄞州横街金星电器厂诉宁波市鄞州区人民政府安监行政批准、宁波市人民政府安监行政复议一案	未论述，直接对批复的合法性进行实体审查
最高人民法院	（2017）最高法行申6180号	陈海华诉南通市人民政府安全生产行政批复一案	一审认为，批复基于火灾事故调查报告作出，而火灾事故调查报告涉及对陈海华在事故中的责任认定与责任承担等问题，且这些问题已经直接影响或者将会影响陈海华的权利义务，陈海华与该行政行为有利害关系，且陈海华认为该37号批复侵犯了其人身权利，37号批复属于行政诉讼的受案范围。二审及申请再审支持一审但对可诉性未进一步论述

续表

法院	案号	案由	可诉理由
最高人民法院	(2017)最高法行申4833号	江苏天梁机械有限公司诉昆山市人民政府安全生产监督行政批复一案	一审认为，江苏省高级人民法院(2014)苏行终字第00172号行政裁定认定，64号批复虽未直接送达原腾冲机械公司(后更名为江苏天梁机械有限公司)，但对原腾冲机械公司权利义务生产实际影响。据此，原腾冲机械公司对64号批复提起诉讼，属于人民法院行政诉讼的受案范围。二审及申请再审支持一审但对可诉性未进一步论述
浙江省高级人民法院	(2015)浙行申字第131号	宁波市镇海百斗再生资源有限公司诉宁波市镇海区人民政府安监行政审批一案	未论述，直接对批复的合法性进行实体审查
辽宁省高级人民法院	(2015)辽行终字第00112号	王大庆诉大连市人民政府安监行政批准一案	未论述，直接对批复的合法性进行实体审查
江苏省高级人民法院	(2016)苏行终498号	高菊香诉启东市人民政府、启东市安全生产监督管理局安全生产事故批复一案	一审认为，《49号批复》基于事故调查报告作出，事故调查报告涉及对磊达经营部和实际负责人高德义在事故中的责任认定与责任承担等问题，且这些问题已经直接影响或者将会影响其权利义务。批复发生法律效力后，有关部门会依照批复要求启动对有关事故责任主体的责任追究、处理等程序。被诉批复已经进行了送达，外化为一种外部行政行为，属于行政诉讼的受案范围。二审支持一审但对可诉性未进一步论述
湖南省高级人民法院	(2017)湘行终137号	龙海庆与株洲市荷塘区人民政府、株洲市人民政府、第三人周辉、龚克华、株洲时光制冷与暖通工程有限公司行政确认及行政复议一案	株洲市荷塘区人民政府的批复是在行使其对安全生产监督管理的职责，且批复对当事人的权利义务产生了实质影响，属于行政诉讼的受案范围
重庆市高级人民法院	(2016)渝行终59号	刘长碧等4人诉重庆市綦江区人民政府安监行政确认一案	未论述，直接对批复的合法性进行实体审查

附表 2 认定批复不可诉的法院及裁判文书统计表

法院	案号	案由	不可诉理由
最高人民法院	(2016)最高法行申3883号	中石化宁波工程有限公司诉杭锦旗人民政府行政争议一案	申请再审人所诉批复是杭锦旗人民政府针对杭锦旗安全生产监督管理局请示而作出的内部批复，系内部行政行为，不对外直接设置当事人权利义务，不属于人民法院行政诉讼受案范围。原审法院（含内蒙古高院）裁定不予立案并无不当
山东省高级人民法院	(2015)鲁行终字第392号	普利置业集团股份有限公司、荆常俊诉济南市人民政府行政批复一案	二审认为，《批复》只是原则同意普利置业集团股份有限公司"7·29"高处坠落一般事故调查组对该事故的处理意见，属于上、下级行政机关之间的内部批文。济南市安全生产监督管理局已经作出了（济）安监管罚（2014）8001号、2004－1号、2004－2号行政处罚决定，因此，对上诉人权利义务产生实际影响以及对外发生法律效力的行政行为系上述行政处罚决定。而被上诉人作出的《批复》未直接送达上诉人，且济南市安全生产监督管理局亦未按照《批复》作出行政处罚决定，不能认定《批复》对外发生法律效力并影响上诉人的权利义务，亦未对上诉人的合法权益产生实际影响。上诉人认为被上诉人作出的《批复》已经外化并对上诉人合法权益产生实际影响的上诉理由，不予支持
河南省高级人民法院	(2016)豫行终544号	丁中生诉郑州市金水区人民政府作出的《关于金水区纬三路水产市场"8·19"压力容器爆炸事故调查报告的批复》及郑州市人民政府作出的行政复议决定一案	二审认为，原判对被诉批复是否可诉的认定错误，裁定撤销一审判决并发回重审
海南省高级人民法院	(2016)琼行终525号	海南惠峰工程机械设备租赁有限公司诉文昌市人民政府安全生产行政管理一案	二审认为，内部行政管理行为不仅包括行政机关内部机构的设立撤并或对某个公务人员实施的奖励、处分、任命，而且包括行政机关依照法律法规所赋予的对其下属机构进行监督管理的职能职责行为。本案中，第一，文昌市政府依法对文昌安监局负有监督管理职能职责，对文昌安监局上报的事故调查报告作出批复，是其对下属机构行使监督管理职责的体现，应属内部行政管理行为。第二，《85号批复》效力并未外化。该批复不是针对上诉人作出，亦未直接向上诉人送达，从效力上看并不是最终的行政决定，不具有强制约束力，没有可直接对上诉人进行强制执行的具体内容，没有对上诉人的权利义务产生实际影响。第三，文昌安监局作出的行政处罚决定具体明确，正是该行政处罚决定对上诉人的权利义务造成了实际影响，上诉人如不服应依法申请对该行政处罚决定进行审查。第四，上诉人已经对文昌安监局作出的行政处罚行为向文昌市人民法院起诉，其合法权益可依法申请救济

续表

法院	案号	案由	不可诉理由
贵州省高级人民法院	（2015）黔高立行终字第7号	桐梓县蓝天物业管理有限公司诉桐梓县人民政府及第三人周秋云、黎小静、黎小松一案	二审认为，该《批复》是桐梓县安全生产委员会针对桐梓县蓝天物业管理有限公司“2·05”事故调查组作出的《桐梓县蓝天物业管理有限公司“2·05”事故调查报告》所作的批复，该《批复》为行政机关之间的内部文件。同时，从该《批复》的内容看，该《批复》作出的为“对事故有关责任者和责任单位的处理意见”，该处理意见并非最终处理决定，其并未对蓝天公司设定义务。根据《最高人民法院关于执行〈中华人民共和国行政诉讼法〉若干问题的解释》第一条第二款的规定：“……公民、法人或者其他组织对下列行为不服提起诉讼的，不属于人民法院行政诉讼的受案范围：……（六）对公民、法人或者其他组织权利义务不产生实际影响的行为。”蓝天公司请求撤销桐梓县安全生产委员会作出的《批复》依法不属于行政诉讼受案范围
广东省高级人民法院	（2017）粤行终996号	中山市小榄镇云锋五金厂诉中山市人民政府安全生产监督纠纷一案	二审认为，中山市政府根据中山市安监局报送《中山市小榄镇云锋五金厂“9·17”一般生产安全事故调查报告》的请示，于2015年10月19日作出《33号批复》，其内容只是原则同意中山市小榄镇云锋五金厂“9·17”一般生产安全事故调查组对该事故的处理，属于上下级行政机关之间的内部批文，也未直接送达云锋五金厂。故不能认定该批复对外发生法律效力及影响云锋五金厂的权利义务，云锋五金厂针对该批复的起诉亦不属于行政诉讼的受案范围。且中山市安监局已于2015年12月17日分别作出（中支）安监管罚［2015］73号、74号《行政处罚决定书》，决定因上述责任事故对云锋五金厂及其主要负责人李白云给予罚款。因此，对外发生法律效力且对云锋五金厂权利义务产生实际影响的行政行为是上述行政处罚决定

（作者单位：河北省高级人民法院）

行政检查行为的性质及可诉性

戴文波

【裁判要旨】

交警部门在道路上设卡检查交通违法情况，系履行道路交通安全管理职责的行政检查行为，属于法律行为中的具体行政行为而非事实行为，属于人民法院行政诉讼的受案范围。

【案号】

一审：浙江省温州市鹿城区人民法院（2013）温鹿行初字第21号。
二审：浙江省温州市中级人民法院（2013）浙温行终字第88号。
复查：浙江省高级人民法院（2013）浙行申字第183号。
再审：浙江省高级人民法院（2014）浙行再字第2号。

【案情】

原审上诉人（原告，上诉人，再审申请人）：王阿兰。

原审被上诉人（被告，被上诉人，被申请人）：温州市公安局交通警察支队。

2012年5月13日下午，李学根无证驾驶未关车门的无牌证三轮摩托车搭载王阿兰途经温瑞大道仙岩街道穗丰村路段时，遇前方温州市公安局交通警察支队（以下简称温州交警支队）四大队民警设卡检查。李学根为逃避检查调头逆向行驶，交警四大队协警张增文手持木棒上前拦截。李学根减速然后又加速行驶并左右打方向逃避拦截，致使王阿兰从车上摔下受伤，车辆前挡风玻璃与木棒发生碰撞破碎。事故发生后，李学根驾车逃离现场，后于同月29日向公安机关投案。2012年6月，温州交警支队就该事故作出交通事故认定复核结论，认定李学根负主要责任，张增文负次要责任。王阿兰伤势经鉴定为重度颅脑损伤，因脑外伤致精神障碍及中度智力损害（缺损），构成四级伤残和十级伤残。另查明，2013 年 2 月 5 日，温州市瓯海区人民法院作出 (2012) 温瓯刑初字第 883 号刑事判决，以交通肇事罪判处李学根有期徒刑一年六个月。该判决现已发生法律效力。王阿兰对温州交警支队四大队的设卡检查行为不服，提起行政诉讼。

【审判】

浙江省温州市鹿城区人民法院经审理认为，被告下属交警四大队在道路上设卡检查违法车辆，系履行《道路交通安全法》赋予的道路交通安全管理职责行为。原告所称《交通警察道路执勤执法工作规范》系公安部制定的部门规范性文件，并非法律、法规或规章范畴，且要求各地公安部门“结合实际遵照执行”。本案中，协警持木棒拦截逆向行驶逃避检查的违法车辆，虽然不符合《交通警察道路执勤执法工作规范》第七十三条关于“遇有机动车驾驶人拒绝停车的，不得站在车辆前面强行拦截”的规定，有违工作规范，确有不当之处，但尚不能称之为违法。原告主张被告违法，依据不足，应不予支持。据此判决驳回原告王阿兰的诉讼请求。

王阿兰不服，提起上诉。温州市中级人民法院经审理后确认了原审认定的案件事实并认为，《道路交通安全法》第五条规定，县级以上地方各级人民政府公安机关交通管理部门负责本行政区域内的道路交通安全管理工作。公安部《交通警察道路执勤执法工作规范》第七十条规定：“……需要设点执勤的，应当根据道路条件和交通状况，临时选择安全和不妨碍车辆通行的地点进行，放置要求驾驶人停车接受检查的提示标志，在距执勤点至少二百米处开始摆放发光或者反光的警告标志、警示灯，间隔设置减速提示标牌、反光锥筒等安全防护设备。”根据上述规定，被上诉人温州交警支队在案发地段设卡检查车辆并未违反法律规定。协警张增文在李学根掉头逃避检查的情况下上前拦截车辆，其目的在于使李学根停车接受检查，该行为系与履行职务相关的事实行为，而非发生法律效力的行政行为。上诉人就该行为提起行政诉讼，不属于人民法院行政诉讼受案范围。原判对该案予以受理并作出实体判决，于法不符。上诉人可就其所受的人身伤害赔偿问题根据相关法律规定进行救济。据此，依照《行政诉讼法》第六十一条第（二）项，《最高人民法院关于执行〈中华人民共和国行政诉讼法〉若干问题的解释》（以下简称《若干解释》）第四十四条第一款第（一）项、第七十九条第（一）项的规定，裁定如下：一、撤销温州市鹿城区人民法院（2013）温鹿行初字第21号行政判决；二、驳回原告王阿兰的起诉。

王阿兰仍不服，向法院申请再审。浙江省高级人民法院依法提起再审并认为，温州交警支队四大队在道路上设卡检查违法车辆，系履行道路交通安全管理职责的行政检查行为。该交通行政检查行为是否合法，是否给公民、法人或者其他组织造成损害，属于人民法院司法审查的范围。公民、法人或者其他组织认为该交通行政检查行为侵犯其合法权益，可以向人民法院提起行政诉讼。原二审法院认为该行为系与履行职务相关的事实行为，而非发生法律效力的行政行为，原审上诉人王阿兰就该行为提起行政诉讼，不属于人民法院行政诉讼受案范围的认定不当，应予纠正。据此，依照《若干解释》第七十八条、第七十九条之规定，裁定如下：一、撤销温州市中级人民法院（2013）浙温行终字第88号行政裁定；二、指令温州市中级人民法院继续审理本案。

【评析】

一、确立裁判要旨的理由

本案被诉行为为公安交警部门的设卡检查行为。争议焦点是该行为属于事实行为还是法律行为，是否属于行政诉讼的受案范围。

1. 被诉行为属于事实行为还是法律行为。这是以行政主体是否以发生特定法律效果为目的所作的一种分类。通说认为，法律行为通常是指行政主体以发生某种特定法律效果为目的而实施的行为。而事实行为是行政主体实施的对行政相对人没有法律上的羁束力、不具备法律效果的行为，最典型的就是行政机关工作人员在执行公务时殴打他人。本案中，该检查行为由设卡、检查、拦截几个部分组成，交警部门实施该行为是为了实现其交通行政管理目的，对行政相对人是否遵守交通法律、法规、规章的情况进行直接强制了解、督促的行政行为。显然，该行为对行政相对人会产生某种法律上的羁束力及法律效果，行政相对人如果不依法接受检查也可能会面临不利的法律后果，因而属于法律行为而非事实行为。而且《最高人民法院关于规范行政案件案由的通知》明确罗列的行政行为种类中，就有“行政检查”行为，亦可印证最高人民法院将行政检查行为视为行政法律行为。

2. 行政检查行为的可诉性。虽然最高人民法院行政案件案由中明确列有“行政检查”，但理论界和实务界对该行为的可诉性均存在较大争议。有观点认为，检查行为本身仅是一种手段性、过程性行为，一般不具有可诉性，对行政相对人产生实际影响的是行政检查后作出的行政处罚等行为。笔者认为，此种观点过于片面，行政检查行为是否单独可诉应当区分不同情况来认定。如果行政检查后行政机关认为行政相对人存在违法行为而作出行政处罚，行政检查行为就转化为行政处罚的程序性行为，对当事人产生最终影响的自然是行政处罚行为，即行政检查行为被行政处罚行为所吸收。此时，行政相对人如果对行政处罚行为提起诉讼，在该行政处罚之诉中法院可以对行政检查作为行政处罚程序中的一个环节进行审查。但如果行政检查后没有后续的行政处罚等行为，并不意味着行政检查行为就无法纳入行政诉讼的审查范围。行政检查行为只要对行政相对人的权利、义务产生了实际影响，仍然是可诉的独立的行政行为。本案中，交警部门设卡检查后并未作出处罚行为，但该检查行为对当事人王阿兰的权益造成了直接而重大的影响，因而属于独立的可诉行政行为。

二、其他需要说明的问题

1. 即使将涉案检查行为定性为事实行为，也未必就不属于行政诉讼受案范围。虽然在行政法学界有种观点认为事实行为不属于具体行政行为而不可诉，但行政诉讼法并未将事实行为排除在受案范围之外。而且，最高人民法院在《若干解释》的相关释义中明确，《若干解释》在一定程度上恢复了行政诉讼的受案范围，其中之一便是将可诉行为从法律行为原则上扩大到准法律行为和事实行为。而且行政诉讼法所规定的某些可诉的强制措施，事实上也包括许多事实行为，因此，可以说“行政诉讼法明确列举的可诉行为中本身就包括了事实行为”。[①]

2. 事实行为与法律行为主要是一种学理上的划分，虽然此种划分具有一

---

① “司法解释的理解与适用：行政诉讼法司法解释讲座（一）”，载《行政执法与行政审判参考》2000年第1辑，第175页。

定意义，但实践中对于如何区分事实行为和法律行为确实也存在较大争议和困难。在此情况下，法院不宜机械地照抄照搬学理观点，而应根据《行政诉讼法》和《若干解释》的规定，结合具体个案来看被诉行为对当事人的合法权益有无产生实际影响，才能对被诉行为的可诉性作出正确判断。

（作者单位：浙江省高级人民法院）

行政处罚事先告知程序已经合法履行后的路径选择

唐　瑾　　徐文晶

【裁判要旨】

《行政处罚法》对于事先告知的内容与最终作出的处罚决定在内容不一致的情形下是否需要再次告知没有明确规定，但是考虑事先告知程序的立法本意应该是保障当事人的陈述、申辩以及听证的权利，如果事先告知的内容完整齐备则已保障了当事人权利，且在充分听取其申辩之后，认定的违法事实没有扩大或者新增，最终作出的行政处罚的种类和幅度没有改变，而直接行使自由裁量权，在已告知的处罚幅度范围内，作出相对从轻处罚的决定，因事先告知程序的意义已经实现，这种情况下一般不宜认定为行政处罚程序违法；如果听取陈述后作出了改变或扩大所认定的违法事实、采信的证据、处罚的种类和幅度发生变化或适用法律也发生变化，则仍需要重新告知。

【案号】

山东省济南市槐荫区人民法院（2018）鲁0104行初10号。

【案情】

原告：闽隆公司。

被告：槐荫区食药监局。

槐荫区食药监局接到相关投诉后于2017年6月21日对闽隆公司涉嫌经营标签不符合规定的干海参的行为立案调查，确认了涉案干海参合格、生产工艺符合GB31602要求、盐的含量符合标准要求、标签上未标盐分含量范围等事实。2017年8月8日，槐荫区食药监局向闽隆公司送达了济槐食药监食罚告［2017］370104068号行政处罚事先告知书及济槐食药监食听告［2017］

370104068号听证告知书，拟作出的行政处罚为：1. 没收违法经营所得2990元；2. 并处罚款20000元，罚没款共计人民币22990元。闽隆公司在法定期限内未提出听证申请，但提出了陈述申辩。经复核，槐荫区食药监局于2017年8月30日对闽隆公司作出济槐食药监食罚［2017］370104068号行政处罚决定书（主要内容为：1. 没收违法经营所得2990元；2. 并处罚款10000元，上述罚没款共计人民币12990元）。并于2017年9月4日向闽隆公司送达。闽隆公司对上述行政处罚决定书不服，遂向本院提起行政诉讼。

【审判】

济南市槐荫区人民法院于2018年6月26日作出（2018）鲁0104行初10号行政判决书，认定：《行政处罚法》第三十一条规定："行政机关在作出行政处罚决定之前，应当告知当事人作出行政处罚决定的事实、理由及依据，并告知当事人依法享有的权利。"第三十二条规定："当事人有权进行陈述和申辩。行政机关必须充分听取当事人的意见，对当事人提出的事实、理由和证据，应当进行复核；当事人提出的事实、理由或者证据成立的，行政机关应当采纳。行政机关不得因当事人申辩而加重处罚。"本案中，槐荫区食药监局履行了行政处罚事先告知和听取闽隆公司陈述、申辩的职责，已经保障了闽隆公司陈述申辩的权利。案涉行政处罚决定书罚款数额由行政处罚事先告知书确定的20000元变更为10000元，是槐荫区食药监局听取闽隆公司的陈述申辩之后，经过自由裁量，作出较之前更轻的行政处罚，陈述申辩权利的意义已经实现，且该处罚决定书中认定的违法事实、采信的证据、处罚的种类和幅度以及法律适用均没有改变。因此，闽隆公司在庭审中所述"听证通知书与事先处罚告知书金额均为20000元，行政处罚书金额为10000元，属于处罚决定行政内容的变更，依据行政处罚法视为没有告知原告处罚内容，其程序违法"，理由不能成立，本院不予采信。判决：驳回原告闽隆公司的诉讼请求。

【评析】

一、行政处罚事先告知的程序价值及质量要求

（一）程序价值

《行政处罚法》第三十一条规定：“行政机关在作出行政处罚决定之前，应当告知当事人作出行政处罚决定的事实、理由和依据，并告知当事人依法享有的权利。”第三十二规定“当事人有权进行陈述和申辩。行政机关必须充分听取当事人的意见，对当事人提出的事实、理由和证据，应当进行复核；当事人提出的事实、理由或者证据成立的，行政机关应当采纳。”行政机关不得因当事人申辩而加重处罚”是我国首次以法律形式确立的行政处罚事先告知程序。行政行为的事先告知，是指行政机关在行使行政职权过程中，将行政行为通过法定程序向行政相对人公开展示，以使行政相对人知悉该行政行为的一种程序性法律行为。行政公正原则最基本的要求是行政相对人应当有权知悉可能影响其合法权益的行政行为，以确保行政相对人有效地行使申辩权。事先告知程序便是实现行政公正原则的基本途径之一。

从立法目的和作用来看，事先告知程序是针对行政管理活动中国家行政管理机关与被管理的相对人的法律地位不平等性而设立的，目的在于通过这一程序，赋予当事人知情权、陈述权、申辩权，使当事人在行政机关作出处罚决定之前，有了解行政机关作出处罚决定的事实、理由和依据，并进行申辩、提出自己看法的机会，以维护自己的合法权益；同时，行政机关通过听取相对人陈述和申辩，有利于全面了解案件全貌，避免行政机关可能产生的对当事人随意惩治、滥施处罚或者专横处罚现象，确保处罚决定的准确性、合理性、合法性，它的着力点在于实现行政公正。所以，告知是行政处罚实施机关在作出行政处罚行为之前必须履行的程序性义务，是为了保障当事人顺利行使陈述权和申辩权而存在，不告知或者告知不符合法律规定，都可以构成行政处罚行为可撤销的理由。

（二）质量要求

行政处罚事先告知的内容应当围绕立法目的展开，这就必然要求对其内容的质量即告知的深度和广度提出一定的要求。具体来说主要有以下内容：一是告知内容应当完整、明确、具体，告知内容各要素即案件事实、法律依

据、处罚理由、处罚的种类和幅度；二是告知的内容应当确保陈述、申辩得以顺利贯彻，行政相对人的陈述、申辩的内容具有很强的针对性，因此如果告知内容不完整或不具体，那么陈述、申辩就没有具体的对象目标，从而导致陈述、申辩失去意义。

二、陈述、申辩和听证的程序价值

《行政处罚法》第六条第一款规定：“公民、法人或者其他组织对行政机关所给予的行政处罚，享有陈述权、申辩权；对行政处罚不服的，有权依法申请行政复议或者提起行政诉讼。”第三十二条第一款规定：“当事人有权进行陈述和申辩。行政机关必须充分听取当事人的意见，对当事人提出的事实、理由和证据，应当进行复核；当事人提出的事实、理由或者证据成立的，行政机关应当采纳。”第四十二条对听证事项进行了明确的规定，行政机关在作出行政处罚前，当事人具备申请听证的权利，该条中同时也对听证的组织程序进行了规定。

行政机关在作出行政处罚等具体行政行为时保障行政相对人的陈述、申辩权，是法治社会发展的必然趋势，也是行政处罚决定的正确作出、行政处罚程序合法的重要条件。[①] 我国在立法上将当事人的陈述权和申辩权进行完整的规定，陈述权指的就是当事人在行政处罚的过程中，向行政机关针对案件的事实进行有效的叙述；而申辩权指的就是当事人可以针对行政机关的事实和理由，进行辩解和质证；听证权指的是行政机关作出决定，如果对当事人具有不利影响，那么就要采取听证会的形式，听取当事人的陈述，使对方的观点遭到反驳，听证权就是申辩和质证相关事实和证据，与陈述权和申辩权相比较，听证权只是针对重大事件。

与受处罚人的陈述权和申辩权相对应的是行政机关听取意见的义务，行政机关在作出行政处罚决定之前，必须充分听取受处罚人的意见，对受处罚人提出的事实、理由和证据进行复核，如果受处罚人提出的事实、理由和论据合法成立，行政机关应当采纳且不能因为受处罚人的陈述申辩而加重处罚。

三、行政处罚事先告知程序已经合法履行后的路径选择

（一）可以直接作出行政处罚决定的情形

1. 事先告知书的内容完整、齐备，经当事人陈述、申辩，行政机关经过

① 姜明安主编：《行政程序研究》，北京大学出版社 2006 年版，第 166 页。

复核后，仍旧认定拟作出的处罚决定事实清楚、证据确实充分，适用法律正确，即可直接作出行政处罚决定书，并依法向当事人送达；

2. 事先告知书的内容完整、齐备，经当事人陈述、申辩，行政机关经过复核后，在处罚的同一幅度范围内从轻对受处罚人的处罚，因对认定的违法事实、采信的证据、处罚的种类和幅度以及法律适用均没有改变，且事先告知制度设立的法律意义已经实现，当事人亦进行了有效的陈述、申辩，行政机关已对当事人陈述、申辩的内容予以采信，在作出最终的行政处罚决定书之前无须重新进行事先告知，这也是提高行政效率的应有之义，法院应当予以支持。

例如在本案中，《食品安全法》第一百二十五条第一款规定："违反本法规定，有下列情形之一的，由县级以上人民政府食品药品监督管理部门没收违法所得和违法生产经营的食品、食品添加剂，并可以没收用于违法生产经营的工具、设备、原料等物品；违法生产经营的食品、食品添加剂货值金额不足一万元的，并处五千元以上五万元以下罚款；货值金额一万元以上的，并处货值金额五倍以上十倍以下罚款；情节严重的，责令停产停业，直至吊销许可证……"因闽隆公司销售的产品货值金额不足一万元，违法所得数额较小，未造成严重不良后果，闽隆公司积极配合槐荫区食药监局的调查取证，槐荫区食药监局在充分听取闽隆公司的陈述、申辩意见之后，又从轻处罚作出行政处罚决定，在认定事实、处罚种类和幅度、法律适用均没有改变的情况下，将罚款数额由 20000 元在同一罚款幅度内从轻减少为 10000 元。槐荫区食药监局在查处该案后并综合考虑各种因素，直接作出较之前罚款更轻的行政处罚决定书符合法律规定及立法本意，无须重复履行告知程序。

（二）仍需再次履行告知程序的情形

告知的事实、理由、法律依据、处罚结果与正式的处罚决定不一致。正式处罚决定改变处罚告知时认定的事实，即改变行政处罚主要事实依据（法定事实要件的事实）。如果行政处罚中载有认定事实所依据的证据，告知中所采用的主要证据少，正式处罚中增加了许多新的主要证据支持其认定的事实；或者告知中没有采用的证据，而在正式处罚中采用了，都属于改变主要事实的情况。改变处罚决定的理由，将会改变当事人承担责任的方式和大小，导致适用法律和处罚结果的改变。改变法律依据是指改变处罚所适用的法律、法规、规章及规章以下的规范性文件和具体适用的条款。改变行政处罚的处理结果是指改变处罚的具体种类及幅度（注意该处不包含在同一幅度范围内从轻处罚的情形）。

正式行政处罚决定书中的这些改变与事先告知中所拟定的行政处罚相比，是一个新的行政处罚，作出新的行政处罚需要事前告知当事人处罚的内容，履行自己独立的告知程序，没有履行就是未告知。事前不告知当事人改变了告知内容的拟作出的正式处罚决定，将影响当事人对陈述权、申辩权的行使。当事人依法享有的陈述、申辩主要是针对行政机关在处罚时所认定的事实、理由、依据和处罚结果，提出自己的事实、理由、证据，认为应依据的法律及对处罚结果的轻重的意见，从而要求行政机关在处罚中予以考虑。

从行政处罚法立法本意的角度考虑，行政处罚正式决定与事先告知内容不一致将使行政处罚法规定的保护公民、法人和其他组织的合法权益，在行政处罚中最核心的权利即陈述申辩权得不到保护，为保护该权利而设定的行政机关应履行的告知义务，也使有效实施行政管理、维护公共利益和社会秩序应履行的义务得不到遵守，行政处罚法的目的得不到实现。因此，事先告知内容与正式处罚决定的事实、理由、法律依据和处罚结果不一致，法院在审理中应认定为未告知，且应以违反法定程序为由予以撤销。

（作者单位：山东省济南市槐荫区人民法院　山东省法官培训学院）

食品进口商对行政处罚决定的诉权认定

乐 巍　　徐 良

【裁判要旨】

保证进口食品的标签、质量符合我国法律规定的要求是食品进口商应尽的法律义务。进口食品经营者因食品标签、食品质量等问题被行政机关处罚的，食品进口商有权就该行政处罚决定向人民法院提起行政诉讼。

【案号】

一审：重庆市龙坡区人民法院（2017）渝0107行初216号。

二审：重庆市第五中级人民法院（2018）渝05行终253号。

【案情】

上诉人（一审原告）：深圳市米唐贸易有限公司（以下简称深圳米唐公司）。

被上诉人（一审被告）：重庆市食品药品监督管理局九龙坡区分局（以下简称九龙坡区食药监分局）。

九龙坡区食药监分局于2017年4月5日作出（渝九）食罚（2017）72号行政处罚决定书，载明因接到消费者投诉，在对被处罚人重庆家乐福商业有限公司二郎店（以下简称家乐福二郎店）进行现场检查时发现其销售的“老爷街3合1白咖啡（固体饮料）”包装上有两个生产日期和两个到期日期，该行为违反了《食品安全法》第七十一条第二款“食品和食品添加剂的标签、说明书应当清楚、明显，生产日期、保质期等事项应当显著标注，容易辨识”的规定，决定对家乐福二郎店予以下列行政处罚：1. 没收扣押的食品；2. 没收违法所得150.45元；3. 并处罚款18500元。罚没款共计

18650.45 元。

涉案产品“老爷街3合1白咖啡（固体饮料）”的供货商为上海津丰食品有限公司，深圳米唐公司系涉案产品的进口商及中国总代理商。

【审判】

重庆市九龙坡区人民法院经审理认为，原告提起行政诉讼应当符合法律规定。《行政诉讼法》第二十五条第一款规定，行政行为的相对人以及其他与行政行为有利害关系的公民、法人或者其他组织有权提起诉讼。本案中，被诉行政行为的相对人为家乐福二郎店，原告主张该行政处罚对其实体权利产生影响，其有权以利害关系人的身份提起行政诉讼，但原告举示的证据不足以证明其上述主张，故原告的起诉不符合法律规定，应予驳回。遂裁定驳回深圳米唐公司的起诉。

深圳米唐公司不服，向重庆市第五中级人民法院提起上诉，认为一审裁定书认定其非利害关系人，即涉案产品的进口商及中国总代理商无须承担涉案产品合法性责任，此种认识违反了产品质量法以及进出口食品管理办法，属于认定事实错误。请求依法撤销一审裁定书及九龙坡区食药监分局作出的行政处罚决定书。

重庆市第五中级人民法院经审理认为，本案争议的焦点系上诉人深圳米唐公司是否具备对涉案行政处罚提起行政诉讼的原告主体资格。根据《行政诉讼法》第二十五条第一款之规定，行政行为的相对人以及其他与行政行为有利害关系的公民、法人或者其他组织有权提起诉讼。本案中，被诉行政处罚决定的相对人为家乐福二郎店。因此，判断深圳米唐公司对涉案行政处罚决定是否具有诉权的关键在于其与行政处罚决定是否具有利害关系。

涉案产品“老爷街3合1白咖啡（固体饮料）”的供货商为上海津丰食品有限公司，深圳米唐公司系涉案产品的进口商及中国总代理商。也就是说，在中国销售的所有涉案产品均由深圳米唐公司供应。《进出口预包装食品标签检验监督管理规定》第三条规定：“进口预包装食品标签应当符合我国相关法律法规和食品安全国家标准的要求……”，第五条规定：“进出口食品生产经营者应当保证其所进出口的预包装食品的标签符合本规定第三条要求，诚实守信，如实提供相关材料，对社会和公众负责，接受社会监督，承担社会责任。”由此可知，保证进口商品的标签符合我国法律规定的要求是进口商应尽的法律义务。深圳米唐公司作为涉案产品的进口商及中国总代理商，应当保证其进口的预包装食品的标签符合我国规定。

本案中，被上诉人九龙坡区食药监分局对家乐福二郎店作出行政处罚的原因在于涉案产品包装上有两个生产日期和两个到期日期，即标签问题，属上诉人深圳米唐公司的法律义务事项。上诉人深圳米唐公司因其自身的法律义务事项导致其进口产品的销售者被处以行政处罚，应当认定为与行政处罚决定具有利害关系。

涉案行政处罚决定书中所涉及的没收扣押食品、没收违法所得等处罚项，表面上虽直接指向家乐福二郎店，但该行政处罚的事实和理由系因上诉人深圳米唐公司的法律义务事项产生，其影响事实上会层级传递至深圳米唐公司，简单否认深圳米唐公司与被诉行政处罚之间具有利害关系，不利于监督行政机关依法行政，亦不利于保障进口产品总代理商的合法权益。遂裁定撤销重庆市九龙坡区人民法院（2017）渝 0107 行初 216 号行政裁定并指令重庆市九龙坡区人民法院继续审理。

【评析】

本案涉及进口食品经营者因食品标签、食品质量问题被行政机关处罚，食品进口商能否就该行政处罚决定向人民法院提起行政诉讼的问题，对此并无法律及司法解释明确规定，也罕见相关案例和司法裁判，理论和实践都存在一定争议。本案具有较强新颖性，对利害关系认定的司法实践具有较大参考价值，也对行政审判的功能强化等实践问题予以了思考和回应。

案件争议的焦点是深圳米唐公司是否具有原告主体资格，即是否与被诉行政行为具有利害关系，对此存在两种意见：一种意见认为，涉诉行政处罚的相对人是家乐福二郎店，针对的是家乐福二郎店的销售行为，对深圳米唐公司实体权利并未产生实际影响，深圳米唐公司与被诉行政处罚行为不具有利害关系，不具有本案原告主体资格；另一种意见则认为，保证进口预包装食品的标签符合我国法律规定，这是深圳米唐公司作为进口商应尽的法律义务，其因自己的法律义务事项导致他人被处罚，理应与处罚决定有利害关系；且就普通逻辑而言，销售方因产品标识出现问题被行政处罚，其处罚后果会产生“层级传递”效果，最终影响到深圳米唐公司。故深圳米唐公司与被诉行政行为有利害关系，具有本案原告主体资格。

本案生效裁判采取的是第二种意见。

一、保证进口食品标签合法性是进口商的法律义务

食品标签是反映食品内资品质及其他信息的重要载体，对消费者全面认知食品具有重要作用，对于进口食品而言，其食品标签的作用明显更加重要。《食品安全法》第九十七条规定：“进口的预包装食品、食品添加剂应当有中文标签……标签、说明书应当符合本法以及我国其他有关法律、行政法规的规定和食品安全国家标准的要求……”同时，《进出口食品标签管理办法》第六条规定，进出口食品的经营者或其代理人在进出口前，应当向指定检验检疫机构提出食品标签审核申请。综上分析不难推出，保证进口食品的标签符合我国法律规定和其他要求是进口商应尽的法律义务。

二、因自身法律义务事项导致他人被处罚可认定利害关系

“利害关系”是判断行政诉讼原告主体资格的核心要件之一，它本身具有客观性，不随任何人的主观意志而改变，但同时它又是一个开放性的法律术语，无法统一衡量和界定。对利害关系的把握和认定与我国法治发展以及司法实践状况密切相关，随着时代的进步和法治的完善，采用相对更加宽泛的标准，允许法官根据具体案情进行判断，对利害关系做适当的扩大化解释，也是顺应时代发展潮流之举。

在经过由繁入简的剥离之后，关于利害关系要件的理论观点被统一为两个要素：权益和因果关系。司法实践也呈现与时俱进的态度和趋势，认可了不利影响的可能性，而不限定于已经发生的实际影响。最高人民法院在“再审申请人臧金凤因诉安徽省宿州市砀山县人民政府土地行政登记案”中认为：“所谓利害关系，也就是有可能受到行政行为的不利影响。具体要考虑以下三个要素：是否存在一项权利；该权利是否属于原告的主观权利；该权利是否可能受到了被诉行政行为的侵害。”

本案中，家乐福二郎店被行政处罚的原因在于所销售的进口食品的标签问题，属于深圳米唐公司的法律义务事项。也就是说，深圳米唐公司因其自身的法律义务事项导致其进口产品的销售者被处以行政处罚，其虽不是行政处罚的相对人，但相对人被处罚的原因却是因其而起，其与行政处罚决定也就具有了千丝万缕、无法切割的联系。而且在法律层面，该行政处罚决定对进口食品标签的定性必然会影响到社会公众对该产品的认知，作为进口商和中国总代理商，深圳米唐公司的产品声誉甚至企业声誉都可能会遭受不利影响；在事实层面，处于下游的销售者往往会依据市场经济形成的惯例，通过货款、保证金等的扣除来弥补自身的损失，这种做法层层传递，最终也可能会影响到深圳米唐公司的实际利益，故本案应当认定深圳米唐公司与行政处罚决定具有利害关系。

三、适度认可利害关系的“层级传递”

行政诉讼法以及相关司法解释都没有明确“利害关系”的详细内涵，未明确限于直接利害关系，给理论研究和司法实践留下了一定空间。人民法院和法官可以在法律规定的框架内进行有益探索，充分考虑个案情况进行裁量，以充分实现解决行政争议、保护合法权益、监督依法行政的目的。最高人民法院贺小荣专委出席中国审判理论研究会行政审判理论专业委员会 2018 年年会时强调：“要以实质性化解行政争议为工作重心，关注当事人的实质诉求，防止程序空转，不断提高人民群众在诉讼活动中的获得感。”

本案中，尽管深圳米唐公司未举示任何证据证明其与涉案食品供货商上海津丰食品有限公司、家乐福二郎店之间存在对出现产品标识问题后的责任承担方面的合同约定，但就普通逻辑而言，销售方因产品标识出现问题被行政处罚，其处罚后果会产生“层级传递”效果，即家乐福二郎店不再销售涉案产品，并在向上海津丰食品有限公司支付货款时抵扣罚款金额；上海津丰食品有限公司也会向深圳米唐公司再次主张损失。因此，行政处罚的结果表面上指向家乐福二郎店，但最终损失会“层级传递”到深圳米唐公司。

上述逻辑推理，也是实际中的常见情况，经营者大多都要求供货商提供质量保证金，如因产品质量问题被处以行政处罚或被追究民事责任，经营者大多会在货款或质量保证金中直接扣除，对行政处罚决定本身并无太大的起诉动力。如不允许其上游商家直至进口商起诉，则很可能导致想起诉的不能起诉、能起诉的不想起诉、最后无人起诉，行政行为处于无所监督的尴尬情形，最终不利于监督行政机关依法行政，亦不利于保障进口商的合法权益。

所以，在司法实践中，可考虑适度认可利害关系的“层级传递”：公民、法人或其他组织受到行政行为不利影响符合公法上的利害关系条件的，应当不限定于“第一手”，若行政行为的不利影响层层不间断传递，导致后手公民、法人或其他组织受到不利影响，在符合其他认定利害关系的条件时，仍可作为利害关系认定的重要参考标准。

四、食品进口商可就涉标签行政处罚提起诉讼

食品进出口是我国进出口贸易的重要组成部分，我国居民对进口食品需求逐年增加，2017 年我国进口食品 580 多亿美元，同比增长 25%，在这样的现实背景下和中央保护企业家合法权益的政策要求下，保障进口商的合法权益显得尤为重要。

保证进口食品的标签、质量符合食品安全法以及我国其他有关法律、行政法规的规定和食品安全国家标准的要求，是食品进口商应尽的法律义务。如果进口食品的其他经销商、销售者等因为食品标签、质量等本属于进口商义务的事项被行政机关行政处罚的，应当认定食品进口商与该行政处罚决定具有利害关系，鉴于实际情况，如果其他经销商、销售者未向人民法院起诉，食品进口商向人民法院提起行政诉讼的，人民法院应当予以支持。

（作者单位：重庆市第五中级人民法院）

实务争鸣

婚姻登记案件原告资格判定与审查标准

——从保护规范理论视角

朱晓宇

【摘要】 婚姻登记（包括结婚登记、离婚登记以及复婚登记）而引发的行政案件与传统行政案件有所不同。而引入较为成熟的保护规范理论，对于确定婚姻登记案件的原告以及审理好婚姻登记案件有其现实意义。文章在对《关于婚姻登记行政案件原告资格及判决方式有关问题的答复》剖析基础上，提出要将婚姻登记法律规范分为效力性强制性规范和管理性强制性规范，在判断婚姻登记行为法律效力时，对无效登记、可撤销登记、登记程序违法、登记程序瑕疵的判定与理解，既要兼顾传统行政法与行政诉讼法理论，更要适用婚姻法的特殊规定与婚姻登记的特殊性，应当科学地选择裁判方式，对婚姻登记行为合法性作出恰当的评价。在个案裁判时，应当根据不同当事人不同的诉讼请求、诉讼理由和诉讼主张，科学地判定原告资格、起诉期限、审查标准、审查强度，实现婚姻登记合法性、当事人意思自治与维护婚姻家庭关系稳定性之间的平衡。

【关键词】 保护规范理论　婚姻登记　原告资格　审查标准

一、问题的提出：谁有资格做原告

家庭是社会的细胞，家庭关系的和谐稳定直接影响到社会的安定。家庭是在婚姻关系基础上产生的，也是缔结婚姻的必然结果。由于文化、风俗及社会发展阶段不同，不同国家、不同历史时期缔结婚姻的方式也不相同，大致可以分为登记制、仪式制（包括世俗仪式、宗教仪式、法定仪式）、登记与仪式结合制等类型。我国《婚姻法》第八条规定："要求结婚的男女双方必须亲自到婚姻登记机关进行结婚登记。符合本法规定的，予以登记，发给结婚证。取得结婚证，即确立夫妻关系。未办理结婚登记的，应当补办登记。"因此，办理结婚登记是我国缔结婚姻的必要条件，也是婚姻关系成立的法定程序。

现代的婚姻登记制度，其存在的作用主要有以下三点：1. 信息公示。一方面可以得到社会的广泛尊重和遵守法律的影响，另一方面为社会成员在参与或构建有关法律关系时提供信息保障。2. 便于监管。保障婚姻自由、男女平等、一夫一妻等制度的实施，登记更便于管理。3. 体现国家意志，实现国家政策。比如，男 22 周岁、女 20 周岁才可缔结婚姻。① 结婚登记的性质较为复杂：既具有男女双方基于自愿原则而形成的确立夫妻关系的民事法律关系，又具有国家基于维护公序良俗需要而对符合结婚条件的申请予以登记的行政法律关系。实践中对婚姻登记的性质，有行政许可说、行政登记说、登记公示说等不同性质的认定。② 但理论研究上的分歧，并不影响"无登记，即无婚姻"这一基本共识。

缔结婚姻的实质要件是双方自愿，婚姻登记机关主要仅仅是确认身份与双方意愿，以及审查是否具有不能结婚的条件，总体上婚姻登记行为审查较为简单。但实践中因婚姻当事人故意作虚假陈述及提供虚假、伪造、他人的身份信息登记，婚姻登记机关未尽到审查义务所造成的违法登记现象，在一定范围内仍然存在。当事人请求撤销违法的婚姻登记、请求撤销、宣布结婚登记无效的纠纷的方式主要有以下两种：一是通过民事诉讼解除婚姻，二是通过向婚姻登记机关提出申请由婚姻登记机关对婚姻法律关系作出否定性评价。而后者引发的纠纷，则主要通过行政诉讼渠道来解决。此即产生了何人、以何理由、何时能向婚姻登记机关请求对已经依法登记的婚姻作出否定性评价的问题；与此相对应，对行政诉讼而言即产生了谁具有原告资格、以何种

---

① 隋婉君："对我国婚姻登记制度的思考"，载《法制博览》2016 年第 6 期。

② 参见王晨、李亚兰："从结婚登记程序瑕疵看婚姻法与行政法的竞合"，载《黑龙江社会科学》2008 年第 6 期。孙凌："婚姻登记的法律属性辨析——由《中华人民共和国婚姻法》第八条引发的思考"，载《宁夏社会科学》2010 年第 3 期。

诉讼请求和理由、在何期限内提起诉讼以及人民法院如何审查问题。

对上述问题，最高人民法院至今既未制定司法解释，也无统一的裁判观点。比如，理论界和实务界有关继承人对被继承人的婚姻登记行为是否具有原告资格的问题，存在两种截然相反的观点。《关于婚姻登记行政案件原告资格及判决方式有关问题的答复》主张：一、依据《行政诉讼法》第二十五条第二款规定，有权起诉婚姻登记行为的婚姻关系当事人死亡，其近亲属可以提起行政诉讼。二、根据《婚姻法》第八条规定，婚姻关系双方或一方当事人未亲自到婚姻登记机关进行婚姻登记，且不能证明婚姻登记系男女双方的真实意思表示，当事人对该婚姻登记不服提起诉讼的，人民法院应当依法予以撤销。但此答复，也进一步暴露出传统"利害关系理论"的缺陷和不足，该答复被批评为"动摇婚姻自由原则""威胁婚姻家庭稳定""损害债权人合法权益""影响婚姻登记秩序"，可能使婚姻登记机关沦为不诚信的当事人实现自身目的的工具，极大地影响了正常的婚姻登记秩序。[①] 对上述答复的批评意见，也引发了最高法院法官的相关背景说明，指出："浙江省高级人民法院报送请示的'郑松菊、胡奕飞诉温州乐清市民政局颁发结婚证行政争议一案'中，作为近亲属的起诉人主张的是婚姻登记行为违法，可能导致损害婚姻当事人一方的合法权益，而不是被诉的婚姻登记行为侵犯了自身的继承权，因此浙江法院承认其原告资格是成立的。"[②] 但此个案答复引发的争论，仍应从法理上予以澄清。

笔者认为，婚姻自愿的本质与婚姻登记的性质决定了对已经宣告成立的结婚登记，公权力机关并不宜过度介入；即使是存在登记瑕疵甚至违法的结婚登记，公权力机关也不宜轻率否定。由于婚姻关系的特性，法律在对婚姻关系进行调整时，就必须兼顾当事人的意愿和社会的利益，即既要尊重当事人的意愿，又要对当事人的意思自治加以适当的干预和限制。美国学者瑞特直言："法律必须有正当的理由才能对婚姻关系加以干预。"婚姻登记的目的是创设婚姻关系，在法律上是一种公权力行为，婚姻登记程序固然也是为保护婚姻当事人的利益而设定的，但有关法律规定更重视婚姻登记的实质，甚

---

① 许本海、郭喜珂："婚姻登记行政案件司法审查特殊规则之确立——以婚姻登记撤销之诉为研究对象"，载《山东审判》第33卷总第238期。

② 蔡小雪、金诚轩："对结婚登记的审查应以结婚意愿为重"，载《人民司法（案例）》2014年第12期。

至为达到实质目的而迁就婚姻登记程序。因此，婚姻登记（包括结婚登记、离婚登记以及复婚登记）而引发的行政案件的受理、审理与裁判，在原告资格标准、起诉期限以及审查思路和裁判方式上，应当确立起与传统行政案件有所区别的规则。婚姻登记行政案件的审理，必须考虑到婚姻登记行为的特殊性，以及婚姻的高度人身依附性，不轻易赋予原告资格、不轻易否定婚姻登记的有效性。这是司法介入婚姻登记，以及审理因婚姻登记而引发的行政案件时，必须秉持的基本理念。

二、保护规范理论对原告资格确定的意义

笔者主张，行政诉讼的原告资格，既与当事人所要求法院保护的权利种类有关，也与当事人的诉讼请求和诉讼理由息息相关，根据起诉人所主张的权利的不同，以及诉讼请求和理由的不同，当事人是否具有原告资格的判定，是可能完全不同的。或者说，行政诉讼原告资格与被诉行政行为是否具有"利害关系"的判定，与其主张的需要保护的权利类型以及具体诉讼请求、诉讼理由密切相关。一个论理充分的起诉状、诉讼请求与诉讼理由，可能让通常被认为没有原告资格的人，获得了起诉资格；而一份糟糕的起诉状，可能让通常认为具有"利害关系"的原告，丧失起诉资格。婚姻登记案件中的诉与诉权，极好地说明了此种现象。而此种现象存在的缘由，通过保护规范理论和婚姻登记案件，可以得到充分验证。

保护规范理论源自德国的公权理论，最早由德国法学家 Buehler 提出。其内涵包括"以行政机关作出行政行为时所依据的行政实体法和所适用的行政实体法律规范体系，是否要求行政机关考虑、尊重和保护原告诉请保护的权利或法律上的利益（以下统称权益），作为判断是否存在公法上利害关系的重要标准"。[①]"公法权利的确认，应从探求相关法律的规范意旨着手，若该法规的规范目的，除保护公共利益之外，同时兼及保护个人的利益，则受保护的个人即因该法规而享有公法上的权利"；[②]"对公权力主体课以义务的行政法规，经由解释，其目的如在于，或至少同时在于承认及保护特定个人的利益，使其得为自己而予以实现时，即存在人民的公权利；反之，行政法规

① 中华人民共和国最高人民法院（2017）最高法行申 169 号行政裁定书。
② 李建良：《行政法基本十讲》，元照出版社 2011 年版，第 198 页。

如仅为一般或特别的公共利益，设定公行政特定行为义务，人民虽因而获有利益，此一利益并非法律的目的所在，或仅偶然发生者，则为反射利益，而非公权利；唯有规范中的客观义务有个别的利益保护指向时，即它在保护公益的同时，也保护特定人的特定利益，我们才可确认，这些客观规则赋予了公民以主观权利。"[①] 从上述概念中，可以得出：保护规范理论的核心要素即为公法上的权利，而公权利的成立要件即是保护规范理论的核心内容。

虽然各国在保护规范理论的具体内容上存在差异，但在主观公权利的成立上都包含以下几个要件：（1）存在因具体行政行为而受到侵害的个人权益；（2）存在规定行政机关应当采取作为或不作为义务的公法规范；（3）该公法规范在法律目的上不完全是考虑公共利益，即至少有保护此项个人利益的目的。[②] 因此，在利用保护规范理论进行个案判断时，离不开以下三个步骤：（1）找到当事人行政争议所涉及的法律规范，即行政机关作出行政行为时所依据的行政实体法规范。（2）解释该法律规范是否属于保护规范，即探求法律规范的目的，视其在公共利益之外，是否有对个人利益考虑、尊重和保护的目的。（3）判断起诉人是否在法律保护范围之内，即被侵害的个人权益是否在法律规范目的射程之内。当以上三项条件都满足，则行政法上的利害关系第三人当然具有原告资格。

在近年最高人民法院对行政法原告资格裁判的案件中，有一些也蕴含着保护规范理论的精神。最高人民法院对保护规范理论的认可，以及通过解释法律规范的目的来判定原告资格是否存在的步骤的合理性和可行性。总之，比起单纯的"利害关系"判断标准，保护规范理论更为清晰具体，且其明确的判定步骤，具有更强的可操作性，对于实践有着重大意义。

三、婚姻登记的形式审查与登记规范对不同群体的区别保护

《婚姻法》第五条、第六条、第七条、第十条、第十一条从正、反两方面规定了婚姻成立的实质要件，第三十一条规定了离婚的实质要件。婚姻登记机关的职责范围和行政效率要求决定其无法进行真正意义上的实质性审查，

---

① 陈敏：《行政法总论》，香港神州图书出版公司 2003 年版，第 256 页。

② 马立群："论行政诉权的构成要件与审查规则——行政诉权保障的路径及发展趋势"，载《南京大学法律评论》2013 年第 1 期。

而只能进行审慎的形式审查。有人总结认为婚姻登记要把好以下十二关：一是“姓名关”；二是“婚龄关”；三是“婚姻状况关”；四是“近亲关”；五是“照片与本人对照关”；六是“双方到场关”；七是“婚姻状况证明日期关”；八是“补办登记关”；九是“登记日期关”；十是“结婚证字号关”；十一是“承办签名关”；十二是“领证人签名关”。①

从立法与以上规定来看，婚姻登记机关在办理婚姻登记时，其最主要的审查，只能是确保亲自来登记结婚的男女双方亲自确认了缔结婚姻的意愿并亲自在申请表上签名和领取结婚证，就已经尽到审查义务。相反，登记机关并不能确定男女双方是真实自愿结婚还是另有隐情，口是心非；由于无法对身份证信息和婚姻状况进行联网核实，通常也只能对当事人提供的身份信息和婚姻状况证明进行形式审查；由于取消了婚前体检程序，也无法确定是否存在不能结婚的情形。由于结婚的高度人身性，这些都是男女双方在申请缔结婚姻前，交往过程中应当忠实对方并自行确认的情形。

由此可见，现行的婚姻登记制度下的婚姻登记行为，完全是一种形式审查。存在婚姻无效、可撤销或者其他违法登记情形的，主要职责应当由婚姻当事人承担。对此，《最高人民法院关于适用〈中华人民共和国婚姻法〉若干问题的解释（一）》第七条规定，有权依据《婚姻法》第十条规定向人民法院就已办理结婚登记的婚姻申请宣告婚姻无效的主体，包括婚姻当事人及利害关系人。利害关系人包括：（一）以重婚为由申请宣告婚姻无效的，为当事人的近亲属及基层组织。（二）以未到法定婚龄为由申请宣告婚姻无效的，为未达法定婚龄者的近亲属。（三）以有禁止结婚的亲属关系为由申请宣告婚姻无效的，为当事人的近亲属。（四）以婚前患有医学上认为不应当结婚的疾病，婚后尚未治愈为由申请宣告婚姻无效的，为与患病者共同生活的近亲属。

上述规定，是婚姻登记领域特殊的法律规范，特别是对婚姻登记关系中“利害关系人”范围的规定，也为我们适用规范保护理论，提供了一个十分清晰的“规范”标准，易于理解与适用。即不同违法婚姻登记情形，对不同的当事人形成有区别的“利害关系”，因而不同的诉讼请求与理由提起的诉讼中，原告资格的判定标准就不可能完全相同，而只能依据相关法律规范来进行。

---

① 段德昌：“婚姻登记要把好‘十二关’”，载《中国民政》1995年3期。

四、规范保护理论在具体案例中的运用

【案例一】甲在已经与乙登记结婚情况下，又与丙再次登记结婚，引发对第二次登记行为无效的诉讼。

显然，此类案件中甲乙丙本身属于结婚登记的当事人，也与重婚登记具有“利害关系”，均具有提起行政诉讼要求宣告第二次婚姻登记无效的原告主体资格。其诉请理由系基于重婚不受法律保护，第二次结婚登记不具备结婚登记的实质要件，违反《婚姻法》的禁止性规定，应予确认无效或者撤销。而甲乙丙的近亲属或者所在地的村委会、居委会是否具有提起确认婚姻无效诉讼的原告资格呢？我们认为重婚本身是对公序良俗的破坏，不能完全取决于当事人之间的“自愿”，即使甲乙丙三人均认可两次婚姻，但对社会公序良俗已经造成伤害，重婚登记与当事人的近亲属与基层自治组织有着特定的“利害关系”，因而具备原告资格，有权作为原告起诉。《最高人民法院关于适用〈中华人民共和国婚姻法〉若干问题的解释（一）》第七条第（一）项规定，以重婚为由申请宣告婚姻无效的，为当事人的近亲属及基层组织，亦为利害关系人。

因此，此类案件在甲乙之间的结婚登记未依法解除前，甲丙之间的第二次结婚登记将始终处于重婚状态，属于无效行政行为，对甲丙之间结婚登记行为的起诉，不应受到起诉期限的限制。甲乙丙以及他们的近亲属、基层组织，可以随时提起确认婚姻无效诉讼。当然，在甲乙之间的结婚登记依法解除后，如甲丙之间仍有结为夫妻共同生活的愿望，仍应依法在解除重婚登记后，另行办理结婚登记。

【案例二】甲与乙登记结婚后，因存在禁止结婚的亲属关系而引发诉讼。

此类案件甲乙作为当事人显然具有原告主体资格。根据《最高人民法院关于适用〈中华人民共和国婚姻法〉若干问题的解释（一）》第七条第（三）项规定，当事人的近亲属，亦为利害关系人，亦应具有原告资格。而《行政诉讼法》第二十五条第二款规定的“近亲属”，包括配偶、父母、子女、兄弟姐妹、祖父母、外祖父母、孙子女、外孙子女和其他具有扶养、赡养关系的亲属。

由于此类结婚登记违反《婚姻法》禁止性规定，属于无效行政行为，因此也不应存在起诉期限的限制，甲乙与其近亲属可以随时提起确认无效诉讼，由于此类事由亦不存在补正或者治愈的可能性，人民法院应当确认自始无效，以彻底否定此类结婚登记。甲乙之间并不存在夫妻关系，不具有夫妻的权利义务，而只能认定为同居关系。

【案例三】甲与乙登记结婚后，因患有医学上不应当结婚的疾病而引发诉讼。

此类案件甲乙作为当事人显然具有原告主体资格。根据《最高人民法院关于适用〈中华人民共和国婚姻法〉若干问题的解释（一）》第七条第（四）项规定，与患病者共同生活的近亲属，亦为利害关系人，亦应具有原告资格。此类案件的审理应当考虑婚后的适当时间内是否已经治愈，如已经治愈了相关疾病，则不应再对结婚登记作出否定性评价。当事人及其共同生活的近亲属坚决要求解除婚姻的，应当按照离婚程序解除婚姻，而不宜彻底否定结婚登记，从而导致婚姻登记自始无效。为保障婚姻家庭关系的稳定，以及夫妻关系的高度人身依附性，《最高人民法院关于适用〈中华人民共和国婚姻法〉若干问题的解释（一）》第八条即规定，当事人依据《婚姻法》第十条规定向人民法院申请宣告婚姻无效的，申请时，法定的无效婚姻情形已经消失的，人民法院不予支持。

【案例四】甲与乙登记结婚后，因存在胁迫结婚情形而引发诉讼。

此处的胁迫应当作限缩性解释，即行为人以给另一方当事人或者其近亲属的生命、身体健康、名誉、财产等方面造成损害为要挟，迫使另一方当事人违背真实意愿结婚的情况。因受胁迫而请求撤销婚姻的，只能是受胁迫一方的婚姻关系当事人本人，而不宜包括近亲属。但是，根据《最高人民法院关于适用〈中华人民共和国行政诉讼法〉的解释》第十四条规定，公民因被限制人身自由而不能提起诉讼的，其近亲属可以依其口头或者书面委托以该公民的名义提起诉讼。近亲属起诉时无法与被限制人身自由的公民取得联系，近亲属可以先行起诉，并在诉讼中补充提交委托证明。而此类案件审理的起诉期限，也应当有所不同。根据《婚姻法》第十一条的规定，因胁迫结婚的，受胁迫的一方可以向婚姻登记机关或人民法院请求撤销该婚姻。受胁迫的一方撤销婚姻的请求，应当自结婚登记之日起一年内提出。被非法限制人身自由的当事人请求撤销婚姻的，应当自恢复人身自由之日起一年内提出。

此种时限的规定，充分体现了立法机关对婚姻家庭关系稳定性的特殊保护以及对婚姻登记自愿原则的充分尊重。

【案例五】甲与乙登记结婚后，因未达法定婚龄诉请撤销婚姻登记引发诉讼。

此类案件甲乙作为当事人显然具有原告主体资格。根据《最高人民法院关于适用〈中华人民共和国婚姻法〉若干问题的解释（一）》第七条第（二）项规定，以未到法定婚龄为由申请宣告婚姻无效的，为未达法定婚龄者的近亲属，亦为利害关系人。因此甲乙的近亲属同样具有原告资格。实践中，当事人提起诉讼时，必须能提供初步成立的证据以证明男方登记结婚时小于22周岁，女方登记结婚时小于20周岁。此种诉讼的可撤销性，原则上只能是在起诉时双方或者单方仍小于法定婚龄。如果起诉时双方均已经达到或者超过法定婚龄，结婚登记的违反婚龄的违法情形，已经“自愈”，并无再予以纠正的必要，人民法院不应支持请求确认结婚登记无效的诉讼请求。从诉讼经济角度来看，人民法院对明显已经超过法定婚龄的起诉，以及婚龄到达日与起诉之间已经超过一年以上的起诉，可以直接裁定驳回。

【案例六】甲与乙登记结婚后，因结婚登记程序违法引发诉讼。

实践中，主要争议是当事人一方或者双方均未亲自到登记现场，相关签名全部或者部分非本人签署。我们认为，此类问题较为复杂，应当区别对待。甲乙双方显然均具有原告资格，可以请求法院以登记程序违法为由撤销婚姻登记。而法院在审理中，应当考虑当事人一方或者双方虽然未到场或者未签名确认，但结婚登记并以夫妻名义共同生活是否是其真实意思表示，如双方确有缔结婚姻的共同意思表示，且知晓结婚登记，也知晓领取结婚证这样的事实，并且在事后又以夫妻名义共同生活，则结婚登记中的程序违法情形，不应成为主张撤销婚姻登记甚至婚姻登记无效的事由。即使结婚登记存在明显程序违法之处，法院也不宜作出撤销结婚登记的判决，而只宜作出确认结婚登记违法的判决，以保护结婚登记的效力，维护公序良俗。甲乙双方不愿意以夫妻身份共同生活的，应当选择通过离婚程序解除婚姻，而不宜从源头上否定结婚登记。对此类的起诉，亦应严格遵循行政诉讼法有关起诉期限的规定，婚姻当事人只能自知道或者应当知道婚姻登记之日起一年内提起诉讼。超过一年起诉期限的，应当裁定驳回起诉。

【案例七】甲与乙登记结婚，一方死亡，死亡一方的近亲属以结婚登记

程序违法侵犯其继承权为由引发诉讼。

此类案件中最为知名的即为《关于婚姻登记行政案件原告资格及判决方式有关问题的答复》所涉及的案件中，胡某与张某共同创业积累了上亿元资产，在胡某之母郑某的同意下，在胡母家中为二人主持举行了订婚仪式。后二人开具相关证明材料，亲自到婚姻登记机关办理结婚登记，由于材料不全当天未能办理成功，后来由于特殊原因，二人无法亲自到场办理，就由胡某的堂兄代办了结婚登记，为二人领取了结婚证。二人婚后育有一女。后胡某病逝，婆婆郑某和儿媳张某在遗产分割问题上出现分歧，郑某遂提起行政诉讼，要求撤销乐清市民政局给胡某、张某颁发的结婚证。

我们认为，从保护规范理论的角度来审视，本案的郑某并不具备原告资格。近亲属是“代替”死亡的婚姻当事人一方行使诉权，而非因婚姻当事人的死亡而当然地获得了诉权。即近亲属只能为维护死亡婚姻当事人的合法权益而提起诉讼，不能为维护自身合法权益提起行政诉讼。上述案例中，郑某以自己的继承权受到了结婚登记行为的侵害而以自己的名义提起行政诉讼，而非为维护儿子胡某的合法权益提起行政诉讼，故不应当赋予其提起本案诉讼的原告资格。郑某对遗产不享有值得公法保护的期待利益，郑某作为近亲属也非婚姻法在办理结婚时需要考虑的主体，郑某对胡某的遗产继承权，也非婚姻登记机关在办理结婚登记时，需要考虑或者保护的“权益”。换言之，郑某在本案中主张的财产继承权，并不是婚姻法保护的“对象”，也非结婚登记时必须保护的“合法权益”。

婚姻登记是国家对以社会性为根本属性的婚姻行为和婚姻关系进行监管，对符合《婚姻法》规定的结婚能力和结婚条件的申请者准予登记，其目的是避免出现当事人意思表示不自由、法定无效婚姻等情形，婚姻登记的行政法律规范主要意在维护合法正常的民事婚姻秩序，第三人的财产权益并不是民政部门在颁发《结婚证》时应当考虑的事项。继承方面的期待利益与合同法的期待利益相似，是利益人对未来利益的现实期待，期待获得自己在被继承人死亡后按照遗嘱或者法定继承顺序继承的财产利益。在被继承死亡之前，继承主体、继承范围均处于未知状态，婚姻登记部门不可能也无须在结婚登记时予以考虑和保护。因此，在夫妻一方死亡后，死者的近亲属提起婚姻登记撤销之诉，必须具备特殊条件。因此，甚至有观点主张对近亲属的诉权进行双重限制：一是近亲属必须以婚姻登记侵犯死者合法权益为由提起诉讼；

二是死者近亲属起诉时应提交证据证明死者生前有起诉意愿。[①]

【案例八】甲与乙登记结婚，一方死亡，死亡一方的近亲属以结婚登记程序违法侵犯死者婚姻自由权和名誉权为由引发诉讼。

“真理只要向前一步，哪怕是一小步，就会成为谬误”。在【案例七】中，我们从保护规范理论角度，否定了近亲属可以以主张财产继承权为由取得原告资格。但是，如果近亲属在起诉时，不主张遗产继承权，而主张死者不知晓也不可能知晓结婚登记，结婚登记并非其真实意愿，因此结婚登记侵犯其婚姻自主权和名誉权，那么这样的诉和诉由，法院是否应当承认近亲属的原告资格呢？受理后又应当如何审理？如何确定争议焦点并审理呢？

甲丙长期定居美国，系华侨，丙系甲的女儿，甲在短暂回国处理事务期间认识乙并同居。不久，甲在返美后突遇车祸死亡。后乙以双方已经登记结婚为由，主张对甲的财产享有继承权引发纠纷，并提供了由省级民政厅颁发的双方结婚证。丙因此提起诉讼请求撤销甲乙的结婚登记，其诉讼理由如下：甲从未在任何场合承认过结婚登记；结婚证上载明的登记日期明显不成立，出入境机关提供的出入境记录能够证明当时甲尚在美国，不可能亲自到省民政厅办理现场登记。相关签名也非甲亲笔签字。因此，结婚登记侵犯了甲的婚姻自主权和名誉权，《最高人民法院关于确定民事侵权精神损害赔偿责任若干问题的解释》第三条进一步规定了死者近亲属因死者名誉、荣誉等人格权利受侵害而遭受精神痛苦时诉请精神损害赔偿的权利。丙作为甲的近亲属，可以以自己的名义提起诉讼。

我们认为，虽然【案例七】与【案例八】当事人诉讼请求相同，但是，由于当事人诉讼主张与诉讼理由不同，而且【案例八】中有相应证据否定、动摇了甲是否亲自到场以及婚姻登记是否其本人真实意愿，而自愿又是结婚登记的实质要件，也是婚姻登记机关在办理婚姻登记时必须予以确定的事项，“婚姻自主权”更是婚姻法首要保护的“权益”，“姓名权”也是婚姻法明确规定、婚姻登记机关重点审查的内容，因此，丙作为死者近亲属，有权以自己的名义提起诉讼。当然，法院在受理后，如果民政厅与乙有证据证明甲乙具有确立夫妻关系共同生活的意思表示，即使签名和登记日期有误，也可能

---

① 樊非、刘兴旺、刘佳佳：“婚姻登记行政诉讼司法审查研究——以婚姻法与行政法竞合为视角”，载《法律适用》2011年第4期。

会认可婚姻登记的效力。但显然，由于举证责任的不同，民政厅和乙极有可能会在婚姻登记案件中败诉，从而造成结婚登记的违法，和婚姻关系的不成立。

【案例九】甲与乙登记结婚后，因盗用他人身份引发诉讼。具体分为虚名登记、冒名登记与借名登记。[①]

司法实践中，由于婚姻登记机关在户口簿、身份证无法做到联网识别，且在核对身份证照片与到现场的本人一致性上存在误差，极少数当事人利用此种漏洞，以伪造身份证、户口簿、身份证明等证件，甚至直接冒用他人的身份信息等诸多违法渠道办理结婚登记。具体可分为虚名登记、冒名登记、借名登记三大类型。虚名登记，是指当事人使用伪造的、客观上不存在身份信息与他人进行结婚登记。冒名登记是指因婚姻一方当事人欠缺结婚登记的必要条件，如因未到法定婚龄、自己没有户籍而在第三人完全不知情情况下，冒用满足结婚登记条件的第三人的身份进行登记。借名登记是指符合结婚条件的第三人将自己的身份证件借与他人从而完成婚姻登记。[②]

对于虚名登记而言，由于身份信息完全是虚假的，直接造成现场申请登记人、结婚证载明的当事人“名实不符”，结婚登记完全不符合结婚自愿这一原则，且构成重大明显违法，结婚登记属于无效行政行为范畴。因此，结婚证持有人（而非载明的结婚双方）可随时请求撤销婚姻登记，宣布结婚登记无效，当事人之间夫妻关系自始不成立。如实际生活的双方当事人仍愿意自愿结婚的，应当另行使用真实身份办理结婚登记，以维护婚姻登记秩序。

对于冒名登记而言，由于结婚证“名实不符”，结婚也非被“冒名”人真实愿意，因此婚姻关系对于被“冒名”人不产生效力，但由于使用的被“冒名”人身份证件，侵犯被“冒名”人身份权、姓名权、名誉权以及婚姻自主权，因此被“冒名”人可以以原告身份起诉，且无起诉期限限制，法院应当认为结婚登记构成重大明显违法，宣布结婚登记无效，与被“冒名”人

---

① 此类案件实践中较多，且原因复杂，个案差异较大。较为详细的总结参见丁颖：“论虚假名义婚姻登记的法律救济”，浙江大学 2016 年硕士学位论文。

② 某地发生过一起真实案例，弟弟当年因未达结婚年龄，持哥哥身份证办理了结婚登记；几年后哥哥准备结婚，户口本上的婚姻状态却是已婚，最后哥哥只能持弟弟的身份证办理结婚登记，致使四个人的法律关系造成了荒唐的错位。2013 年，兄嫂欲协议离婚，却被告知两人不属于法律上的夫妻关系，不能登记离婚。

之间夫妻关系自始不成立。如实际生活的双方当事人仍愿意自愿结婚的，应当另行使用本人真实身份证件，参考《最高人民法院关于适用〈中华人民共和国婚姻法〉若干问题的解释（一）》第五条第（二）项有关“1994 年 2 月 1 日民政部《婚姻登记管理条例》公布实施以后，男女双方符合结婚实质要件的，人民法院应当告知其在案件受理前补办结婚登记；未补办结婚登记的，按解除同居关系处理”的规定，补办结婚登记。已补办结婚登记的，婚姻关系自第一次登记时即告成立。

对于借名登记而言，虽然被“借名”人明知他人借用自己身份信息办理结婚登记，但由于婚姻自主性，被“借名”人仅有“结婚之名”而无“结婚之实”，因此，婚姻登记关系对被“借名”人并不生效。被“借名”人可以以原告身份起诉，且无起诉期限限制，法院应当认为结婚登记构成重大明显违法，宣布结婚登记无效，与被“借名”人之间夫妻关系自始不成立。如实际生活的双方当事人仍自愿结婚的，应当另行使用本人真实身份证件，参考《最高人民法院关于适用〈中华人民共和国婚姻法〉若干问题的解释（一）》第五条第（二）项有关“1994 年 2 月 1 日民政部《婚姻登记管理条例》公布实施以后，男女双方符合结婚实质要件的，人民法院应当告知其在案件受理前补办结婚登记；未补办结婚登记的，按解除同居关系处理”规定，补办结婚登记。已补办结婚登记的，婚姻关系自第一次登记时即告成立。

【案例十】甲与乙诉讼离婚后，以结婚证丢失为由向原婚姻登记机关申请补办结婚证，又以补办的婚姻登记无效为由引发诉讼。

一种意见认为，《婚姻登记条例》第十七条规定，结婚证、离婚证遗失或者损毁的，当事人可以持户口簿、身份证向原办理婚姻登记的机关或者一方当事人常住户口所在地的婚姻登记机关申请补领。婚姻登记机关对当事人的婚姻登记档案进行查证，确认属实的，应当为当事人补发结婚证、离婚证。《婚姻法》第三十五条规定，离婚后，男女双方自愿恢复夫妻关系的，必须到婚姻登记机关进行复婚登记。故补办结婚证与复婚登记性质不同。当事人婚姻关系经人民法院的调解书依法解除后，原结婚证自然随之失去法律效力，即使补办结婚证，当事人双方也不存在婚姻关系。

笔者认为，婚姻登记是行政确认行为，婚姻登记机关只是通过依法对当事人行使婚姻自由权合法性的审查，对其婚姻关系予以确认。申请补领结婚证的前提条件是，当事人依法登记结婚后一直维持婚姻关系。本案例中甲乙申请补领结婚证是在解除婚姻关系之后，应视为重新确立婚姻关系的合意。婚姻登记机关作出的婚姻登记行为是对当事人婚姻关系的新的行政确认。虽从形式上看，婚姻登记机关为当事人补领结婚证，实则补领结婚证产生复婚登记的法律效果，但该婚姻关系的起算点应从补领结婚证时起算，即自法院调解或判决离婚至补领结婚证之日期间的婚姻关系应认定无效。

五、结论

总之，由于婚姻登记既体现了民事意思自治，又体现了国家对婚姻的认可，婚姻登记的审查原则上以程序审查为主、实质性审查为辅，因此法院在审理以婚姻登记引发的行政案件中，必须统筹适用刑法、民事和行政法，兼顾刑事、民事和行政诉讼的特点和不同的审查标准。在对婚姻登记行为，尤其是结婚登记的合法性审查时，要构建区别于普通行政案件的审理理念。要将婚姻登记法律规范分为效力性强制性规范和管理性强制性规范，并区别不同的违法后果。在判断婚姻登记行为法律效力时，对无效登记、可撤销登记、登记程序违法、登记程序瑕疵的判定与理解，既要兼顾传统行政法与行政诉讼法理论，更要适用婚姻法的特殊规定与婚姻登记的特殊性，应当科学地选择裁判方式，对婚姻登记行为合法性作出恰当的评价。在个案裁判时，应当根据不同当事人不同的诉讼请求、诉讼理由和诉讼主张，科学地判定原告资格、起诉期限、审查标准、审查强度，实现婚姻登记合法性、当事人意思自治与维护婚姻家庭关系稳定性之间的平衡。当然，婚姻登记机关亦应在一定程度上加强自我审查纠错职能，以维护婚姻管理秩序的依法运行和健康发展。

（作者单位：辽宁省大连市沙河口区人民法院）

结婚登记行为的司法审查研究

——兼论行政诉讼一并解决民事争议的适用

刘韦唯

【摘要】婚姻源自婚意，缔结法律婚姻关系应办理结婚登记。民政局作出的结婚登记行为是一项行政确认行为，不具有设权效力。婚姻关系与结婚登记行为关系属于不同的法律关系，分别由民法和行政法所调整，有争议时应适用不同的诉讼法规则。不能通过诉结婚登记行为合法性，达到否定婚姻关系效力之目的；只有优先解决婚姻关系效力，人民法院才能对结婚登记行为合法性作出正当的评价。在行政诉讼与民事诉讼交叉时，若被诉行政行为合法性审理需要以基础民事争议解决为前提，应当以行政诉讼附带民事诉讼一并解决基础民事争议的审理模式为原则。经人民法院释明后当事人仍坚持不一并审理或另行提起民事诉讼的，人民法院可结合案件实际情况，分别采取全面不予审理主义、不审理民事争议主义以及有限审理民事争议主义等审理模式，审理行政争议。

【关键词】婚姻　结婚登记　行政诉讼附带民事诉讼

诉结婚登记行政行为，是较为典型的行政诉讼与民事诉讼交叉案件。《婚姻法》第八条规定，缔结婚姻关系的男女应亲自前往婚姻登记机关办理结婚登记，登记领证时夫妻关系宣告确立。根据《婚姻登记条例》第二条规定，我国婚姻登记机关为地方人民政府的民政管理部门，结婚登记是一项具体行政行为，对当事人的人身、财产权益产生实质性影响。故结婚登记行政行为，属于《行政诉讼法》第十二条第一款第（十二）项规定的行政诉讼受案范围。若结婚登记行为相对人及利害关系人，对确认婚姻关系的结婚登记行为不服，向人民法院提起行政诉讼请求确认登记行为无效或者撤销登记行为，是否意味着婚姻关系亦随之被宣告无效或撤销。关于这个问题，尚欠缺统一认识，实践做法与理论观点存在较大争议。

一、婚姻成立与结婚登记

婚姻的成立源自当事人的婚意，经由结婚登记获得国家的承认与保护。结婚登记是一项行政确认行为，不具有创设、变更婚姻关系的效力；亦是一项羁束性行政行为，婚姻登记机关不具有行政裁量权。

（一）婚意是婚姻成立的本质

婚意是缔结婚姻关系身份法律行为的效力意思表示，是男女成立婚姻关系并以夫妻身份共同生活的本质。民事主体的身份法律关系的设立、变更和终止，依据身份意思表示的内容，经由身份法律行为的作出而发生。依据《宪法》第四十九条第四款、《民法总则》第一百一十条第一款以及《婚姻法》第二条第一款的规定，婚姻自由是我国公民的一项基本权利。婚姻家庭法奉行着婚姻自由原则，即婚姻当事人有权根据法律的规定，自主自愿地决定自己的婚姻问题，不受任何人的强制和非法干涉。[①] 因而婚姻的成立是双方当事人合意的结果，双方当事人就建立婚姻关系达成合意是婚姻成立的必要条件。[②] 这正是私法意思自治原则，在婚姻关系中的重要体现。亦如法国民法典第146条“无合意，无婚姻”的经典立法论述，[③] 婚姻的成立源于以确认婚姻关系为目的之合意，即当事人的婚意。学理上关于“合意”的理解众多；主要观点认为，合意是经由解释所确定的“表示内容的一致”，而非内心意思的一致。[④] 对缔结婚姻关系而言，要求男女双方必须作出外界知晓，客观存在的身份行为效力意思表示。婚意是否为真实意思表示，属于婚姻关系效力的评价问题，不影响婚姻关系的成立。若无婚意则婚姻关系不存在，男女双方形成的是其他身份关系或事实，如同居、姘居或通奸等。若婚意并非真实意思表示，已确定成立的婚姻关系欠缺效力性要件。例如，《婚姻法》第十一条规定，一方采取胁迫手段迫使另一方违背真实意愿结婚，受胁迫方

---

① 王洪：《婚姻家庭法》，法律出版社2003年版，第24页。

② 余延满：“论婚姻的成立”，载《法学评论》2005年第5期。

③ 有学者将该条译为“没有合意，不成婚姻”。见罗结珍译：《法国民法典》，北京大学出版社2010年版，第53页。

④ 崔建远：《合同法》，法律出版社1998年版，第62页。

可申请撤销婚姻关系；即婚姻关系已经成立确认后，因当事人不具备真实婚意，婚姻关系欠缺效力要件，婚姻效力存有瑕疵，属于可撤销婚姻的原因。①

对于缔结法律婚姻关系，现代各国婚姻法普遍规定一种法定的方式，让当事人婚意能够对外表示并得到社会的承认，使婚姻关系获得国家法律的保护。学理上将此称为缔结法律婚姻的法定形式。

（二）结婚登记是缔结法律婚姻的法定形式

当事人前往婚姻登记机关办理结婚登记，本质是依据法律规定，履行缔结法律婚姻关系的法定形式。婚姻是家庭的基础，家庭是社会的细胞。夫妻、亲子等相互之间的关系，伦理的色彩特别浓厚，亲属法之规定，须以合于伦理的规范为适宜，而且有其必要。② 从而使得亲属法被涂上了浓重的伦理色彩，具有鲜明的伦理性。③ 家庭婚姻法作为亲属法核心，其规范紧密联系着社会伦理、公共秩序及善良风俗等公益性原则。是此，家庭婚姻法的规范多属于强制性规定，当事人必须予以遵守。基于维系婚姻关系法律效力之目的，现代各国婚姻立法一般均规定了缔结法律婚姻关系的仪式或形式，并以此为标准，将婚姻关系区分为事实婚姻与法律婚姻。法律婚姻亦因此被称为形式婚姻。诚然，将办理结婚登记解释为婚姻关系生效要件或婚姻关系成立的特殊要件均不为过。值得注意的是，因各个国家、地区和民族的文化传统、风气习俗或宗教信仰不同，结婚的仪式或形式也就有所差异。婚姻形式有登记制、仪式制或登记仪式结合制；婚姻仪式又分为宗教仪式、世俗仪式和法律仪式等。例如，我国台湾地区规定，结婚的法定形式为证婚人签字见证并办理结婚登记。④ 德国民法规定，缔结婚姻的法定形式为在户籍官员面前表示婚意。⑤ 法国民法规定，结婚应在户籍官员前办理结婚手续，举行民事婚姻

---

① 关于婚姻的可撤销事由问题，我国《婚姻法》第十一条只规定了胁迫导致的非真实婚意为婚姻的可撤销事由；但有部分学者认为规定过于狭窄，应借鉴其他国家、地区的成功立法经验，将重大误解、欺诈等原因列为婚姻的可撤销事由。

② 史尚宽：《亲属法论》，荣泰印书馆 1980 年版，第 4～5 页。

③ 马俊驹、余延满：《民法原论》，法律出版社 2010 年版，第 777 页。

④ 我国台湾地区“民法”第 982 条规定，结婚应以书面为之，有二人以上证人签名，并应由双方当事人向户籍机关为结婚之登记。值得注意的是，“民法”第 982 条规定在 1996 年修改前，采取的是“仪式婚主义”，但因该主义公示效果薄弱，容易衍生重婚等问题，且公开仪式之认定常有争执，进而影响婚姻法律效力，故改采“登记主义”。见陈忠物主编：《民法》，新学林出版股份有限公司 2013 年版，第 6 页。

⑤ 德国民法典第 1310 条第 1 款规定：“婚姻唯有通过结婚当事人双方在户籍官员面前表示愿意相互缔结婚姻，始为缔结。”陈卫佐译：《德国民法典》，法律出版社 2010 年版，第 418 页。

仪式，而且要予以公告。[①] 根据《婚姻法》第八条规定，我国法律婚姻的法定形式为办理结婚登记。以结婚登记作为我国结婚的法定程序，其意义在于，为了保障婚姻自由、一夫一妻、男女平等的婚姻制度的实施，保护婚姻当事人的合法权益，依法处理违法的婚姻行为。[②] 综上所述，自当事人在婚姻登记机关办理结婚登记并领取结婚证之时，意味着他们的婚姻关系得到了国家法律的承认、尊重与保护，神圣不可侵犯。

此外，需要我们注意的是，根据《婚姻登记条例》第二条第一款规定，我国婚姻登记机关是地方人民政府的民政管理部门。在行政法学理上，地方民政部门作出的结婚登记行为是一项对婚姻关系予以确认的行政确认行为。当前，在我国婚姻法不承认事实婚姻的前提下，缔结婚姻关系唯一方法便是办理结婚登记。[③] 正是如此，家庭婚姻法与行政行为法的理论在此形成了交汇，"法定结婚仪式"与"婚姻关系行政确认行为"的"物化"表现形式均为"结婚登记"。在逻辑上构成了一个"三位一体"的公式，即法定结婚仪式 = 婚姻确认行为 = 结婚登记。若作为"物化"形式的结婚登记被确认无效或者撤销，亦意味着法定结婚仪式与婚姻确认行为自始不具有法律效力，当事人所缔结的婚姻关系亦因此自始无效。

（三）结婚登记行为是一项行政确认行为

结婚登记行为既是一项确认婚姻关系的行政确认行为，也是一项羁束性行政行为；既没有行政赋权或确权的效力，也不具有行政裁量权。这是政府对户籍管理的需要，也是法律对婚姻关系予以保护的需要。行政确认行为系指行政主体对既存的法律事实和法律关系进行审查、认定并宣示其法律效力的行政行为；[④] 最为主要的法律特征，是被确认事实的既存性、被确认效力的非处分性及对确认内容的宣示性等。民事法律关系遵从私法自治原则，正如卢梭在《社会契约论》中所言"人是生而自由的，却无不在枷锁之中"，

---

① 法国民法典第63条第1款规定："在举行结婚仪式之前，户籍官员于市镇政府门前张贴一份告示。该告示写明拟结婚的夫妇双方的姓名、职业、住所和居所以及举行结婚仪式的地点。"罗结珍译：《法国民法典》，北京大学出版社2010年版，第35页。

② 王洪：《婚姻家庭法》，法律出版社2003年版，第82页。

③ 关于我国事实婚姻的问题，目前我国仅承认1994年2月1日前形成的事实婚姻，之后的结婚必须办理结婚登记，否则按同居关系予以处理。见《最高人民法院关于适用〈中华人民共和国婚姻法〉若干问题的解释（一）》第五条的规定。

④ 胡建淼：《行政法学》，法律出版社2015年版，第384页。

私主体的意思自治不能逾越权利的界限。传统民法理论奉行诚实信用、公共秩序与禁止权利滥用等原则，旨在限制私法自治的无度；为我国民事立法吸收。例如，《民法总则》第七条、第八条规定，从事民事活动应遵守诚实信用及法公序良俗等基本原则。[①] 从公共行政管理角度而言，基于社会秩序及公共利益维系之必须，行政管理必定会对民事活动予以选择性介入，限制权利滥用并引导民事活动在社会所允许的价值范畴内行使。行政确认行为正是行政管理介入私权领域的重要载体之一，通过公权力对既存的民事法律事实、民事法律行为效力以及民事权利义务内容等予以审查、认定及宣示，从而赋予被确认的民事法律关系证据效力和对抗效力，保护民事主体的合法权益。维系公共秩序、家庭伦理、交易安全及第三人利益，等等。

应注意，结婚登记行为不具有赋权或确权效力。从《婚姻法》第八条“要求结婚的男女双方必须亲自到婚姻登记机关进行结婚登记。符合本法规定的，予以登记，发给结婚证。取得结婚证，即确立夫妻关系。未办理结婚登记的，应当补办登记”的文意来看，地方民政部门作出结婚登记之时，当事人始形成夫妻上的权利义务关系。因此，登记行为极易被理解为具有行政赋权或确权效力，但事实上却并非如此。第一，婚姻关系是涉及民事主体人身关系与财产关系的民事法律关系，它源自当事人的婚意而创设。我国《宪法》《民法总则》及《婚姻法》均已经明确规定婚姻自由是一项公民的基本权利，公民可以自主地决定结婚或者不结婚，这并非民政部门登记行为能够决定的。第二，结婚登记只是缔结法律婚姻关系的法定形式。男女双方通过向地方民政部门申请结婚登记的方式，向社会公布其婚意以期婚姻关系获得国家法律的承认、尊重与保护及社会的认可。地方民政部门的承担的行政职责，只是对当事人行使婚姻自由权的合法性及其结果进行审查确认，并以登记颁证的形式予以“物化”而已。第三，结婚登记行为是行政法的概念，登记行为的效力问题由行政法所调整；婚姻关系属于民法概念，缔结婚姻关系的身份行为效力或者说婚姻关系效力的评价系民法调整的对象。换言之，婚

① 我国学者对实证法中是否明文规定禁止权利滥用原则存有争议。有学者认为《宪法》第五十一条的规定可以作为禁止权利滥用原则的规范基础。见梁慧星：《民法总论》，法律出版社 2011 年版，第 273 页。魏振瀛主编：《民法》，北京大学出版社、高等教育出版社 2013 年版，第 25 页。也有学者认为《民法通则》第六条、第七条已经贯彻蕴含了禁止权利滥用的立法思想。见佟柔主编：《中国民法学 · 民法总则》，中国人民公安大学出版社 1990 年版，第 76 页。

姻关系效力与结婚登记行为效力是两个不同的法律概念，产生的法律效力不同，并由不同的部门法所调整，必然适用于不同的诉讼程序。

二、婚姻关系效力与结婚登记行为效力

人民法院在审理结婚登记行为合法性之时，应严格区分婚姻关系效力与结婚登记行为效力、婚姻关系效力之诉与结婚登记行为效力之诉的关系。

（一）结婚登记行为适用行政行为监督制度

结婚登记是由地方民政管理部门作出的具体行政行为，依法适用行政行为监督制度。根据《婚姻法》第八条及《婚姻登记条例》第二条第一款规定，我国缔结法律婚姻的法定形式，已“物化”为地方民政局的结婚登记行政行为。依据行政监督原理，“任何公权力行为都要受到监督，这是法治精神的体现和要求”，[①] 结婚登记亦不例外。根据《行政复议法》第二条，《行政诉讼法》第二条、第十二条第一款第（十二）项以及《最高人民法院关于适用〈中华人民共和国婚姻法〉若干问题的解释（三）》第一条第二款的规定，若行政相对人或利害关系人认为，民政部门作出的结婚登记行为侵犯其合法权益或存在程序性瑕疵，可以向有权机关申请复议或向人民法院提起行政诉讼。值得注意的是，虽然我国尚无统一的行政自纠程序法，[②] 但是依据违法行政行为自纠原则，若民政部门认为本机关作出的结婚登记行为确实存在效力瑕疵，可以援引行政自纠程序自行矫正或补救。自纠行为没有时间限制。

结婚登记行政行为被诉时，人民法院的行政审理活动应当围绕登记行为的合法性进行。根据《行政诉讼法》第六条规定，人民法院审理的对象，是行政行为的合法性。故行政诉讼的所有活动，都应紧紧围绕着被诉行政行为的合法性展开。除此之外，基于对登记行为的监督，衍生出的第二性法律关系，即行政复议与行政自纠等监督性行政行为被诉时，亦是围绕着第一性法律关系，即结婚登记行为的合法性而展开。因此人民法院在审理结婚登记行

---

① 胡建淼：《行政法学》，法律出版社 2015 年版，第 737 页。

② 违法行政行为行政自纠的规定，散见于我国行政单行法与地方规章之中。例如，《行政许可法》第六十九条规定，行政机关有权自行撤销确有瑕疵的行政许可；《行政处罚法》第五十五条规定，行政机关发现行政处罚确有错误的应主动予以纠正；《行政强制法》第六十一条规定，行政主体有权对违法实施行政强制行为予以改正；《广西壮族自治区行政持法程序规定》第七十一条规定，行政持法机关发现持法行为有错误的，应当主动改正。

政案件时，应依照《行政诉讼法》第六十三条第一款的规定，以法律和行政法规、地方性法规为依据，对被诉结婚登记行政行为的合法性予以审查。

（二）缔结婚姻的效力性规范与管理性规范

审理结婚登记行为时，应当注意区分婚姻法中关于缔结婚姻关系身份行为的效力性规范与管理性规范。依据《民法总则》第一百五十四条第一款的原理，民法中的强制性规定可分为效力性规范与管理性规范。效力性规范系指法律、法规对行为模式作出了禁止性规定，违反的民事法律行为欠缺效力性要件，可宣告无效或撤销。管理性规范，是指基于管理的需要对行为模式作出了强制性规定，但违反该规定并不会导致民事法律行为欠缺效力性要件。缔结婚姻关系身份行为同样适用这一原理。我国民法理论未对禁止性规范与强制性规范作出准确区分，导致司法实践中规范适用错误。① 诚然，学界对于民法的效力性规范与管理性规范的界限划分，未形成统一论断。但是笔者认为，结合家庭婚姻法的家庭伦理性公序良俗原则以及《婚姻法》的规定，缔结婚姻关系身份行为的效力性规范与管理性规范的界限较为清晰。

首先，关于效力性规范的问题。《婚姻法》第二条婚意自由、一夫一妻，第五条异性男女，第六条法定婚龄，第七条禁姻亲、禁特定疾病及第八条办理结婚登记等规定，均属于效力性规范。依据《婚姻法》第十条、第十一条与《最高人民法院关于适用〈中华人民共和国婚姻法〉若干问题的解释（一）》（以下简称《婚姻法司法解释一》）第七条、第八条的规定，违反前述效力性规范，将导致婚姻关系身份行为欠缺效力性要件，可诉至人民法院宣告无效或撤销。其次，关于管理性规范的问题。《婚姻法》第八条中规定关于当事人必须亲自到婚姻机关办理登记手续的规定，属于管理性规范。其法理是要求当事人亲自对外作出婚意表示，并且禁止委托办理结婚登记和禁止缔结婚姻身份行为代理。但是婚姻法、行政法规及司法解释中，并未明文规定违反前述规定将导致身份行为存在效力问题。最高人民法院的《关于婚姻登记行政案件原告资格及判决方式有关问题的答复》中亦明确指出："婚姻关系双方或一方当事人未亲自到婚姻登记机关进行婚姻登记，且不能证明婚姻登记系男女双方的真实意思表示，当事人对该婚姻登记不服提起诉讼的，

---

① 许中缘："禁止性规范对民事法律行为效力的影响"，载《法学》2010年第5期。

人民法院应当依法予以撤销。”该答复亦体现了“亲自到婚姻登记机关办理婚姻登记”只是管理性规范，导致结婚登记可撤销的根本原因是欠缺当事人的婚意表示。但是该答复也有值得商榷的地方。因为当事人婚意并非真实意思表示，只会导致已经成立的婚姻关系欠缺效力性要件，不表示婚姻关系当然无效。毕竟，民事诉讼贯彻不诉不理原则。依据《婚姻法》第十二条规定，当事人唯有诉至人民法院，经司法裁判宣告婚姻无效或撤销之后，婚姻关系才自始无效。而该答复却将婚意是否真实，视作结婚登记行为的效力性要件，并将其纳入了行政诉讼的审查范畴。进而允许人民法院通过行政诉讼，以撤销结婚登记的方式否定婚姻关系的效力。在司法实务上，混淆了婚姻关系效力与结婚登记行为效力，确有不妥。

（三）婚姻关系效力与结婚登记行为效力的区分

婚姻关系效力问题属于民事问题，人民法院在审理婚姻关系案件时，应当适用民事诉讼程序。婚姻有效，是指成立的婚姻关系符合法定的有效要件，法律予以承认并赋予其法律效力。婚姻无效，是指已成立的婚姻因违反法定的公益性要件，自始不产生法律效力；是已经具备婚姻形式，但欠缺效力性要件或违反禁止性要件的法律后果，能够预防和制裁违法婚姻。依据《婚姻法》第十条规定，婚姻无效的情形仅限于重婚、禁姻亲的亲属、婚前患有医学上认为不应当结婚的疾病且婚后尚未治愈以及未达到法定婚龄四种情形。《婚姻法司法解释一》第七条、第八条及第九条第一款，对申请宣告婚姻无效的主体范围、法院审理无效婚姻案件的适用程序、婚姻无效的阻却事由等问题均作出了具体的规定。同时《婚姻法》第十一条规定，婚姻可撤销的唯一法定事由是胁迫结婚。《婚姻法司法解释一》第十条与第十一条对胁迫的内容、申请撤销的主体以及法院的审理程序亦作出了具体规定。

结婚登记行为效力问题是行政行为合法性的评判问题，属于行政诉讼的受案范围，而非民事案件的审查范围。结婚登记行为存在瑕疵，确认无效与撤销登记行为均是行政法学上的概念，受行政法的调整。根据《行政诉讼法》第七十五条规定，地方民政部门作出的结婚登记行为具有重大且明显违法情形的，行为相对人及利害关系人可向人民法院提起行政诉讼，请求确认登记行为无效。《行政诉讼法》第七十条规定，结婚登记事实所依据的证据材料不足、违反法定的登记程序、履行职权行为不当、登记的事项内容有误的，行为相对人及利害关系人可向人民法院提起行政诉讼，请求撤销结婚登记并可以责令民政部门重做登记。

前述可见，婚姻关系效力与结婚登记行为效力属于两种不同性质的问题，不能因为我国法律将法定结婚仪式与婚姻关系确认行为同时规定为结婚登记，而混淆了两者的区别。

三、婚姻效力之诉与结婚登记行为合法性之诉的关系

婚姻关系效力与结婚登记行为合法性之诉，属于不同的诉讼法律关系。婚姻效力问题是结婚登记行政诉讼的基础民事争议，后者的审理应当以前者的处理结果为依据，方符合法理逻辑。

（一）婚姻效力争议应当优先解决

第一，从民事审判角度而言，当事人诉至人民法院请求宣告婚姻无效或请求撤销婚姻关系，应向人民法院提起民事诉讼，请求权基础是《婚姻法》第十条、第十一条规定的五种情形无效婚姻或可撤销婚姻的事由。结婚登记行为合法性的问题，并非人民法院民事诉讼的审理对象，亦非宣告婚姻无效或撤销婚姻的事由。若当事人以结婚登记程序违法为由，请求人民法院宣告婚姻无效或撤销婚姻关系的，法院可依据《最高人民法院关于适用〈中华人民共和国婚姻法〉若干问题的解释（三）》第一条第二款规定，向当事人释明另行提起行政复议或行政诉讼解决结婚登记行为合法性问题，并以判决的形式驳回当事人的申请。从司法救济逻辑来看，当事人的婚姻关系效力纠纷通过民事诉讼予以解决后，可以依据生效的裁判文书向婚姻登记机关申请变更结婚登记，使真实的婚姻关系与登记行为归于一致，根本上解决结婚登记行为的合法性问题。《婚姻法解释一》第十四条关于“人民法院根据当事人的申请，依法宣告婚姻无效或者撤销婚姻的，应当收缴双方的结婚证书并将生效的判决书寄送当地婚姻登记管理机关”的规定，表明婚姻关系效力问题实质上是一个基础性的民事争议，只有待争议解决以后，才能去解决结婚登记的正当性与合法性的问题。

第二，不能通过诉结婚登记行为效力，达到解决婚姻关系效力之目的。根据《行政诉讼法》第七十条、第七十四条第一款第（二）项规定以及第七十五条规定，行政诉讼法以违法性程度为标准，将违法行为分为轻微违法，

一般违法与重大违法。程序轻微违法的结婚登记，仅确认其违法并给予治愈的机会；婚姻登记机关未尽到审慎审查义务，作出的登记行为主要证据不足、适用法律错误、违法法定程序的，撤销结婚登记行为；结婚登记行为重大且明显违法的，登记无效。但是如前文所论述，我国的法定结婚仪式与婚姻关系确认行为已经同时“物化”为结婚登记行为，若结婚登记行为被人民法院确认无效或者撤销，便意味着法定结婚仪式与婚姻确认行为不具备法律效力，实质上必将导致当事人的婚姻关系自始不发生法律效力。可是，婚姻登记机关仅仅是婚姻行政管理部门，体现的是国家对于婚姻在登记环节的监督管理。不能通过否定一项行政管理行为或行政确认行为，达到否定民事法律关系效力之目的。若如此，将会超越人民法院的行政审判职责。

第三，人民法院对结婚登记行为的合法性审查，应以婚姻关系效力的争议解决为前提。对于结婚登记行为效力而言，婚姻关系效力属于它的基础性民事争议，两者具有法律上的因果关系。因此，在基础民事争议未能有效解决之前，人民法院是很难对登记行为的合法性作出正当评价的。当然，关键要视当事人的具体行政诉请而定。根据《行政诉讼法》第四十九条第（三）项“有具体的诉讼请求和事实根据”规定，当事人提起行政诉讼的诉请应当具体明确。当事人诉请为确认结婚登记行为违法，表明当事人未对婚姻效力产生异议，即基础民事争议便不需要提前解决；此时的人民法院可以针对当事人诉请，直接审理登记行为的合法性。若当事人的诉请是请求确认结婚登记行为无效或撤销结婚登记行为，则表明当事人对婚姻关系效力存有异议；此时作为基础民事争议的婚姻关系效力未经过司法程序予以评价之前，人民法院是难以对结婚登记行为的合法性作出正当评价的。因此人民法院应当向当事人释明先通过民事诉讼，解决婚姻关系效力纠纷。

第四，也是最为关键的一点，婚姻关系效力问题会涉及子女抚养、财产分割和债务承担等问题，这些并非行政诉讼的审理范畴。在婚姻关系的处理上，我们应坚持“事实在先”原则；即无论婚姻关系效力的最终评价如何，当事人“婚姻”存续期间以夫妻名义共同生活产生的人身关系、财产关系都是客观存在的，法律均应当予以尊重并处理。根据《婚姻法》第十二条，《婚姻法司法解释一》第九条以及《最高人民法院关于适用〈中华人民共和国婚姻法〉若干问题的解释（二）》第七条第二款的规定，婚姻关系宣告无效或撤销后，人民法院仍要继续审理当事人的共同财产及子女抚养问题；婚姻效力的判决一经作出立即发生法律效力，不能上诉；但当事人对财产分割和子女抚养问题的判决不服，仍可上诉。[①] 若允许人民法院通过行政诉讼确定结婚登记无效或撤销，实质就是宣告婚姻无效，此时的法院不能回避财产分割和子女抚养问题。倘若当事人无法调解，人民法院不得不在行政诉讼中作出处理。

（二）几种特殊案件的裁判方式

关于司法实践中常见的特殊情形，笔者认为，在处理时应坚持婚姻效力解决在先。

1. 男女双方委托他人办理结婚登记

当事人一方或双方未到婚姻机关办理结婚登记违反的是管理性规范，不会对婚姻效力产生实质性影响。结婚登记程序虽然存在瑕疵，但仅是轻程序微违法，可确认登记行为违法。行政机关可依据行政自纠程序对程序瑕疵予以修正或者依据《婚姻登记条例》第十八条第一款规定，追究具体经办人员的行政责任；但不能以自行纠错的方式撤销。若当事人以此为由诉请结婚登记无效，人民法院可向其释明通过民事诉讼先行解决其婚姻效力问题。结婚登记程序轻微瑕疵，依据《行政诉讼法》第七十四条第一款第（二）项规定，确认登记违法。

2. 借用（冒用）他人身份信息办理结婚登记

一方未达法定婚龄而借用或冒用他人身份信息办理登记结婚的情形较为常见。若长相相似，婚姻登记机关实在是无法甄别。此时，婚姻登记机关已尽到审慎审查义务，但是登记事项与事实不符，登记属于重大且明显违法情形，登记行为自始无效。不仅如此，被借名（冒名）人与他人间自始不存在婚意，也不存在身份行为，婚姻关系也从未成立。而且被借用（冒用）人的身份权、姓名权、名誉权等人格权益受到严格侵犯。在证据确凿的情况下，被借用（冒用）人可直接诉至人民法院请求确认结婚登记行为无效，同时可以依据《行政诉讼法》第六十一条第一款的规定，一并提起民事诉讼，追究侵权人的侵权责任。

---

① 在司法实践中，宣告婚姻无效与财产分割、子女抚养等问题，均在同一份民事判决书之中予以处理。但是，当事人只能针对财产分割和子女抚养的处理进行上诉，所以宣告婚姻判项自一审法律文书作出后即发生效力，无须等待二审法院的审理裁判结果。

3. 以虚假的身份办理结婚登记

当事人使用虚假身份信息办理结婚登记或骗婚的行为，违反了我国婚姻法的规定。但是不能否认当事人双方已经履行了法定结婚仪式向婚姻登记机关作出婚意表示；因此当事人事实存在的“夫妻”关系应得到法律的尊重。受骗登记一方可以诉至人民法院请求确认婚姻关系不存在，或者诉请离婚。同时，人民法院在民事诉讼中还可以听取虚假信息提供方的答辩，并结合个案案情审理当事人的身份与财产关系。若虚假信息提供方已经失踪，受骗者可以依据《民法总则》第四十条、《民事诉讼法》第一百八十三条第一款的规定，宣告对方失踪；同时亦可依据《婚姻法》第三十二条第四款的规定，诉至法院请求失踪离婚。待民事问题解决后，可依据生效的裁判文书向婚姻登记机关申请变更结婚登记，使真实的婚姻关系与登记行为归于一致。

4. 婚姻登记机关超越职权办理结婚登记

根据《婚姻登记条例》第四条规定，男女双方应共同到一方常住户口所在地的婚姻登记机关办理结婚登记。若婚姻登记机关违反地域管辖的规定办理了结婚登记，属于超越行政职权；根据《行政诉讼法》第七十条第（四）项规定，为可撤销事由。但是当事人的婚意真实，也已经履行了法定结婚仪式，理应得到法律的承认和保护。因为婚姻登记机关的主体错误，否定当事人婚姻关系，明显不当。此种情形下，人民法院可依据《行政诉讼法》第七十四条第二款第（一）项规定，确认登记行为违法，但不撤销。

司法实践上，婚姻效力之诉与结婚登记行为合法性之诉的关系，是一种行政诉讼与民事诉讼的交叉关系。人民法院在审理时，可以采取行政诉讼附带民事诉讼的方式，一并解决两者争议。

四、行政诉讼一并解决民事争议规则的适用问题

人民法院审理行政案件时，若被诉行政行为合法性争议与基础民事争议并存，会形成行政争议与民事争议交叉。对此，《行政诉讼法》第六十一条规定，行政、民事诉讼交叉时，人民法院可行政诉讼附带民事诉讼一并审理争议，或者行政诉讼等待民事诉讼先行审理；前者称为“一并审理”规则，后者称为“民事先行”规则。

（一）一并审理民事争议的问题

笔者认为，若被诉行政行为合法性审理需要以基础民事争议解决为前提，

人民法院应当以一并审理为原则、民事先行为例外。司法实践中，一并审理应当注意以下几个问题：

1. 一并审理的民事案件范围

行政诉讼附带民事诉讼一并审理的民事案件范围，应仅限于与被诉行政行为合法性具有关联性的基础民事争议。有观点认为，一并审理民事争议的范围包括：作为行政争议基础、以行政争议为基础、事实存在交叉以及其他相关的民事争议等均属于一并审理的范畴。这个界定，值得商榷。行政诉讼以监督行政主体依法行政，维护行政相对人的合法权益为宗旨；民事诉讼旨在维系社会经济秩序，定分止争，保护民事主体的合法民事权益；两者的法理基础、制度体系、价值理念、受案范围、程序规则等方面具有本质的区别。若一并审理民事争议的范围界定太大，会弱化了行政诉讼与民事诉讼的职权分工，变相地扩大了行政审判的职能。所以，以行政争议为基础的、事实存在交叉的民事争议，应当排除在一并审理的范围之外。笔者建议，最高人民法院即将出台的《行政诉讼一并解决相关民事争议若干问题的规定》中应将一并审理的范围界定为：发生在平等主体之间的民事权利义务纠纷，为行政争议的关联性基础民事争议的，属于《行政诉讼法》第六十一条规定的相关民事争议。

2. 关于法院地域管辖的问题

行政诉讼附带民事诉讼一并审理，应当以行政诉讼与民事诉讼属于同一人民法院管辖为原则。行政诉讼法与民事诉讼法中关于人民法院的一般属地管辖原则都是就被告原则。《行政诉讼法》第十八条第一款规定，行政案件由最初作出行政行为的行政机关所在地的人民法院管辖；《民事诉讼法》第二十一条第一款规定，民事诉讼由被告所在地人民法院管辖。但是行政诉讼与民事诉讼中的被告不是同一当事人，由不同法院管辖，一并审理的行政案件由哪个法院管辖是一个非常现实的问题。有观点认为，考虑到行政附带民事诉讼解决的是经济和效力问题，应当由行政机关所在地的人民法院统一管辖，在管辖问题上同样适用《行政诉讼法》。[①] 对此，笔者持赞同意见。但是依据《行政诉讼法》的规定来确定管辖法院，会造成民事案件原告规避民事

---

① 江必新主编：《中华人民共和国行政诉讼法及司法解释条文理解与适用》，人民出版社2015年版，第394页。

诉讼管辖的规定，使民事案件被告受到不当诉讼的侵扰。例如，甲的住所地在三亚市，乙的住所地在佳木斯市，两人在三亚市某区民政局办理了结婚登记；后因感情破裂，乙回到了佳木斯居住。若甲诉至法院请求离婚，应当到乙所在地法院进行起诉。但是，甲若起诉三亚市某区民政局的结婚登记行为并申请一并审理离婚诉讼，那么就会由三亚某区的基层法院进行管辖，迫使乙必须回到三亚参加民事诉讼。明显有违民事诉讼地域管辖的就被告原则。所以，笔者进一步建议人民法院一并审理民事争议，应当以民事争议当事人一致同意为前提；若人民法院发现一并审理可能会严重损害民事争议当事人的地域管辖权益时，应当向当事人释明。

3. 关于法院级别管辖的问题

若行政案件与民事案件的法院级别管辖不一致，应当就高管辖，由级别高的法院一并审理。行政诉讼法与民事诉讼法中关于法院受理案件的审级标准并不一致，前者主要依据行政机关的行政级别而定，后者则是依据民事争议标的来确定。因此人民法院一并审理民事争议时，应当同时尊重行政诉讼法与民事诉讼法中关于法院级别管辖的规定。《最高人民法院关于适用〈中华人民共和国行政诉讼法〉的解释》（以下简称《行政诉讼法司法解释》）第一百三十八条第一款规定，一并审理相关民事争议的，由受理行政案件的法院一并管辖。此规定值得商榷，若“一刀切”地全部交由受理行政案件的法院管辖，会导致民事案件变相的“提级”或“降级”管辖。

根据《行政诉讼法》第二十四条规定，上级人民法院有权审理下级人民法院的行政案件；下级人民法院对其管辖的第一审行政案件，认为需要上级人民法院审理或者指定管辖的，可以报请上级人民法院决定。《民事诉讼法》第三十八条规定，上级人民法院有权审理下级人民法院管辖的第一审民事案件；下级人民法院对它所管辖的第一审民事案件，认为需要上级人民法院审理的，可以报请上级人民法院决定。即人民法院仅有权审理本级或下级人民法院的一审行政（民事）案件，下级法院认为需要将本级行政（民事）案件交由上级人民法院审理的，应当报请上级人民法院决定。依据上述规定，笔者建议，最高法院即将出台的《行政诉讼一并解决相关民事争议若干问题的规定》中应对《行政诉讼法司法解释》第一百三十八条第一款予以修正，修正内容为：“当事人申请一并解决的相关民事争议，属于上级人民法院的一审受案范围的，下级人民法院应当报请上级人民法院决定是否一并审理。当事人申请一并解决的相关民事争议，属于下级人民法院的一审受案范围的，应当决定一并审理或告知当事人向下级法院提起民事诉讼。”

（二）当事人不愿提起一并审理时的审理方法

当事人没有申请一并解决民事争议，或者经人民法院释明后仍未提起，也没有另行提起民事诉讼的，是当事人诉讼权利的行使，法院应当予以尊重。但是，人民法院如何继续审理行政案件，观点争议较大。在司法实践中，以下三种观点较有影响力。

第一种观点是全面不予审理主义，即人民法院应当终结行政案件的审理或者驳回原告起诉。该观点认为，若行政案件的审理必须以民事争议解决为基础，在争议未解决前，人民法院难以对被诉行政行为合法性作出准确评判。[①] 例如前文所论述的，当事人诉请确认结婚登记行为无效或撤销，应当以婚姻关系效力纠纷解决为前提；当事人不能通过诉结婚登记行为的手段，达到否定婚姻关系效力之目的。因此经法院释明后，当事人坚持不愿一并提起民事争议，也不另行起诉的民事争议的，法院此时无法审查被诉登记行为的合法性，唯有终结审理或驳回起诉。该观点强调诉讼法的公法属性，主张法院职权主义诉讼模式，旨在禁止当事人滥用行政诉讼与民事诉讼交叉规则，“另辟蹊径”地解决其民事争议。

第二种观点是不审理民事争议主义，即人民法院可直接审理被诉行政行为合法性，基础民事争议不属于审查范围。该观点认为，一并解决民事争议是一种诉讼效益性规定；当事人坚持不一并提起民事争议或另行提起民事诉讼，是当事人的诉讼权利；人民法院应当继续依法履行行政审判职责，径直审理被诉行政行为合法性。但是，也是最为关键的一点，基础民事争议不是行政诉讼的审查范围。当事人关于民事法律事实、民事法律行为及民事权利义务等民事法律关系内容的异议，未经法定途径解决前，法院对该异议不予支持。人民法院应当依法支持既存民事法律关系的效力，并以此为基础，审理被诉行政行为的合法性。最高人民法院（2016）最高法行申 1413 号判决书

① “经法院释明后当事人坚持不申请一并解决民事争议或者另行起诉的，法院应当终结行政案件的审理或者驳回起诉。”见江必新主编：《中华人民共和国行政诉讼法及司法解释条文理解与适用》，人民法院出版社 2015 年版，第 406 页。

支持这一观点。[①]

第三种观点为有限审理民事争议主义，即人民法院在行政诉讼中可以对相关民事争议进行有限性审理。此观点认为，人民法院在行政诉讼中能够，并且只限于对，与被诉行政行为合法性相关的基础民事争议的事实和法律问题进行审理。[②] 其强调的是法院对被诉行政行为合法性的“全面审查”，赋予行政审判更大的审查力度，给予法院更大的自由裁量的范围，有利于保护相对人的合法权益，并实质性化解行政争议，具有一定的现实意义。但是有限审理民事案件主义的观点，亦有待商榷。该主义在一定程度上扩大了人民法院的行政审判职权及行政诉讼受案范围，违背了行政诉讼、民事诉讼二分的立法宗旨。当事人不愿一并提起民事争议是他的诉讼权利，法院应当予以尊重。人民法院一并审理民事争议，也仅是行政案件与民事案件的合并审理，仍要尊重一案一诉、管辖规则、审判程序等诉讼规则，并分别对行政案件和民事案件作出裁判。虽然如此，不利于完全解决行政争议，但是在人民法院已经向当事人释明清楚及法律后果的前提下，当事人也要对自己的诉讼行为和诉讼选择承担必要的诉讼风险及不利后果。

上诉三种观点均具有一定的实践合理性和不足，应当辩证地看待。笔者认为，在司法实践中，行政诉讼附带民事诉讼一般解决民事争议规则的适用问题较为复杂性，不应当“一刀切”地采纳某一观点。而是应赋予人民法院一定的自由裁量权，结合个案的实际情况辩证地灵活适用。

（作者单位：广西壮族自治区高级人民法院）

① “行政机关对申请登记材料的真实有效性已尽到审慎审查义务而作出的土地行政登记行为，在申请登记材料的真实有效性未经法定途径予以否定前，人民法院依法予以支持。土地行政登记行为所依据的基础民事法律关系，不属于行政诉讼的审查范围，行政相对人或利害关系人对其有异议的，可通过民事诉讼途径予以解决。”见最高人民法院（2016）最高法行申 1413 号。

② “审理民行交叉行政案件中，当事人对基础民事争议既不一并，又不另行提起民事诉讼的，人民法院只对与被诉行政行为合法性相关的基础民事争议的事实和法律问题进行审理。与被诉行政行为合法性无关的基础民事关系的履行争议等内容，不属于行政诉讼的审理范围。”见《第一巡回法庭巡回区四省区行政审判法律适用若干疑难问题的意见（征求意见稿）》。

论婚姻登记瑕疵案件的诉讼路径与裁判

——以H省近三年的案件为样本

张 森

【摘要】 婚姻登记中，当事人身份登记错误、登记程序违法或结婚证系假证之情形屡见不鲜。对此，有的当事人通过行政诉讼请求法院撤销婚姻登记，有的则通过民事诉讼请求法院撤销婚姻关系或者确认婚姻关系无效。司法裁判中对此要么照单全收，要么互相推诿造成当事人诉讼无门。进入实体审查后，行政诉讼与民事诉讼对此类案件的裁判结果差异较大，即便同为民事诉讼，其裁判结果亦不统一。笔者通过研究H省近三年的婚姻登记瑕疵案件，在对乱象进行扫描的基础上，分析了该乱象产生的立法和理论之原因。提出对于涉及婚姻效力的婚姻登记瑕疵案件应当通过民事诉讼途径解决，对于不涉及婚姻效力的单纯的行政侵权行为应当通过行政诉讼途径解决之观点。鉴于民事诉讼仅存在婚姻有效（或无效）的确认之诉，通过分析婚姻法律行为的成立、有效及生效之区别和逻辑关系，提出应当在民事诉讼中构建婚姻成立（或不成立）、生效（或不生效）之确认之诉。在民事诉讼的实体裁判方面，笔者认为婚姻登记为婚姻法律行为的生效要件和形式要件，婚姻登记对于婚姻生效的影响在于登记这一事实本身，并非在于登记的无瑕疵。在当事人存在真实的婚姻合意和不存在法律规定的禁止结婚的情形下，法院不应以登记存在瑕疵为由否认婚姻法律行为的生效。

【关键词】 婚姻登记　瑕疵案件　实体裁判

一、现状扫描：婚姻登记瑕疵案件的受理与裁判乱象

以“H省”“婚姻无效撤销”“登记瑕疵”为全文搜索关键词，在中国裁

判文书网搜索到位于我国H省近三年的结婚登记瑕疵案件74件，其中民事案件41件，行政案件33件。存在的瑕疵情形主要有：借用或冒用他人身份登记结婚，使用虚假户口或虚假姓名登记结婚，使用虚假证明材料登记结婚，结婚登记手续不完善或证件不齐全，婚姻当事人未亲自到场进行登记，登记机关超越管辖权等。在同一个案件中，可能同时存在多种瑕疵情形。实践中还存在婚姻登记瑕疵与重婚等导致婚姻无效之情形并存之局面，但囿于篇幅所限，本文只重点对单纯的婚姻登记瑕疵情形之案件进行分析。婚姻登记包括结婚登记与离婚登记，本文所阐述的婚姻登记仅包括结婚登记，不包括离婚登记。通过对以上裁判文书进行梳理、分析，笔者对婚姻登记瑕疵案件的受理与审理状况作如下总结：

（一）民事诉讼与行政诉讼之路径选择不一

《最高人民法院关于适用〈中华人民共和国婚姻法〉若干问题的解释（三）》（以下简称《婚姻法解释（三）》）虽明确规定婚姻登记瑕疵案件属于行政复议和行政诉讼的受案范围，但该规定并未能阻却婚姻登记瑕疵案件的民事诉讼之路。笔者仍然搜索到41起婚姻登记瑕疵民事诉讼案件，且主要是在离婚、继承等案件中以登记存在瑕疵为由，要求法院一并处理婚姻效力问题。在该41起民事诉讼案件中，当事人单独以结婚登记瑕疵为由提起婚姻关系确认之诉的案件有15起，其余26起均为当事人在离婚、继承等纠纷中一并提出。除冒用他人身份进行结婚登记案件均选择行政诉讼外，当事人对其他婚姻登记程序瑕疵事由选择行政诉讼与民事诉讼的趋势基本持平。

（二）民事诉讼与行政诉讼之间互相推诿

有的民事裁判认为以婚姻登记存在瑕疵为由请求撤销婚姻或确认婚姻无效的案件不属于民事诉讼受案范围。然而，有的行政裁判则认为以登记存在瑕疵为由请求撤销婚姻登记或确认婚姻无效的案件不属于行政诉讼受案范围。如谢某某诉刘某同居关系纠纷一案[①]，法院认为“对结婚证的真实性及婚姻的效力问题，不属于民事诉讼的受案范围”，裁定驳回了原告的起诉。而在冯某诉郑州市金水区民政局婚姻登记一案中[②]，法院认为“结婚申请人如认为

---

① 详见河南省郑州市中级人民法院（2016）豫01民终10608号民事裁定书。

② 详见河南省郑州市金水区人民法院（2013）金行初字第22号行政裁定书。

申请结婚登记违反国家禁止性规定的，应通过法律渠道请求撤销婚姻或者宣告婚姻无效，对结婚申请人以虚假身份证件登记结婚且被告未尽到审查义务的情形，法律并未规定应撤销婚姻登记，原告以此理由申请撤销被告作出的婚姻登记没有法律依据，不是人民法院行政诉讼的审查范围”，据此驳回了冯某的起诉。

（三）民事诉讼与行政诉讼裁判结果不一

表1　行政诉讼裁判结果

行政诉讼（共33件）	确认婚姻登记无效	撤销婚姻登记	以不属于行政诉讼受案范围为由驳回起诉	以超过法定起诉期限为由驳回起诉	驳回诉讼请求
	8	13	3	5	4

表2　民事诉讼裁判结果

民事诉讼（共41件）	认定婚姻关系有效	认定婚姻关系成立	认定婚姻关系不成立	以不属于民事诉讼受案范围为由驳回起诉	认定婚姻关系无效
	21	10	3	4	3

对婚姻登记瑕疵类案件，法院经过审理，查明婚姻登记确实存在瑕疵且不存在其他导致婚姻无效或可撤销情形的，民事诉讼倾向于认为登记瑕疵不影响婚姻的效力，行政诉讼倾向于撤销婚姻登记或确认婚姻登记无效。

同样都是因为婚姻登记中的身份信息错误，在夏某某诉杜某某离婚纠纷一案[①]中，法院审查后认为，结婚登记虽有瑕疵，但该瑕疵并不影响夏某某与杜某某之间婚姻关系的存在，在此基础上，法院判决准予夏某某与杜某某离婚。而在原告张某某诉被告南乐县民政局婚姻登记一案[②]中，法院判决撤销了被诉婚姻登记行为。基于此，有的当事人在通过民事诉讼不能达到其认定婚姻无效或撤销婚姻目的时便转向行政诉讼，法院不仅未以一事不再理为由驳回起诉，反而作出了与民事诉讼相反的撤销登记或确认登记行为无效的判决。

（四）民事诉讼裁判结果不一

同样通过民事诉讼处理婚姻登记瑕疵而起的婚姻效力纠纷，法院的裁判

① 详见河南省洛阳市中级人民法院（2015）洛民终字第1908号民事判决书。

② 详见河南省南乐县人民法院（2016）豫0923行初3号行政判决书。

结果亦不统一。在婚姻登记确实存在瑕疵的前提下，多数民事判决认为“该瑕疵不影响婚姻的有效”或“不能因登记存在瑕疵而认为婚姻关系无效”，有的民事判决则认为“该瑕疵不影响婚姻的成立”。对于婚姻未经登记的情形，有的民事判决认为“未经登记的婚姻不成立”，有的则认为“未经登记的婚姻无效”。笔者认为，婚姻的成立、有效及生效具有不同的法律意义，认定婚姻成立与认定婚姻有效以及认定婚姻生效之裁判实际上有着本质区别。

二、探本溯源：“殊途”且“不同归”的原因追溯分析

同案不同路、同案不同判现象显示出婚姻登记瑕疵案件司法审判中的随意性，损害了婚姻当事人的合法权益，损害了司法权威。探本溯源，立法和相关理论研究的缺失是导致该乱象的重要原因。

(一)《婚姻法解释（三)》第一条之逻辑缺陷

《婚姻法解释（三)》第一条有两款规定。该条第一款规定：“当事人以《婚姻法》第十条规定以外的情形申请宣告婚姻无效的，人民法院应当判决驳回当事人的申请。”该条第二款规定：“当事人以结婚登记程序存在瑕疵为由提起民事诉讼，主张撤销结婚登记的，告知其可以依法申请行政复议或者提起行政诉讼。”笔者认为，该条款本身之缺陷及其与其他立法之间的冲突，致使该条款不仅未能妥当处理婚姻登记瑕疵案件的诉讼路径与司法裁判问题，反而加剧了司法实践的混乱。

1. 路径指向存在冲突

该条第一款与第二款之间存在不同的诉讼路径指向。当事人以婚姻法第十条规定以外的情形申请宣告婚姻无效的，人民法院应当判决驳回当事人的申请。《婚姻法》第十条规定以外的情形当然包括婚姻登记瑕疵之情形。“判决驳回当事人的申请”而不是“裁定驳回起诉”意味着人民法院受理该案件并进行了实体审理，该条款并未否定婚姻登记瑕疵案件的民事诉讼路径。这与该条第二款规定的婚姻登记瑕疵案件应当通过行政复议或者行政诉讼之路径解决存在明显的冲突。这既是导致婚姻登记瑕疵案件诉讼路径不一的重要因素，也是导致出现民事诉讼与行政诉讼相互推诿的重要原因。

2. 路径指向存在缺陷

婚姻登记瑕疵纠纷分为两类。一类为不涉及婚姻效力争议的行政侵权；

另一类为婚姻效力纠纷。司法实践中，进入行政诉讼的绝大多数为婚姻效力纠纷，单纯的行政侵权案件极少。样本中的33件婚姻登记瑕疵行政诉讼，有30件为婚姻效力纠纷，仅有3件为单纯的行政侵权。不涉及婚姻效力争议的行政侵权案件属于行政诉讼的受案范围当无疑义。但笔者认为，将婚姻登记引发的婚姻效力诉讼纳入行政诉讼的受案范围存在明显缺陷。此类争议实为“假”行政争议，当事人所争议的其实是婚姻关系是否成立或有效，并非登记行为是否违法，婚姻登记是否违法或存在瑕疵，仅仅是当事人主张婚姻关系是否成立或有效的理由。此类案件中，登记机关充当的实为“形式”被告，与原告针锋相对的为第三人而并非登记机关。登记机关充当被告仅仅是因为行政诉讼的形式要求，而并非因为与原告之间存在真正的行政争议。除此之外，通过行政诉讼解决当事人的婚姻效力诉求实为隔靴搔痒。

（二）婚姻登记理论之含混不清

一般来说，婚姻关系的确立须同时具备婚姻合意与婚姻登记两个要素。一方面，婚姻登记行为属于会引起当事人民事权利义务关系生成变化的私法行为，另一方面，婚姻登记行为介入了国家权力，因而具有强烈的公法色彩。从公法属性来说，婚姻登记属于具体行政行为。但有的学者认为婚姻登记属于行政许可行为，有的则认为婚姻登记属于行政确认行为，还有的认为婚姻登记行为既不属于行政许可行为又不属于行政确认行为，应当按照行政行为类型化标准将其划为行政性准法律行为。鉴于本文的重点在于对婚姻登记瑕疵之民事诉讼路径解决进行分析，因而本文着重分析其私法属性，不再对其公法属性展开分析。

1. 成立、有效和生效之混淆

婚姻行为是民事法律行为。学界对于婚姻登记为婚姻法律行为之形式要件无疑义，但对于婚姻登记究竟为婚姻法律行为成立之形式要件还是生效之形式要件，认识并不统一。我国《婚姻法》和《婚姻登记条例》均规定，要求结婚的男女必须亲自到婚姻登记机关进行婚姻登记，取得结婚证即确立夫妻关系。这里的“确立婚姻关系”，究竟为婚姻关系成立还是生效亦不十分明朗。对此，有的学者认为婚姻登记为婚姻的成立要件，如王礼仁教授。有的则认为婚姻登记是婚姻的生效要件。此外，学界对于婚姻法律行为的生效与有效之逻辑关系也存在认识不足，将婚姻法律行为的生效等同于有效。对于婚姻法律行为的成立、有效和生效之混淆是导致实践中将未经登记或登记存在瑕疵之情形作婚姻未成立或婚姻无效处理的根源。

2. 对婚姻合意之忽视

我国自实行法律婚以来，婚姻登记就作为婚姻关系确立的必要条件。尤其是《最高人民法院关于适用〈中华人民共和国婚姻法〉若干问题的解释（一）》颁布后，对于1994年2月1日以后男女双方符合结婚实质要件的，不再承认其事实婚姻关系，要求补办结婚登记方承认其婚姻关系。一般情况下，婚姻关系自婚姻登记时起确立。如此便造成一种错觉，似乎婚姻登记创设了婚姻关系，而作为婚姻登记之基础的婚姻合意行为就受到了忽视。笔者认为，在婚姻关系的缔结中，婚姻合意才是最为重要且最为基础的行为①。没有婚姻合意，便不可能存在婚姻登记，更不可能存在法律对婚姻合意之合法性判断。从婚姻登记程序来看，在登记过程中男女双方要向婚姻登记机关表示其自愿结婚，《婚姻法》还规定男女双方应当亲自向婚姻登记机关申请婚姻登记，说明婚姻登记程序之设置目的在于确保男女双方之真实婚姻合意。忽视婚姻合意对于婚姻关系确立之重要性，忽视婚姻登记程序确保婚姻合意之目的性，过分拔高婚姻登记信息的准确性，机械地强调婚姻登记程序规定，是导致实践中仅因婚姻登记存在瑕疵便否认婚姻效力的根源。

三、回归正途：涉及婚姻效力之登记瑕疵案件应走民事诉讼之路

厘清婚姻登记瑕疵案件民事诉讼与行政诉讼的受理界限已刻不容缓。笔者认为，凡是不涉及婚姻效力的单纯的行政侵权案件属于真正的行政争议案件，应当纳入行政诉讼的受案范围；凡是涉及婚姻效力的婚姻登记瑕疵案件均为民事争议案件，应当纳入民事诉讼的受案范围。是否涉及婚姻效力的判断标准为当事人的诉讼请求是否为请求确认婚姻（或婚姻登记）无效或者撤销婚姻（或婚姻登记）。目前司法实践中的婚姻登记瑕疵行政案件，其实质为婚姻效力纠纷，极少有单纯的行政侵权纠纷。因此目前绝大多数婚姻登记瑕疵行政案件均应通过民事诉讼解决。

（一）以行政诉讼解决婚姻效力纠纷存在功能障碍

行政诉讼在起诉期限、举证责任、审查对象、裁判标准、判决形式等方

---

① 杨立新："论亲属法律行为"，载《内蒙古社会科学》2015年第1期。

面都具有其自身特点。多数婚姻效力案件因行政诉讼的起诉期限限制被挡在诉讼大门之外。在行政机关未举证的情形下，婚姻登记效力被随意否定并导致婚姻效力在事实上被随意动摇。行政诉讼的裁判标准，尤其是“对程序违法的行政行为应予撤销”的规定，事实上扩大了婚姻法对可撤销婚姻情形之规定，与《婚姻法》第十一条的规定相冲突。此外，囿于行政诉讼判决形式的限制，其无法彻底有效地解决当事人之间实际存在的婚姻效力纠纷。比如，冒用他人身份进行结婚登记的情形下，被冒名者起诉撤销婚姻登记，行政诉讼往往会作出撤销婚姻登记的判决。然而，这里的婚姻登记往往是被冒名者的姓名和身份信息与冒名者的照片相结合的“人”与他人进行的登记。即此类案件中实际存在两个层面的婚姻关系，即被冒名者与他人之间的婚姻关系（本文称之为“外在”婚姻关系）以及冒名者与他人之间的婚姻关系（本文称之为“内在”婚姻关系）。行政诉讼撤销的究竟是“外在”婚姻登记还是“内在”婚姻登记呢？如果撤销的仅仅是“外在”婚姻登记（且不论该撤销判决是否合法），那么“内在”婚姻并未得到处理但实际上又受到了影响，该案实际上仍然悬而未决。再如，在结婚登记被撤销而当事人属于事实婚姻的情形下，行政诉讼无法在判决中同时认定当事人之间的事实婚姻关系成立，当事人还需另行寻求民事诉讼的彻底解决。

（二）以行政诉讼解决婚姻效力纠纷偏离了行政诉讼的本质属性

2013 年 8 月，郑州市二七区民政局为李某之父和侯某办理结婚登记并颁发了结婚证[①]。2013 年 10 月，李某之父去世。李某认为郑州市二七区民政局为其父亲和侯某办理的结婚登记存在以下违法之处：其父亲未亲自到场，结婚登记申请书中没有其父亲的签名，指印也并非其父亲所按，登记时所提交的合影系合成并非其父亲与侯某的真实合影。法院经审理后认为：婚姻登记行为存在的问题并不必然导致婚姻登记行为撤销的后果。婚姻登记行为与一般的行政行为不同，结婚登记行为确立的是特定的身份关系。现行婚姻法及有关司法解释为维护婚姻关系的稳定性，对婚姻无效事由严格规制。婚姻登记存在瑕疵且不能证明结婚系当事人的真实意思表示的，人民法院方可予以撤销。法院判决驳回了李某请求撤销其父与侯某结婚登记的诉讼请求。

---

① 详见河南省郑州市中级人民法院（2014）郑行终字第 466 号行政判决书。

该案未遵循行政行为合法性审查的一般模式，其法律依据及审理标准均来自民事法律规范。该判决从形式上看是行政判决，但实际上是民事判决，而且是一种畸形的、“穿着行政判决外衣”的民事判决。该类行政案件实际上偏离了行政诉讼的目的和宗旨，也从另外一个角度说明了行政诉讼处理此类纠纷的无能。

基于此，应当通过行政诉讼解决的婚姻登记瑕疵案件为：（1）婚姻登记机关无正当理由拒绝婚姻登记或拒绝更正登记信息的案件；（2）婚姻登记机关在登记中未尽法定职责登记错误并对当事人造成损害的行政赔偿案件；（3）婚姻登记机关撤销婚姻登记的案件；（4）婚姻登记机关在婚姻登记中乱收费、乱罚款案件；（5）婚姻登记机关无正当理由拒绝出具婚姻状况证明，或者出具虚假婚姻证明、毁损丢失婚姻登记档案等违法渎职损害当事人合法权益的案件①；（6）婚姻登记机关在履行婚姻登记职权中的其他事实侵权案件。除此之外，当事人的诉讼请求为确认婚姻（或婚姻登记）无效或者撤销婚姻（或婚姻登记）的婚姻登记瑕疵案件，均属于民事诉讼的受案范围。通过民事诉讼解决因婚姻登记瑕疵而起的婚姻效力纠纷，方能直指当事人的诉求，彻底解决婚姻效力，具有天然优越性。

值得注意的是，《行政诉讼法》第六十一条规定，在涉及行政登记的行政诉讼中，当事人可提起行政附带民事诉讼。笔者认为该条款仅是对法院行政审判庭有权一并处理民事争议的规定，但民事争议仍应适用民事诉讼解决，即便该民事诉讼的审理部门不是法院的民事审判庭，而是行政审判庭。

四、制度重构：民事诉讼模式构建和裁判标准

因婚姻登记瑕疵而起的婚姻效力诉讼，当事人应当提起婚姻效力民事确认之诉。婚姻效力确认之诉既可以单独提起，亦可以在离婚、继承、婚姻财产纠纷等案件中一并提起。但婚姻登记瑕疵情形不属于婚姻无效（或相对无效）事由，不应当适用婚姻无效（或相对无效）确认之诉。

---

① 王礼仁：“婚姻效力纠纷管辖权再分配”，载《人民司法》2015 年第 3 期。

（一）构建婚姻成立和生效民事确认之诉

1. 婚姻行为的成立、有效及生效之逻辑关系

与一般民事法律行为相同，婚姻法律行为也存在成立、生效、有效的区别。婚姻行为的成立是有效和生效的逻辑前提，婚姻行为的有效是生效的逻辑前提。

民事法律行为的成立，是指一个行为从外观上具备法律行为的雏形，是对法律行为的事实判断。如婚姻行为的成立，就是指具备哪些条件可以称为婚姻，使人们不至于将其当成买卖合同行为①。婚姻法律行为的成立指的是男女双方婚姻意思表示的一致。婚姻法律行为的生效是指婚姻行为开始具有效力内容，对相关的主体发挥拘束力。婚姻法律行为的生效意味着当事人的婚姻合意得到了法律的认可，反映的是国家意志对个人意志的态度②。成立不同于生效，成立是生效的逻辑前提，未成立的法律行为谈不上生效③。

婚姻法律行为的生效与婚姻法律行为的有效不同。婚姻行为的生效，反映的是一种短暂动态意义上的事件。婚姻行为的有效，反映的则是一种静态意义上的效力状态④。大多数情形下，婚姻自婚姻登记之时起生效，但对于该婚姻的合法性判断却早在婚姻成立之时，婚姻登记完成之前便已经存在。从这个意义上来说，婚姻有效是婚姻生效的前提。

婚姻行为的有效与婚姻行为的成立亦不同。婚姻成立是对法律行为具有婚姻外观的一种事实上的判断，而婚姻有效是法律对已经成立的婚姻行为的合法性判断。一般来说，婚姻成立之时就已经包含了决定婚姻是否有效以及是否可撤销的所有因素，因而成立与有效往往同时发生。但婚姻成立不同于婚姻有效，婚姻成立是婚姻有效的前提，如果不存在婚姻成立的事实，便不存在法律的合法性判断。

2. 婚姻登记应为婚姻行为的生效要件

首先，法律行为之成立要件仅指个人意思表示的一致，生效要件方体现了国家意志对于个人意志的态度。婚姻登记体现的是国家意志对于个人意志

---

① 江必新："法律行为效力制度的重构"，载《法学》2013 年第 4 期。

② 董学立、王晓燕："论民事法律行为的成立与生效"，载《山东大学学报》2003 年第 4 期。

③ 张小青："法律行为生效与有效关系的探究"，载《河北建筑科技学院学报》2004 年第 4 期。

④ 张小青："法律行为生效与有效关系的探究"，载《河北建筑科技学院学报》2004 年第 4 期。

的态度，因而其应属于婚姻法律行为的生效要件，而非成立要件。其次，《最高人民法院关于适用〈中华人民共和国婚姻法〉若干问题的解释（一）》的规定，对于1994年2月1日之前男女双方符合结婚实质要件的，承认其为事实婚姻；对于1994年2月1日之后男女双方符合结婚实质要件的，允许当事人补办婚姻登记，效力溯及至双方符合结婚实质要件之时。如认为婚姻登记系婚姻行为的成立要件，则无从解释事实婚姻的成立、生效以及补办结婚证后的婚姻效力溯及问题。从该解释也可看出，自1994年2月1日以后，婚姻登记是婚姻行为的生效要件。

婚姻法律行为存在成立、有效及生效之区别，因此婚姻关系未确立的原因既可能在于婚姻未成立，也可能在于婚姻存在无效事由，还有可能在于婚姻缺乏生效要件。婚姻行为成立是有效和生效的逻辑前提，婚姻行为有效是生效的逻辑前提。婚姻未成立，便不存在有效和生效的判断。婚姻无效，便不存在婚姻生效的判断。婚姻成立和生效具有独立的确认价值，但目前我国的婚姻确认之诉只涉及确认婚姻有效或无效，不涉及婚姻成立和生效之确认，对于尚未成立或尚未生效的婚姻行为，均被当作无效或可撤销婚姻行为处理。该处理模式已经造成了诸多混乱和弊端。鉴于此，笔者主张重构婚姻确认之诉模式，参照现有的婚姻有效（或无效）以及婚姻撤销之诉，建立婚姻成立（或未成立）、生效（或未生效）之诉。法院不仅应当对婚姻是否有效进行判断，还应当对婚姻是否成立以及婚姻是否生效进行判断。

（二）婚姻登记瑕疵不影响婚姻法律行为的生效

1. 婚姻实质要件欠缺与登记瑕疵混合之情形

影响婚姻法律行为效力的因素有三个层面；是否存在婚姻合意（成立要件）、是否存在禁止结婚情形（有效要件）、是否进行了婚姻登记（生效要件）。其中是否存在婚姻合意和是否存在禁止结婚的情形均属于婚姻行为的实质要件，而婚姻登记为婚姻行为的形式要件。

实践中，婚姻登记瑕疵往往与欠缺婚姻合意以及存在禁止结婚之情形相伴相生，不少学者都将欠缺婚姻合意以及存在禁止结婚情形也纳入广义的婚姻登记瑕疵之范围。笔者认为，我国《婚姻法》第十条已将禁止结婚情形及其法律后果单列，且其为婚姻法律行为的有效要件，系婚姻生效之逻辑前提，因此其已脱离婚姻登记瑕疵范畴。在存在《婚姻法》第十条规定之情形且婚姻登记存在瑕疵时，应当确认婚姻无效，而不应当以婚姻登记瑕疵为由认为婚姻未生效。

与此同时，由于长期以来对于婚姻合意之重要性和独立法律意义之忽视，缺乏婚姻合意往往被归为婚姻登记瑕疵的范畴。然而，正如上文所分析的，婚姻合意为婚姻登记之最重要的基础行为，为婚姻法律行为的成立要件，其应当与婚姻登记瑕疵进行剥离。在缺乏婚姻合意且婚姻登记存在瑕疵的情形下，不应当以婚姻登记存在瑕疵为由否认婚姻行为的生效，而应当以当事人之间不存在真实的婚姻合意为由认定婚姻不成立，如假冒他人身份进行婚姻登记的情形。对被冒名者与他人之间的“外在”婚姻关系，因被冒名者与他人不存在真实的婚姻合意，也不存在婚姻生活，因此，该“外在”婚姻明显未成立。未成立的理由在于缺乏婚姻合意，并非登记瑕疵。严格来说，该“外在”婚姻并不属于婚姻登记瑕疵之情形，将其归为婚姻登记瑕疵情形仅仅是由于对婚姻合意之重要性及其独立法律意义的长期忽视。

2. 单纯的婚姻登记瑕疵情形

在单纯的婚姻登记瑕疵之情形中，婚姻登记对婚姻效力的影响仅仅在于对婚姻生效的影响。笔者认为，作为婚姻法律行为生效要件的是婚姻登记这一事实本身，并非婚姻登记的准确无误。首先，婚姻登记是婚姻生效的形式要件，并非实质要件。对于形式要件而言，其形式大于内容。其次，婚姻登记瑕疵往往是由当事人的原因造成的，如当事人冒用他人身份或提供虚假材料造成婚姻登记错误，该错误所能影响的仅仅是当事人是否具有婚姻合意以及是否符合法定结婚实质要件之判断，错误本身并不能否定婚姻已经登记的事实。最后，婚姻登记瑕疵并非均为当事人的原因所致，有的是因婚姻登记机关未尽法定职责所致。在此情形下，如果认为婚姻登记瑕疵将导致婚姻不生效，则婚姻登记机关的过错后果将由当事人承担，额外增加了影响婚姻效力的不确定因素，导致婚姻关系不稳定。具体来说，仅仅存在登记机关无管辖权、当事人未亲自到场申请登记、结婚申请材料造假等登记瑕疵情形的，因当事人之间确实存在真实的婚姻合意，登记行为也客观存在，因此不影响婚姻的效力。

最高人民法院行政审判庭作出的法［2005］行他字第 13 号答复印证了以上观点。该答复称，婚姻关系双方或一方当事人未亲自到婚姻登记机关进行婚姻登记，且不能证明婚姻关系系男女双方的真实意思表示，当事人对该婚姻登记不服提起诉讼的，人民法院应当依法予以撤销。由此可见，单纯的婚姻登记瑕疵不足以影响婚姻的效力，婚姻实质要件的欠缺方能影响婚姻的效力。

3. 实例演示

为展示笔者主张之实用价值，特通过以下几种情形进行展示。首先，使用伪造的身份信息或证件进行婚姻登记的情形。笔者认为，人的姓名、年龄、住址等个人信息均可被伪造，但这些身份信息系外界对一个人进行识别的标签，并非这个人本身。一个人犯罪后，无论如何改头换面甚至整容，均不影响法律追究其刑事责任。因此，该瑕疵并不影响婚姻的生效，只要当事人之间存在真实的婚姻合意且无其他无效情形，婚姻行为应为已经生效。其次，假冒他人身份进行婚姻登记的情形中冒名者与他人之间的婚姻关系。该婚姻登记虽然存在瑕疵，但其实际上具有婚姻合意且不容否认存在已经登记的事实，婚姻登记机关也认为婚姻登记系针对其作出，因而登记瑕疵不影响该婚姻关系的生效。再次，当事人未亲自到场进行登记的情形。当事人虽未亲自到场申请婚姻登记，但从其他事实可知其具有婚姻合意的，不影响婚姻行为的成立，未亲自到场登记之程序瑕疵不影响婚姻行为的生效；如当事人之间根本无婚姻合意，则婚姻行为自始未成立，生效亦无从谈起。最后，结婚证虚假的情形。如果是婚姻登记机关为了节省成本，从外面购买不符合统一制式的证本的情形，则不影响婚姻关系的效力。因为该情形下当事人的婚姻合意以及登记机关的登记均客观存在。如果是当事人私自从“办证”小贩手中办理的假证，则由于该婚姻行为实际上并未经登记机关登记，因而应该确认该婚姻行为未生效。

五、结语

马林诺夫斯基说：“家庭不是生物团体的单位，婚姻不是单纯的两性结合。”[①] 婚姻作为一项制度即意味着国家公权力对公民私生活的介入。然而，这种介入应当以尊重事实、尊重婚姻合意为前提。在此基础上，应从婚姻制度设立的目的出发，将介入程度和手段限制在必要范围内。对婚姻无效及相

① 马林诺夫斯基：《文化论》，华夏出版社，第25～26页。

对无效的穷尽式列举，对未经登记的事实婚姻在某种条件下的承认，均表明法律对“事实为先”原则的尊重及对婚姻效力认定问题上的慎重。对未经登记的事实婚姻都可以有条件地承认其效力，更何况婚姻已经登记仅仅存在某些瑕疵。实际上，不仅是婚姻登记，房地产权登记、车辆登记等领域均存在类似困境，《行政诉讼法》第六十一条规定的行政附带民事诉讼形同虚设，行政登记类案件的审理困境亟待解决。

（作者单位：河南省商丘市中级人民法院）

琴瑟和鸣　让婚姻更美好

——从行政审判角度对我国婚姻制度的考察

薛　峰　　王素南

【摘要】 司法实践中，因婚姻登记引发的纠纷，当事人通常选择提起行政诉讼来救济自身权利。此类案件具有类型集中、民行交叉明显、婚姻登记机关的登记瑕疵多为登记申请人恶意欺诈造成等特点。本文分析了涉婚姻登记行政诉讼案件存在的问题，并分析问题存在的原因，提出相关对策，以期助力婚姻纠纷相关审判实践。

【关键词】 婚姻登记　形式审查　补正制度

婚姻是人类文明进程的标志，是一定时期社会制度（法律）所确认的，男女双方以永久共同生活为目的的，以夫妻的权利和义务为内容的结合。婚姻具有强大法律效力，将引发亲属法、财产法和相关的行政法等法律领域产生一系列权利（力）义务的变化。因此，必须保证婚姻的合法性，加强法律对婚姻问题的调整。于是，自人类社会出现婚姻法律制度后，合法性就是婚姻的本质属性。男女两性属于自然属性私事的结合，增加了第三方的介入，为国家所关注和调整。国家总是通过民事、行政和刑事法律手段调整婚姻关系。例如，《中华人民共和国婚姻法》（以下简称《婚姻法》）为婚姻的存废规定各种必须符合的要件，包括实质要件和形式要件。行政法进一步落实婚姻法有关规定，按照婚姻登记的要件要求办理婚姻登记，确保婚姻合法。刑法通过打击重婚罪等保证婚姻的合法性。本文将通过对北京市第一中级人民法院审理的涉及婚姻登记行政案件的考察，从行政法和婚姻法两个角度研究我国婚姻制度，以期通过公法私法共同发力，助力婚姻纠纷相关审判实践。

根据《婚姻法》第八条、第三十一条、第三十五条[①]和《婚姻登记条例》第二条的规定，县级人民政府民政部门的婚姻登记机关或者乡镇人民政府主管内地居民婚姻登记。《婚姻法》第十一条明确规定，因胁迫结婚的，受胁迫的一方可以向婚姻登记机关或人民法院请求撤销该婚姻。《最高人民法院关于适用〈中华人民共和国婚姻法〉若干问题的解释（三）》（以下简称《婚姻法解释（三）》）第1条第2款明确规定，当事人以结婚登记程序存在瑕疵为由提起民事诉讼，主张撤销结婚登记的，告知其可以依法申请行政复议或者提起行政诉讼。以上规定均是人民法院行政审判主管涉婚姻登记行政案件的法律法规根据。因婚姻登记瑕疵引起的纠纷，当事人多选择提起行政诉讼。

一、涉婚姻登记行政诉讼案件及其审理状况

2008年至2018年，北京市第一中级人民法院共受理行政诉讼案件14892件，其中涉婚姻登记行政诉讼案件66件，占行政诉讼案件总数的0.44%。涉婚姻登记行政案件审理呈现出以下特点：

（一）案件类型较为集中

就婚姻登记类型而言，婚姻登记分为结婚登记、离婚登记和复婚登记三种。相应地，涉婚姻登记行政诉讼案件也应主要分为结婚登记行政纠纷、离婚登记行政纠纷和复婚登记行政纠纷。结婚登记纠纷中最常见的案件类型为，婚姻登记当事人结婚登记时提交虚假的登记材料欺骗婚姻登记机关作出登记，例如，借用、冒用他人身份进行登记结婚或使用虚假身份信息登记结婚，当事人认为结婚登记应当被撤销，并提起行政诉讼。该类型案件占结婚登记纠纷的80%以上。离婚登记纠纷中最常见的类型为，离婚登记当事人认为离婚时登记人不具备民事行为能力，认为离婚登记应被撤销，并提起行政诉讼。该类型案件占离婚登记纠纷的95%以上。上述这两类诉讼涉及的案件

① 《中华人民共和国婚姻法》第八条规定："要求结婚的男女双方必须亲自到婚姻登记机关进行结婚登记。符合本法规定的，予以登记，发给结婚证。取得结婚证，即确立夫妻关系。未办理结婚登记的，应当补办登记。"第三十一条规定："男女双方自愿离婚的，准予离婚。双方必须到婚姻登记机关申请离婚。婚姻登记机关查明双方确实是自愿并对子女和财产问题已有适当处理时，发给离婚证。"第三十五条规定："离婚后，男女双方自愿恢复夫妻关系的，必须到婚姻登记机关进行复婚登记。"

均具有民行交叉的特点，较为复杂。复婚登记行政纠纷较少见。

就提起婚姻登记行政诉讼案件的当事人看，既包括婚姻登记的相对人，也包括婚姻登记相对人以外的第三人。第三人申请撤销婚姻登记的类型主要是离婚登记，申请撤销离婚登记的原因主要在于离婚登记的某个相对人不具有民事行为能力。另外，提起婚姻登记行政诉讼案件的当事人的性别数量相比并无明显差异。

就婚姻登记行政诉讼案件原告的诉求看，无论是是结婚登记纠纷，还是离婚登记纠纷，原告均认为行政机关的婚姻登记存在问题，诉讼请求均为要求行政机关撤销婚姻登记或者确认婚姻登记行为无效。也就是说，涉婚姻登记行政纠纷的类型较为单一，不涉及婚姻登记机关违法撤销婚姻登记、无正当理由拒绝婚姻登记、婚姻登记机关滥收费等违法行政侵权类案件。

就婚姻登记行政诉讼案件当事人的救济途径看，虽然根据《婚姻法解释（三）》第一条第二款的规定，当事人也可以对婚姻登记纠纷提起行政复议，但是当事人均未选择行政复议的救济路径，都是通过直接提起行政诉讼来维护自己的合法权益。

就婚姻登记行政诉讼案件的审理对象而言，法院行政审理针对的是婚姻登记机关的婚姻登记行为本身，不直接涉及婚姻效力的判断问题。婚姻登记行为的效力与婚姻的效力是两个完全不同性质的概念，但二者又互相影响。

（二）具有明显的民行交叉特点

婚姻是男女两性结合的社会形式，是作为社会细胞的家庭的起点。现代法治国家，婚姻问题已不再简单地是民事法律关系问题。以结婚登记为例，多国亲属立法例和亲属法学将婚姻成立的要件分为实质要件和形式要件。婚姻成立的实质要件是指结婚当事人的本身状况以及一方与另一方的须符合法律的要求。规定实质要件的目的在于要求婚姻的内容必须合法。形式要件是指成立婚姻的程序必须符合法律要求。二者的关系是，当事人符合实质要件仅意味着具有结婚的可能性，履行法定的结婚程序才能使结婚的可能性变成现实性。同时具备了实质要件与形式要件的婚姻才能为国家所承认，受法律的保护。我国《婚姻法》规定，婚姻成立生效的实质要件是必须符合《婚姻法》第五条规定的自愿原则、第六条规定的年龄要件，且不属于第七条规定的禁止结婚的情形，不存在第十条规定的婚姻无效的情形及第十一条规定的可撤销情形。[①] 婚姻成立生效的形式要件是实行婚姻登记制。只有依法办理结婚登记，婚姻才具有法律效力。

婚姻登记属于行政登记，是具体行政行为。婚姻登记中，主管机关有义务审查是否具备婚姻登记的实质要件。这就使形式要件与实质要件紧密结合在一起。虽然有关婚姻效力的判断主要是民事法律关系层面的问题，婚姻双方当事人的婚姻效力纠纷属于民事纠纷，但是婚姻有效的关键前提是双方之间的婚姻行为已成立，而婚姻登记行为是婚姻成立的形式要件，判断婚姻登记行为的合法性则属于行政法律关系范畴。在婚姻纠纷案件中，经常出现行政纠纷的解决是民事纠纷解决前提的现象。因国家公权力介入民事关系的认定，导致民事诉讼和行政诉论中的案件在司法裁判上存在相互关联和影响的特殊关系。例如，冒名婚姻纠纷案件中，“外在婚姻”（被冒名者与结婚证上另一方的婚姻登记行为）的效力，是解决“内在婚姻”（冒名者与共同生活者之间婚姻效力）的前提。又如，离婚后再婚的情形，若行政诉讼撤销离婚登记，将对撤销离婚登记后双方当事人再婚的资格产生直接影响。《行政诉讼法》第六十一条第一款规定：“在涉及行政许可、登记、征收、征用和行政机关对民事争议所作的裁决的行政诉讼中，当事人申请一并解决相关民事争议的，人民法院可以一并审理。”因婚姻登记引发的纠纷也应当是行政诉讼一并审理民事争议案件的范畴，但如何审理这种民行交叉案件，在司法实践中还有待进一步探讨。

（三）对涉婚姻登记行为案件的审理并不限于审查婚姻登记行为的合法性

通过对涉婚姻登记行政案件的分析发现，99%以上此类案件的婚姻登记机关都尽到了谨慎的形式审查义务，并没有过错或违法行为。婚姻登记纠纷案件中的瑕疵并非婚姻登记机关所为。虽然在涉婚姻登记行政诉讼中，法院审查的重点是婚姻登记机关婚姻登记行为的合法性，但即使是婚姻登记机关

---

① 《中华人民共和国婚姻法》第五条规定：“结婚必须男女双方完全自愿，不许任何一方对他方加以强迫或任何第三者加以干涉。”第六条规定：“结婚年龄，男不得早于二十二周岁，女不得早于二十周岁。晚婚晚育应予鼓励。”第七条规定：“有下列情形之一的，禁止结婚：（一）直系血亲和三代以内的旁系血亲；（二）患有医学上认为不应当结婚的疾病。”第十条规定：“有下列情形之一的，婚姻无效：（一）重婚的；（二）有禁止结婚的亲属关系的；（三）婚前患有医学上认为不应当结婚的疾病，婚后尚未治愈的；（四）未到法定婚龄的。”第十一条规定：“因胁迫结婚的，受胁迫的一方可以向婚姻登记机关或人民法院请求撤销该婚姻。受胁迫的一方撤销婚姻的请求，应当自结婚登记之日起一年内提出。被非法限制人身自由的当事人请求撤销婚姻的，应当自恢复人身自由之日起一年内提出。”

在登记时候尽到了谨慎合理的审查义务，婚姻登记行为仍然可能因为婚姻登记的双方当事人违反结婚或离婚的实质要件而被判决撤销。例如，在一起要求撤销离婚登记行为的行政案件中，法院依据法医学鉴定意见书，认为离婚登记时的当事人不具备民事行为能力，虽然婚姻登记机关尽到了审查义务，也判决撤销了离婚登记行为。①

二、审理涉婚姻登记行政诉讼案件存在的问题及原因分析

（一）审理涉婚姻登记行政诉讼案件存在的问题

通过对审理涉婚姻登记行政诉讼案件的梳理与分析，发现主要存在以下问题：

1. 涉婚姻登记行政诉讼案件的裁判标准不统一

婚姻登记行政诉讼常见案件裁判标准存在不统一的问题。裁判标准不统一主要存在于结婚登记纠纷中借用、冒用或者虚假他人身份进行登记结婚引发的案件中。在实践中，婚姻登记纠纷具有暴露迟、揭露晚等特点，当事人难以及时提起行政诉讼。由于婚姻关系的人身性、特殊性，当事人从结婚到离婚一般超过 5 年，早已超过了行政诉讼的法定起诉期限。所以，行政审判在法定起诉期限上经常会出现两难的抉择，要么是严格按照法定起诉期限的规定，对超过法定起诉期限的案件予以驳回。要么是对法定起诉期限不予理睬，仍然对案件进行审理，实质化解纠纷。若严格按照法定起诉期限审理案件，会导致面临崩溃边缘的婚姻关系不可调控，社会安定受到影响。而忽略法定起诉期限，对婚姻关系进行调控，又会违反法律，损害司法权威。因为没有统一的审查标准，相同案情的案件会出现同案不同判的情况。例如，就结婚登记中冒用他人身份登记结婚类案件，法院经审查作出的裁判结果完全不同。有的案件，法院以当事人起诉超过法定起诉期限为由，裁定驳回当事人的起诉。有的案件，法院认为虽然超过法定起诉期限，但是从实质化解行政纠纷的角度考虑，依然判决撤销了被诉的结婚登记。结婚登记中补发结婚证案件中，在法院已经判决当事人离婚的情况下，当事人出于其他目的申请婚姻登记机关补发结婚登记。婚姻登记机关因不掌握法院判决离婚的事实为

---

① 参见（2015）海行初字第 1051 号案件。

当事人补发结婚证，后当事人又起诉法院要求撤销补发的结婚登记证。有的案件，法院以补发的结婚登记证并未给当事人设置新的权利义务为由裁定驳回原告的起诉。有的案件，法院认为，补发的结婚证与生效的民事离婚判决相悖，判决撤销补发的结婚登记。

2. 行政诉讼的功能未得到完全释放

（1）多样化的行政诉讼判决方式未得到有效运用

如前所述，通过对涉婚姻登记行政诉讼案件的分析，发现法院的裁判方式较为单一。婚姻登记存在瑕疵情形的，法院仅具有撤销登记行为的判决，基本无确认违法或无效判决，无要求行政机关重做或补正的婚姻登记的判决。针对违法行政行为，行政诉讼的判决方式有撤销判决、确认违法和确认无效判决。虽然就婚姻登记行为而言，撤销判决和确认无效判决在后果上是相同的，都意味着婚姻登记行为的自始无效，但对当事人却有不同的意义。当事人请求撤销婚姻登记行为受到法定起诉期限的限制，请求确认婚姻登记行为无效则不受法定起诉期限的限制，可以更好地保护当事人的合法权益。行政诉讼不同的判决方式具有不同的功能，可以针对不同的案情，从保护当事人合法权益的角度进行不同的选择适用。

（2）行政诉讼中一并审理民事争议制度的功能未得到有效发挥

涉婚姻登记行政诉讼案件具有民行交叉的特点。在婚姻登记行政纠纷中，法院审查的重点是婚姻登记行为的合法性问题，而非婚姻关系的效力。但是仅仅通过行政诉讼解决婚姻登记纠纷，可能出现这两种情况：一是“纯正”的行政判决，即单纯审查婚姻登记行为的合法性。只要存在行政诉讼法规定的予以撤销的情形，一律撤销婚姻登记行为。一旦撤销了婚姻登记行为，婚姻关系的成立就失去了基础；二是“变相”的民事判决，即对一些虽然存在程序违法，但不影响效力的婚姻，则干脆由通过行政诉讼审查行政行为，转向审查婚姻关系，并用民法上的理由作为行政判决的根据，使行政判决变成了“穿行政判决外衣的民事判决”[①]；或者当事人在提起行政诉讼解决了婚姻登记的先决问题之后，再另行提起民事诉讼。实际上，这完全可以通过行政诉讼中一并审理民事争议制度进行解决。而司法实践中，根本没有婚姻登记纠纷的当事人在提起行政诉讼的同时一并提起审理民事争议的申请。法院可

① 王礼仁：“解决婚姻行政诉讼与民事诉讼‘打架’之路径”，载《法律适用》2011 年第 2 期。

以通过一并审理民事争议制度审理该类案件，无须异化行政诉讼的审理对象，使行政判决变成“穿行政判决外衣的民事判决”。

3. 涉婚姻登记行政审判存在空转的趋势

对于此类行政案件的审理，由于未能处理好民行交叉的问题，导致行政审判不能解决当事人的实体问题。例如，司法实践中经常遇到一方使用伪造的虚假身份信息与另一方登记结婚的案件，因无法证明与其结婚者的真实身份，难以提起离婚诉讼。被欺骗的一方通常会提起行政诉讼请求撤销婚姻登记机关颁发的结婚证。在被欺诈一方无法证明欺诈方结婚登记时使用的证件系伪造的情况下，法院通常不直接调查取证，而是以婚姻登记机关尽到了形式审查的义务为由，裁定驳回原告的起诉或驳回原告的诉讼请求。这种“纯粹形式审查”思维使行政审判存在空转的现象，案件事实难以查清，当事人的合法权利难以得到保护。

（二）涉婚姻登记行政诉讼案件存在问题的原因

1. 不诚信及对婚姻的不重视

随着我国经济高速发展和社会转型，在人们获益增多的同时，一些人仅追求个人利益最大化的思想和行为以不诚信的方式在社会的方方面面体现出来。“宁在宝马车上哭，不在自行车上笑”和为了经济适用房等物质利益而随意结婚、离婚等充满物欲的婚姻观在一段时间内泛滥，“闪婚闪离”逐渐增多。这都是不诚信在婚姻问题上的反映。婚姻既是一项社会制度，但同时也是个体安排生活的一种方式。随着社会的变迁和经济的发展，国家与社会关系进一步理顺，家庭由公共领域向私人领域回归，婚姻由传统的“父母之命、媒妁之言”转变为可以由婚姻当事人自由掌控的“分分合合”。经济的发展使无论男女基本上都可以在市场体系中找到自己生存的立足点，不再依赖婚姻对自己进行保护。而婚姻作为一种生活方式，道德及国家法律都不再对其 施加像传统社会那样多的“干预”，人们可以“随心所欲”地选择自己的婚姻状态。人们可以选择结婚，也可以选择不结婚，也可以把婚姻作为一种手段以获取自己的目的，也可以在通过婚姻获取自己目的之后选择离婚。这些选择因婚姻私人生活方式的性质及国家的放松管控而无需承担过多的责任和来自家族及社会的舆论压力，人们对婚姻的态度呈随意化、淡漠化趋势，不再那么重视婚姻。随之而来的是“闪婚闪离”几乎已经成为一种社会时尚，使用伪造、变造或者冒用他人身份证件、户口簿、无配偶证明及其他证件、证明材料骗取结婚登记、故意隐瞒无民事行为能力或限制民事行为能力状况等婚姻登记严重失信行为层出不穷。

2. 未能理清婚姻法与行政法的私法与公法的关系及其适用

虽然通说认为婚姻登记行为的性质为行政确认，但婚姻登记行为具有婚姻法与行政法等私法与公法的双重属性。行政确认，是指行政主体对于象征相对人的法律地位、法律关系或有关法律事实进行甄别，给予确定、认可、证明（或否定），并予以宣告的具体行政行为。[①] 行政确认是对已有的特定法律事实和法律关系的认定，本身并不设定权利义务，实质上是行政主体对法律事实予以确认或登记在案，以备公众查阅，并且通过证明等手段使其权利和地位为他人所公认。行政确认的本质在于使个人、组织的法律地位和权利义务获得法律上的稳定性，是国家行使管控权的体现。就婚姻登记而言，当事人提起婚姻登记申请时，只要符合法定结婚条件，不需要经过行政机关的行政许可[②]就具备婚姻关系主体身份。只是国家为了确定婚姻家庭关系，维护家庭稳定与社会秩序安定，保护双方当事人及善意第三人的合法权益，设立婚姻登记制度，通过婚姻登记，颁发结婚、离婚证书等国家确认形式表明行为人的婚姻状态。只有经过婚姻登记，其婚姻关系的设立或消除才会被国家和社会认可，才会产生相应的法律效力。因而婚姻登记机关对缔结或解除婚姻登记申请具有审查、登记的法定职权，因婚姻登记机关办理婚姻登记过程中产生的纠纷，具有行政争议属性。然而婚姻登记机关确认的男女双方的婚姻关系是民事关系，只是由于秩序的需要，国家公权力介入了私人领域。因此，婚姻登记是公民意思自治与国家干预的结合。婚姻登记的公法属性与公民意思自治的私法属性共存。公法与私法的交织引发的争议则势必在婚姻法与行政法中体现，从而导致婚姻登记行政诉讼司法审查的种种问题。如何理顺婚姻法与行政法等私法与公法之间的关系，准确定位纠纷的性质，

---

① 姜明安：《行政法与行政诉讼法》，法律出版社 2007 年版，第 184 页。

② 行政许可，是指在法律一般禁止的情况下，行政主体根据行政相对人的申请，通过颁发许可证或执照等形式，依法赋予特定行政相对人从事某种活动或实施某种行为的权利或资格的行政行为。行政许可则是准许其获得过去没有的权利，是权利的赋予，具有后及性。有许可性质的登记能直接产生法律效果而不需要以其他法律行为、法律事实为基础且能赋予行政相对人特殊的行为资格从而带来较大利益的登记。如公司登记、社团登记等。登记与否是一种单方行为，只不过决定登记是与当事人意志是重合的，只有在不登记时才能充分显示其单方意志性。

有效选择适当的纠纷处理机制，是婚姻登记行政诉讼司法审查困境的症结所在。

3. 婚姻登记机关仅对婚姻登记当事人提交的材料进行形式审查的做法被不良当事人利用和钻空子

按照《婚姻登记条例》的规定，登记机关在进行登记之前应当进行事前审查，考察当事人的情况及其真实性，然后决定予以登记或者不予登记，基于效率和对婚姻登记双方的信任，事前审查主要是一种形式审查。婚姻登记机关只能对婚姻的实质要件进行形式审查。当事人符合结婚或离婚的实质要件，因非本人到场、未签名或非本人签名、登记的名字或日期出现错误等登记程序不符合法律的要求等错误登记行为，没有可供婚姻登记机关纠正的事后审查权限和程序，还存在其他一些特殊问题需要婚姻登记机关事后审查解决，却无法律依据。例如，假冒他人身份证件的登记、偷取对方证件请他人办理登记等现象，现实中尚处于“无法可依”的状态。婚姻登记行为具有公私法双重属性，其行政行为属性不可忽视。事后审查是依法行政的题中应有之义，行政机关有权力也有责任对不符合所适用的法律规定的事实条件、程序条件或者适用法律发生错误的行政行为予以纠正。就登记行为而言，一般不会出现适用法律错误的问题，所以，事后审查主要应包括事后的事实审查和事后的程序审查，这两项审查权在诸多涉及民事关系的行政登记行为当中均存在。例如，收养登记行为①、房屋权属登记行为②等，登记机关发现已完成的登记事实上或者程序上不符合法律规定的登记条件，均有权撤销登记行为。但是，目前我国婚姻登记机关对其做出的婚姻登记行为的事后审查职责范围仅限于“胁迫婚”。而实践中，婚姻登记机关对“被胁迫”婚姻登记的撤销基本上已经被闲置。

4. 割裂的研究方法和审判方式难以充分应对民行交叉等复合型问题

传统上，关于婚姻的问题，主要有婚姻法学和民事审判研究，关于行政

---

① 《收养登记工作规范》第三十条规定：“收养关系当事人弄虚作假骗取收养登记的，按照《中国公民收养子女登记办法》第十二条的规定，由利害关系人、有关单位或者组织向原收养登记机关提出，由收养登记机关撤销登记，收缴收养登记证。”

② 《房屋登记办法》第八十一条规定：“司法机关、行政机关、仲裁委员会发生法律效力的文件证明当事人以隐瞒真实情况、提交虚假材料等非法手段获取房屋登记的，房屋登记机构可以撤销原房屋登记，收回房屋权属证书、登记证明或者公告作废，但房屋权利为他人善意取得的除外。”

行为的问题主要有行政法学和行政审判研究。由于涉婚姻登记行政案件具有强烈的民行交叉特点，事关公民的基本宪法权利，单一学科理论和审判实务难以充足的理论基础和审判实践，充分保护公民的基本宪法权利。例如，对婚姻效力及婚姻登记行为的审查是分别进行的，行政审判与民事审判各自审理各自的对象。行政诉讼不能解决撤销婚姻登记后婚姻效力的问题，民事诉讼不能解决婚姻效力依据载体的婚姻登记行为。

三、解决路径

（一）以实质化解行政争议的理念统一涉婚姻登记行政诉讼案件的裁判标准

解决行政争议是行政诉讼的立法宗旨之一。面对婚姻法与行政法就婚姻登记行为程序违法的法律后果规定的竞合之处，我们认为，应当从婚姻法与行政法的基本理念和价值取向出发，确定婚姻登记行为程序违法法律后果认定标准，区别不同的案件类型，从保护当事人合法权益及婚姻成立的实质要件角度进行裁判。例如，冒名婚姻登记关系中，只要婚姻双方当事人符合结婚或者离婚的实质要件，不应以婚姻登记行为程序违法为由撤销婚姻登记行为。行政诉讼法对行政程序的规定其实质是为了“控制和规范行政权”，若行政程序严重违法，就会直接判定违法而忽略对行政行为实体合法性的考量，使行政主体承担不利的法律后果，切实维护行政相对人的合法权益。但由于婚姻登记行为具备公示婚姻关系的特殊功能，登记的方式可以将当事人发生婚姻关系或消灭婚姻关系的意思表示出来，其效力范围波及广泛，不仅限于家庭，而且向社会辐射。婚姻登记与与婚姻人伦秩序的维系、家庭关系的健全、子女的正常成长、财产关系的稳定、社会的和谐密切相关。若仅因婚姻登记程序违法而简单否定既定的婚姻关系，显然不利于当事人权益的保护与社会秩序的稳定，这与行政法的立法初衷和立法原意也是相违背的。因此人民法院对程序违法婚姻登记行为的审查标准应有别于其他行政行为，不能简单地因程序违法而否定登记行为的效力。

（二）以行政行为补正制度促进行政诉讼多样化判决方式的运用

行政行为补正制度，是指行政主体对具有轻微程序瑕疵的行政行为予以事后补救，使其消除程序违法情形，从而维持其合法效力的法律制度。具体到婚姻登记程序瑕疵的补正制度上，是指婚姻登记机关对轻微的、不影响婚姻实体效力的程序瑕疵予以事后补救，使其消除程序瑕疵，维持婚姻合法效力。《行政诉讼法》第七十四条的规定，行政行为违法，但不具有可撤销内容的，人民法院可以判决确认违法。确认行政行为违法但不撤销，此处的不具有可撤销内容既包括管理中的事实行为，又包括形式欠缺的具体行政行为。法院在审理婚姻登记行政案件中认定婚姻登记行政行为违法后，可以责令登记机关对之前的登记行为予以补正。与“撤销加重做”的判决方式相比，补正制度因其效力溯及既往而更能保障符合婚姻实质条件当事人的利益，而与“撤销加补办”相比，在一个行政诉讼中同步解决该问题更节约司法与行政资源、减少当事人登记成本，提高婚姻关系的恢复效率。因此，对于一般瑕疵的结婚登记，在其不涉及违反结婚实质要件的前提下，均可根据新行政诉讼法中的“补正”路径予以处理，而非一竿子的无效或可撤销。与此类似，婚姻法中也有类似的观点。例如，虽然虚假的意思表示不具有结婚合意的效力，但是结婚后如果已有以夫妻关系同居生活的事实，可认为以前的意思表示的瑕疵已被治愈。[①]

（三）进一步完善行政诉讼一并审理民事争议制度保障当事人合法权益

在瑕疵婚姻登记的法律效果中包含婚姻是否成立与婚姻是否有效两方面的内容，婚姻是否成立涉及婚姻登记程序是否合法，而婚姻是否有效涉及的是婚姻效力有无的考察。从行政行为的性质来看，行政行为的公定力决定该行为一经作出，便具有国家意志先定力，决定了民事主体必须予以服从。因此，即使行政行为违法，但在依照法定程序被否认效力之前也应当具有效力。简言之，行政行为的公定力性质导致在此类民行交叉的案件中，行政行为的合法性问题与婚姻成立生效之间的关系存在必然联系，二者可以合并。

目前，对于民行交叉问题的研究多集中于不动产登记、工商登记中讨论，以婚姻登记为切入点的较为少见，但婚姻因其“身份契约”的性质，在司法判断中应更为谨慎化、谦抑化。在救济路径的选择上应综合考量基本法理、审判效率、司法成本等综合确定。就冒名登记婚姻而言，婚姻登记行政行为属于行政登记无疑，而在判断冒名登记所涉民事争议是否与行政争议有“内在关联性”上，冒名登记符合受到行政行为影响的后续民事权利义务关系出

① 杨大文主编：《亲属法》，法律出版社1997年版，第83页。

现争议的情形，即对于“外在婚姻”的婚姻登记行为效力的判断是解决“内在婚姻”当事人婚姻关系问题的前提，两项不同的婚姻关系中只有一项能够成立有效。换言之，冒名登记婚姻情形可以适用《行政诉讼法》第六十一条规定的当事人申请一并解决相关民事争议制度。因此，在具体起诉过程中，真实登记一方作为原告向有管辖权的人民法院对婚姻登记行为提起行政诉论时，可以同时提出一并解决与其具有实质婚姻关系的“配偶”间的婚姻效力至分割财产、继承关系、子女收养等问题，从而一并解决行政争议与民事争议，使自身权益得到及时、合法的保护。解决行政民事争议是行政诉讼中还不太成熟的制度，应进一步探索该制度在司法实践中的具体运用。

（四）进一步加强对可撤销婚姻登记行为等重点问题的研究

撤销婚姻与撤销婚姻登记行为是两个不同的概念。撤销婚姻针对的对象是婚姻关系，属于民事法律关系范畴；撤销婚姻登记行为针对的是登记机关作出登记的行政行为，属于行政法律关系范畴。撤销婚姻主要有行政程序和诉讼程序两种。根据《婚姻登记条例》第九条规定，因胁迫结婚的，受胁迫的当事人依据《婚姻法》第十一条的规定向婚姻登记机关请求撤销其婚姻。《婚姻登记工作规范》第五十二条、五十三条[①]也进一步予以明确规定。根据《婚姻法》第十一条规定，受胁迫一方婚姻关系当事人也可以向人民法院请求宣告撤销婚姻。根据《婚姻法解释（一）》第十一条的规定，人民法院审理婚姻当事人因受胁迫而请求撤销婚姻案件，应当适用简易程序或普通程序。撤销婚姻登记行为目前可以通过行政复议或者提起行政诉讼解决。《婚姻法解释（三）》第一条第二款明确规定，当事人以结婚登记程序存在瑕疵为由提起民事诉讼，主张撤销结婚登记的，告知其可以依法申请行政复议或者提起行政诉讼。婚姻登记瑕疵属于瑕疵行政行为。我国有行政法学者认为，具体行政行为按瑕疵的程度，可以分为明显轻微的瑕疵、一般瑕疵和重大而明显的瑕疵三类。其中一般瑕疵是除明显轻微的瑕疵和重大而明显的瑕疵以外的瑕疵。对具有明显轻微瑕疵的行政决定可予补正，对具有一般瑕疵的行政决

---

① 自2016年2月1日起实施的民政部《婚姻登记工作规范》第五十二条规定：“婚姻登记处对不符合撤销婚姻条件的，应当告知当事人不予撤销原因，并告知当事人可以向人民法院请求撤销婚姻。”第五十三条规定：“除受胁迫结婚之外，以任何理由请求宣告婚姻无效或者撤销婚姻的，婚姻登记机关不予受理。”

定可予撤销，具有重大而明显瑕疵的行政决定则属于无效行政决定。[①] 婚姻登记瑕疵主要包括非本人亲自到场、冒名登记、使用虚假信息登记、越权登记、婚姻登记证书失误记载、非婚姻登记人员登记等几种类型。对于明显轻微瑕疵的行政行为，行政主体可以依职权或应申请或依据法院的判决予以补正，例如婚姻登记证书失误记载这种情形。对于具有重大而明显瑕疵的行为，法院应判决确认该行政行为无效。《行政诉讼法》第七十五条规定[②]了行政行为应当被法院判决无效的情形。婚姻登记瑕疵中的越权登记就属于这种情形。对于一般瑕疵行为，适用行政行为可撤销制度，应当奉行“以司法撤销为主，以行政撤销为辅”的原则。《行政诉讼法》第七十条规定[③]了行政行为可撤销的情形。根据我国目前的法律法规规定，婚姻登记瑕疵的可撤销仅能通过诉讼实现。婚姻登记瑕疵案件中，冒名登记案件及使用虚假身份登记案件是常见的案件类型。冒名登记案件中登记人多是因为未达到法定结婚年龄，冒用自己亲属的身份证件进行登记结婚，具有婚姻登记的真实意思表示，提起行政诉讼时双方当事人通常是符合婚姻登记的实质要件的，笔者认为不宜判决撤销婚姻登记，而是通过补正制度救济比较合适。针对使用虚假身份登记的案件，婚姻登记双方不具有结婚的真实意思表示，属于法院应当判决撤销的婚姻登记瑕疵。

从实践中婚姻登记行为的过程来看，婚姻登记结果是否准确，是否与客观真实一致，不仅取决于登记机关是否尽到审查义务，有些时候更取决于当事人是否诚信守法。在申请人恶意欺诈的情形下，即使登记机关严格审查，由于登记的时限性、效率性要求，也可能无法识破当事人的非法意图，从而产生了错误的登记结果。在婚姻登记行为中，登记人向婚姻机关进行申请，然后婚姻登记机关针对该申请作出婚姻登记的行为。对相对人申请参与的意思表示，行政机关可以接受，也可以拒绝，行政机关在接受相对人的意思表示后就应视为是行政机关的意思表示。相对人的意志被行政机关的意志吸收

---

① 叶必丰：《行政法与行政诉讼法》，武汉大学出版社 2008 年版，第 211 页。

② 行政行为有实施主体不具有行政主体资格或者没有依据等重大且明显违法情形，原告申请确认行政行为无效的，人民法院判决确认无效。

③ 行政行为有下列情形之一的，人民法院判决撤销或者部分撤销，并可以判决被告重新作出行政行为：（一）主要证据不足的；（二）适用法律、法规错误的；（三）违反法定程序的；（四）超越职权的；（五）滥用职权的；（六）明显不当的。

转化为行政意志的同时，相对人行为或意思的瑕疵也转化为行政行为的瑕疵。相对人以欺诈手段所提出的申请，是一种违法行为，行政机关受相对人欺诈所作的行政行为依据的事实是错误的，应视为是主要证据不足的行政行为，应被撤销。但该情形应厘清导致该违法行为发生的过错方。婚姻登记机关此时没有过错。当法律对行政机关的审查进行限制时，行政机关就不能突破制度框架，因而其对当事人申请材料的识别能力在法律上是有限度的，行政机关基于法律的限制而无法发现和查明的欺诈行为，不应当被视为过错。行政机关没有发现且不应当发现欺诈嫌疑，但受欺诈行政行为发生的，则只能认定为相对人过错。此时，行政行为违法与行政机关过错没有对应关系，尽管相对人的意思表示已转化为行政行为的违法，但相对人的过错并没有转化为行政机关的过错。因此，只要婚姻登记机关依照《婚姻登记条例》《婚姻登记工作规范》的规定收集了应当收集的申请材料并尽到必要注意义务，且该材料不足以让登记工作人员产生应有的怀疑，那么，即使不符合婚姻登记实质要件的行政行为发生，也不应认定为婚姻登记机关过错。对于行政机关没有过错的情况下，虽然婚姻登记行为被撤销，但也不应当承担不利的法律后果。

（五）进一步加强对涉婚姻登记制度的基础理论研究

以婚姻不成立、无效与可撤销等为例。首先需要进一步健全婚姻不成立、无效与可撤销的法律制度。婚姻不成立、无效与可撤销所指向的是婚姻行为。从民法理论出发，法律行为的成立与有效这两个概念在适用法律规则及认定标准上均有所差异。法律行为的成立一般属于事实层面上的判断，关注的是某项法律行为是否存在的问题。而法律行为的有效则指为了使已成立的法律行为产生法律效力而需要具备的要件，国家可以出于管制的目的对私人行为加以评价设立强制性规定。某一个法律行为的成立与有效均有其各自独立的适用规则，但成立是生效的前提。婚姻关系作为民事法律行为的一种，同样也适用法律行为成立与有效的区别问题。婚姻成立指男女之间的两性关系因符合法定的成立要件而被法律认为婚姻关系产生或存在。因婚姻关系是身份关系，可能存在违反人伦及公序良俗，国家当然对婚姻成立行为进行“干涉”。结婚是一种法律行为，具备法定的要件，依法成立的婚姻才可能具有合法婚姻的法律效力。婚姻成立、有效的法定要件分为两大类：一是形式要件，二是实质要件。按照婚姻的成立与不成立理论，婚姻成立并不是因为有结婚行为，而是因为结婚行为符合婚姻法第八条、《婚姻登记条例》第四条、第五条、第七条、第八条所要求的结婚登记形式要件。成立的婚姻要生效，必须同时具备下列实质要件：符合《婚姻法》第五条规定的自愿原则、第六条规定的年龄要件，不属于第七条规定的禁止结婚的情形、第十条规定的婚姻无效的情形以及第十一条规定的可撤销婚姻的情形。也就是说，在我国结婚登记是婚姻关系成立的唯一法定程序和形式要件。符合结婚实质条件的男女双方，只有在办理了结婚登记并取得结婚证后，其婚姻关系才受国家法律的承认和保护。这是结婚登记效力的体现。正是在此意义上，登记所涉及的评判标准是结婚的程序要件及形式要件，要解决的问题是婚姻是否成立，而与婚姻的性质即婚姻有效、无效还是可撤销无关。

与婚姻成立的概念不同，无效婚姻制度及可撤销婚姻制度则是婚姻的有效要件，是对符合成立条件的婚姻进一步予以评价。无效婚姻并不是承认婚姻，而是指违法的两性结合不产生婚姻的法律效力。无效婚姻不是婚姻的种类之一，它只是用来说明借婚姻之名而违法结合的一个特定概念。根据《婚姻法》第十条的规定，重婚，近亲结婚，婚前患有医学上认为不应当结婚的疾病、婚后尚未治愈，未达到法定结婚年龄等四种情形属于无效婚姻。由于无效婚姻针对婚姻的实质要件采用的是有限列举式的规定，排除了因婚姻登记机关登记程序出现问题而使婚姻成为无效婚姻的可能。可撤销婚姻则是指受胁迫而结婚的情形。《婚姻法》第十一条规定：“因胁迫结婚的，受胁迫的一方可以向婚姻登记机关或人民法院请求撤销该婚姻。”第十二条同时规定：“无效或被撤销的婚姻，自始无效。”因此，婚姻的不成立与无效、可撤销之间存在本质区别。

四、结语

每一个家庭都是社会这个“大家”的基础单位，而婚姻关系的构建则是家庭关系形成的基础细胞。当面临婚姻登记的实质要件与形式要件存在不一致的情况时，如何判定相关法律关系的效力、采取何种救济方式解决相关问题、在审判实务中如何尽快统一评判标准、实现行政审判与民事审判殊途同归地维护当事人的合法权益等问题亟需得到解决。现代法治国家，公法已深深介入到社会的方方面面，婚姻登记就是典型的事例。同时，由于法学部门及司法审判部门的不同，研究问题的思维方式和方法迥异，导致涉婚姻登记的案件在理论方面研究不足，实践方面当事人难以维权。只有统一行政法和婚姻法的不同理论和方法，合理建构相关制度，才能更好地保护婚姻制度，打击利用婚姻制度非法谋利，共建美好生活。

（作者单位：北京市第一中级人民法院）

调查研究

2017年度广东省行政诉讼情况报告

广东省高级人民法院

2017年，广东省各级法院紧紧围绕国家和广东工作大局，严格贯彻行政诉讼法，以“努力让人民群众在每一个司法案件中感受到公平正义”为目标，全面加强行政审判工作，维护人民群众合法权益，推动行政争议实质性化解，力促行政机关依法行政，为广东省实现“四个坚持、三个支撑、两个走在前列”目标提供了有力的司法保障。

一、2017年度行政诉讼概况

（一）行政诉讼案件概况

1. 行政诉讼案件年度增长情况。2017年，全省法院一审行政案件收案继续上升，新收18170件，同比增长16.48%。新收二审行政案件9319件，同比增长10.34%，增速放缓。

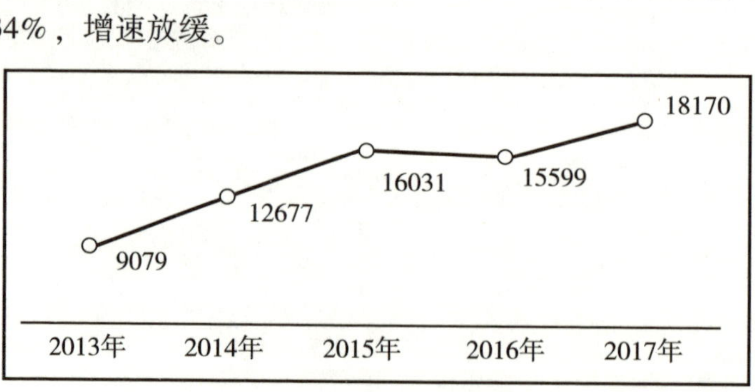

图1　新收一审行政案件数

一审行政案件上诉率 52.4%，同比下降 1.6 个百分点。当事人不服生效裁判申请再审 1386 件，申请再审率 7.8%，同比下降 3.5 个百分点。上诉率和申请再审率双双下降，行政审判化解纠纷的效果提升。

2. 广东省行政诉讼案件在全国占比情况。2017 年，全省新收一审行政案件数量排名全国第 3 位（前两位是北京市 20950 件、河南省 20783 件），排名较上一年度上升了 1 位，占全国一审收案总数的 7.89%，同比回升 0.97 个百分点。

3. 行政诉讼案件类型分布情况。2017 年，全省新收一审行政案件类型总体仍较为分散，其中收案最多的两类是劳动和社会保障类（3320 件）和城建类（1774 件）案件，分别占全省一审收案的二成和一成。分大类观察，在全省一审行政案件中属于社会管理类行政争议（如涉社保、公积金、公安等）约占 60%，属于空间管理类行政争议（如涉国土、规划、环保、建设等）约占 25%，属于经济管理类以及其他类行政争议（如涉市场监管、财税、海关、知识产权等）案件约占 15%。

4. 行政诉讼案件地区分布情况。2017 年，全省行政案件地域集中度进一步攀升，我省属于粤港澳大湾区的九市（广州、深圳、佛山、东莞、中山、惠州、珠海、肇庆、江门）新收一审行政案件共 14781 件，占全省的 81.35%，同比上升 3.5 个百分点。粤东西北一审新收案件数与 2016 年基本持平，大湾区成为全省行政案件主要增长源。

5. 行政诉讼裁判结果情况。2017 年，全省共审结一审行政案件 17776 件，其中直接判决行政机关败诉的 1864 件，行政机关改变行政行为后裁定准予原告撤诉的 27 件，合计 1891 件，行政机关一审败诉率为 10.7%，较上年度下降了 1.5 个百分点。分类型看，败诉率相对较高的案件，是农村集体经济组织成员资格确认以及村民待遇处理纠纷（含“外嫁女”纠纷）、征地拆迁纠纷和商事登记纠纷等。

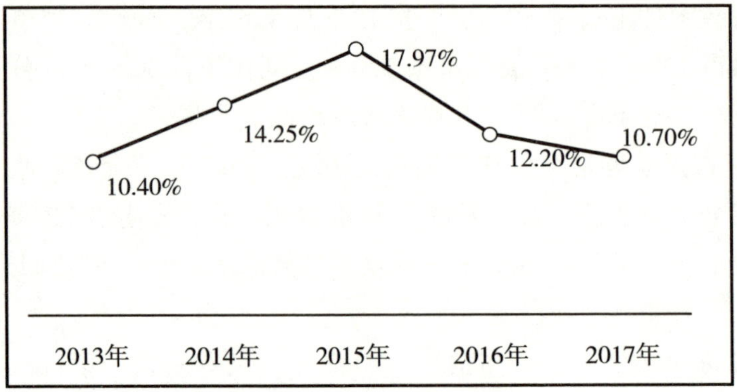

图 2　行政机关一审败诉率

（二）行政非诉案件审查概况

1. 非诉审查案件继续增长。2017 年，全省法院新收行政机关申请法院强制执行行政行为的案件即行政非诉审查案件 29433 件，同比增长 13. 5%，审结 29801 件，同比增长 6. 91%。新收不服法院非诉审查裁定向上一级法院申请复议 104 件，复议率 0. 35%。非诉审查案件类型较集中，土地、公积金、环保和交通这 4 类案件占全部非诉审查案件的 74%。

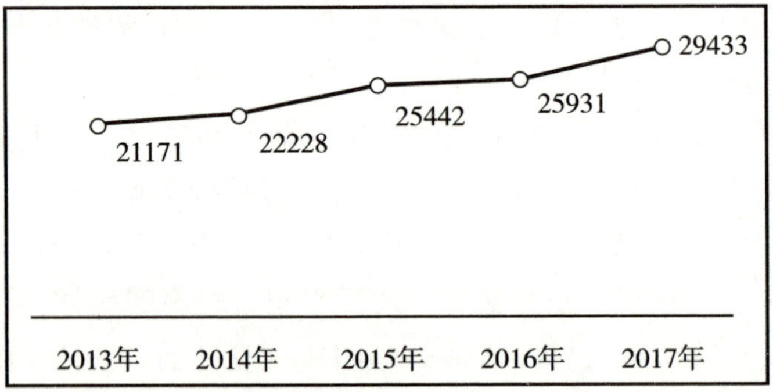

图 3　新收行政非诉审查案件数

2. 准予执行率止跌回升。2017 年，全省法院裁定准予强制执行行政行为 23201 件，准予执行率 77. 85%，同比回升 1. 56 个百分点。各类行政行为中不准予执行率相对较高的，是土地类、环保类行政行为。

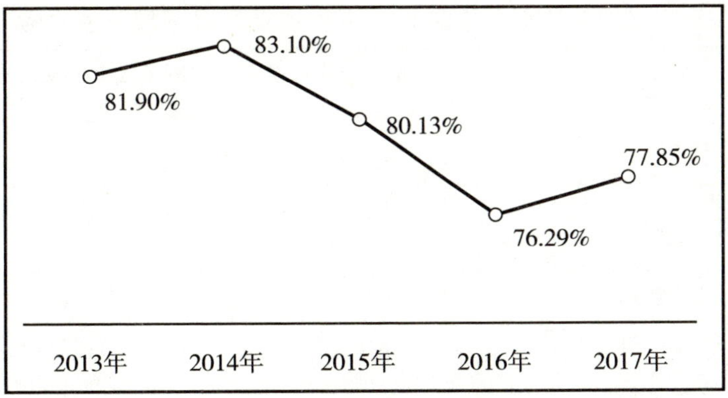

图4 行政行为裁定准予执行率

（三）行政案件特点

1. 矛盾趋于平缓。一是群体性诉讼锐减。2017 年，全省法院新收一审行政案件中，原告一方在 10 人及以上的群体性案件共 150 件，同比减少 53%。二是案件级别管辖的“倒金字塔”现象略有改善。全年各中级人民法院新收一审行政案件 2878 件，占全省法院新收一审行政案件的 15. 84%，比重回落了 2. 81 个百分点，基层法院受理一审行政案件的比重开始上升。

2. 诉求更加多元。从 2017 年新收的案件看，原告提出的诉讼请求更加多元，请求保障的利益，既包括实体权益，也包括程序权益，对因行政机关违反程序义务导致原告遭受经济损失的，起诉请求行政机关承担行政赔偿责任；请求审查的行政行为，不局限于具体行政行为，进一步扩大到对该行政行为依据的“红头文件”；请求解决的纠纷类型，不局限于行政争议，还包括与行政争议相关的民事争议。全省法院贯彻新行政诉讼法关于完整、及时、有效救济的原则，积极回应群众司法需求，全年审结行政一并解决民事争议的案件 2 件，附带审查规章以下规范性文件 22 份，确认《广州市中小客车总量调控管理办法》《佛山市人民政府关于公布实施 2012 年深化行政审批制度改革事项目录（第一批）的通知》《广州市食品药品监管系统食品药品违法行为举报奖励办法》等规范性文件的有关条款不合法。

表1 2017年全省法院附带审查的规章以下规范性文件

序号	制定机关	法院附带审查的规范性文件有关条款
1	广东省公安厅	《广东省公安厅关于办理无犯罪记录证明的规定（试行)》第四条
2	广州市人民政府	《广州市既有住宅增设电梯试行办法》第三条、第十一条
3	广州市人民政府	《广州市中小客车总量调控管理办法》第十二条
4	广州市人民政府	《转发市国土房管局关于调整我市国有建设用地使用权出让金计收标准的通知》（穗府办〔2010〕35号）第一条第（二）项、第二条第（十一）项第3目、第三条第（一）项第4目、第四条第（二）项
5	广州南沙经济技术开发区管理委员会 广州市南沙区人民政府	《广州南沙集体土地房屋征收补偿安置指导意见》（穗南开管办〔2013〕8号）第六条、第八条
6	广州南沙经济技术开发区管理委员会 广州市南沙区人民政府	《广州南沙征收集体土地补偿安置办法》（穗南开管办〔2013〕9号）第八条
7	广州市食品药品监督管理局	《广州市食品药品监管系统食品药品违法行为举报奖励办法》（穗食药监法〔2014〕102号）第十条
8	广州市公安局	《广州市公安机关办理无犯罪记录证明规定》第四条
9	广州市国土资源和房屋管理局 广州市财政局	《转发省建设厅省财政厅关于贯彻建设部财政部〈住宅专项维修资金管理办法〉有关问题的通知》第一条第二款第（一）项
10	广州市交通运输管理局	《广州市交通运输管理局关于做好2016年广州地区道路春运加班包车管理有关工作的通知》（穗运管〔2016〕8号）第二条
11	深圳市公安局交通警察局	《关于对我市部分道路限制电动自行车行驶的通告》（深公交〔通〕〔2016〕73号）
12	深圳市人力资源和社会保障局	《深圳市人才引进实施办法》第六条第（五）项、第二十二条
13	深圳市人力资源和社会保障局	《深圳市人才引进综合评价分值表（2017年)》

续表

序号	制定机关	法院附带审查的规范性文件有关条款
14	深圳市人力资源和社会保障局	《关于2016年调整退休人员基本养老金的通知》（深人社发〔2016〕150号）
15	佛山市人民政府	《佛山市人民政府关于公布实施2012年深化行政审批制度改革事项目录（第一批）的通知》（佛府〔2012〕101号）“转移的日常管理事项”第38项
16	佛山市人民政府	《佛山市人民政府关于公布实施2012年深化行政审批制度改革事项目录（第一批）的通知》（佛府〔2012〕101号）“转移的日常管理事项”第38项
17	佛山市人民政府	《佛山市既有住宅加装电梯管理暂行办法》（佛府办〔2015〕11号）第五条、第六条、第七条、第十一条、第十二条
18	佛山市南海区人民政府	《佛山市南海区农村集体经济组织成员资格界定办法》（南办发〔2008〕59号）第四条、第五条、第八条、第九条
19	佛山市南海区人民政府	《佛山市南海区城市更新（“三旧”改造）实施意见》（南府〔2013〕239号）第二十五条第（二）项
20	佛山市禅城区国土城建和水务局	《佛山市禅城区国土城建和水务局关于落实转移业主大会等日常管理事项的函》（禅建函〔2013〕568号）
21	清远市人民政府	《清远市城市规划区土地及房屋征收补偿安置办法》（清府办〔2013〕19号）
22	江门市社会保险基金管理局	《关于做好我市企业退休人员高级职称专项津贴有关工作的意见》（江社保〔2015〕82号）

3. 被告积极应诉。行政应诉情况纳入法治广东建设考评和依法行政考核指标，行政与司法良性互动机制进一步健全。全年各级行政机关负责人应诉2859件，同比增长79%，行政机关积极配合法院实质化解行政争议，原告主动撤诉结案2680件，调解结案17件，中基宁波集团股份有限公司诉中华人民共和国高栏海关行政处罚纠纷等一批重大案件得到妥善处理。

二、行政诉讼司法审查新动向

2017年，全省各级法院以司法为民为宗旨，进一步加强对各领域行政执法的司法审查，切实发挥行政诉讼监督和促进行政机关依法行政的职能作用，力促实质性化解行政争议，努力为公民、法人和其他组织提供及时、有效、完整的司法救济，发挥行政审判保障社会公平、公正的效能。

（一）对土地房屋征收领域，加大对被征收人合法权益的司法保护力度

土地、房屋的征收与补偿，涉及人民群众的正常生活秩序和重大财产权益，一直都是社会关注的焦点。监督政府依法开展征收工作，完整履行征收补偿义务，切实保护被征收人的合法权益，始终是人民法院审理土地、房屋征收行政案件的宗旨。从 2017 年我省各级法院审理的土地、房屋征收行政案件反映出，有的地方政府及其职能部门，在开展具体征收工作时未批先征、少批多征、征而不补的情况依然存在。在周某等十人诉五华县人民政府征地及行政赔偿纠纷一案中，五华县人民政府为建设环城大道东延线而征收白石洋三组 22.22 亩集体土地，但县政府未按照法律、法规的规定，逐级上报有批准权的人民政府批准，而是在未办理任何征地审批手续的情况下，决定由水寨镇人民政府直接实施征地。最终县政府的征地行为被法院判决确认违法，法院同时责令该县政府采取补救措施，及时完善环城大道东延线建设项目的征地审批手续，并赔偿周某等十人被清理树木的损失。在清远市清城区石角镇田心村委会雷北村民小组诉清远市人民政府土地征收行政纠纷一案中，清远市人民政府未在被征地集体村组公告征收土地方案和征地补偿、安置方案，违反了国土资源部《征收土地公告办法》的有关规定。而且清远市人民政府在《征收土地公告》征地范围之外对雷北村民小组 37.1535 亩土地进行了征收，但未能提供相应征地批准文件，该行为最终被法院判决确认违法。在张某诉梅州市梅江区人民政府房屋征收补偿行政纠纷一案中，梅江区政府作出的《房屋征收补偿决定书》仅对张某被征收房屋价值进行了货币补偿，遗漏了因征收房屋造成的搬迁费用、临时安置费的补偿。而且补偿决定未明确也未举证张某所有房屋属于哪个征地批复所涉及的土地范围内，可能导致房屋评估时点及相应估价不准确。法院据此认为被诉《房屋征收补偿决定书》主要事实不清，且遗漏法定补偿项目，判决予以撤销并责令梅江区人民政府重新作出行政行为。

（二）对环境资源保护领域，强调支持依法开展环境整治工作和保护相对人信赖利益的平衡

近年来，人民群众环保意识不断提升，国家环境保护力度逐步加强，环

保执法工作的任务和压力不断增加。随之而来的是日益增多的环保行政案件。在2017年我省法院审理的涉环境资源保护行政案件中，强调支持依法开展环境整治工作和保护相对人信赖利益的平衡，是我省各级法院审理此类案件的基本原则。在广州市宏鸿土石方工程有限公司诉中山市海洋与渔业局、中山市人民政府环境管理行政处罚纠纷案中，中山市海洋与渔业局认定宏鸿公司在未取得《废弃物倾倒许可证》的情况下，组织“粤广州货2633”船和“南通856”船作为倾倒平台在洪奇沥水道中山市三角镇福隆泵站下游200米海域进行倾倒废弃泥土作业，案发时两船向海中已倾倒泥土400立方米。在向宏鸿公司发出《行政处罚听证告知书》，听取其陈述申辩意见后，中山市海洋与渔业局对该公司作出了责令限期改正，并处罚款17万元的处罚决定。宏鸿公司不服向法院提起行政诉讼，请求撤销该处罚决定。法院查清全部案件事实后，认定被诉处罚决定证据充分、适用法律正确、程序合法，依法驳回了该公司的诉讼请求。在钟某诉龙门县人民政府、惠州市人民政府行政补偿纠纷案中，为响应国家限时淘汰使用实心黏土砖的号召，钟某根据龙门县政府《关于关闭砖瓦场决定书》的要求，自行拆除了其经营多年的砖厂。但钟某在向县政府提出给予行政补偿的申请时，县政府却认为其关闭砖厂的行为符合法规、政策的规定，钟某的损失与政府无关，从而拒绝给予补偿。法院审理认为，钟某经营砖厂的行为发生在县政府关闭砖瓦窑场决定作出之前，且该砖厂已依法领取了相关证照，其合法经营行为应当受到法律保护。依照行政许可法的规定，法院最终判决撤销了龙门县政府拒绝给予补偿的答复和惠州市政府作出的复议决定，并根据评估结果判决龙门县政府补偿钟某直接损失1624045元。

（三）对市场经济管理领域，依法平等保护各类市场主体，维护良好的市场竞争秩序

平等保护各类市场主体，维护市场正当竞争，是推动市场经济健康持续发展的重要保障。从2017年我省法院审理的涉公平竞争权的行政案件可以看出，司法裁判在制止和纠正市场经济领域滥用行政权力侵犯公平竞争权方面发挥着积极的作用。在深圳市斯维尔科技股份有限公司诉广东省教育厅侵犯公平竞争权行政纠纷一案中，广东省教育厅发文要求在2014年举办的全国职业院校技能大赛高职组广东省选拔赛工程造价基本技能赛中，必须应用第三

人公司的土建算量软件、钢筋抽样软件计算指定图纸、指定范围的清单工程量，赛项竞赛规程亦要求在工程造价基本技能赛项中使用第三人公司的认证系统和相关软件。法院最终认定，广东省教育厅指定独家使用第三人公司软件的后果排除了其他软件供应商包括斯维尔公司作为合作方参与竞争提供赛项软件的权利，影响了其他软件供应商包括斯维尔公司的公平竞争权，损害了市场公平竞争秩序，产生了排除、限制竞争的效果，属于滥用行政权力排除、限制竞争的行为，该行为违反了《反垄断法》第八条和第三十二条的规定，遂判决确认该行为违法。在广东民康医药有限公司、梅州民兴医药有限公司诉丰顺县人民政府滥用行政权力限制竞争纠纷案中，丰顺县人民政府下设的临时机构医改小组通过政府网向社会公开《关于丰顺县公立医院药房托管有关事项的公示》，推荐第三人公司为丰顺县公立医院药房托管集中配送企业，后向丰顺县人民医院发出丰医改函〔2015〕1号《关于做好公立医院药房托管有关工作的通知》，通知丰顺县人民医院按照确定推荐第三人公司为丰顺县公立医院药房托管集中配送企业并以县人民医院为试点先予实施的专题会议精神，做好药房托管有关工作。此后，丰顺县人民医院和第三人公司联合向各药品供应商发出《告知函》，告知各药品供应商自此以后丰顺县人民医院的药库、药房由第三人公司全面托管，统一集中采购、配送，不再直接与各药品供应商进行业务往来。法院经审理认为，丰顺县政府的行政行为直接导致第三人公司成了丰顺县公立医院药房托管集中配送企业。因医改小组主动收回了上述《通知》，法院最终判决确认丰顺县人民政府确定第三人公司为丰顺县公立医院药房托管集中配送企业的行政行为违法。

（四）对社会治理领域，注重保护涉民生行政案件中行政相对人的合法权益

坚持在发展中保障和改善民生，是新时代坚持和发展中国特色社会主义的基本方略之一。2017年，广东各级法院高度重视社会治理领域涉民生行政案件的审理工作，促进行政机关提升服务意识，提高依法行政水平，切实保护人民群众应有的社会福利待遇和各项合法权益。在滕某诉深圳市社会保险基金管理局、深圳市人力资源和社会保障局退休待遇核定行政纠纷案中，深圳市社保局以滕某达到退休年龄时其户籍地不在深圳市，其户口迁入深圳市后缴纳养老保险费的行为属于无效参保为由，拒绝了其提出的领取养老保险

待遇申请。法院认为，滕某入户深圳时申请继续缴纳社会保险费，市社保局已同意办理。此后市社保局长达 8 年之久都未能发现滕某属无效参保，且未对滕某的参保行为所导致的后果、滕某权利受损该如何救济等作出释明，亦未对滕某的养老保险待遇领取地为何不在深圳市作出释明。最终市社保局作出的养老保险待遇条件决定书以及市人社局作出的行政复议决定被判决撤销，法院同时要求市社保局对滕某提出的按月享受养老保险待遇申请重新作出处理。在钟某等三人诉广州开发区劳动和社会保障局工伤认定行政纠纷案中，开发区劳动和社会保障局认定原告亲属李某在被船舶维修公司指派前往莫桑比克工作期间感染疟疾后经抢救无效死亡的情形，不属于应当认定为工伤或视同工伤的范围，不予认定为工伤。法院认为，李某系受公司派遣至恶性疟疾流行高发的环境中工作，其工作、居住和生活的场所及环境处于相对固定的状态，其在此期间感染的恶性疟疾是工作地常年流行的恶性疟疾，与工作具有必然联系，李某死亡并非源于其自身突发的或已有的疾病，而是因当地特定的劳动环境所造成的。因此，李某的死亡应属因工作原因所受到的伤害，符合《工伤保险条例》规定的应当认定为工伤的情形。最终法院判决撤销了开发区劳动和社会保障局不予认定工伤的决定，并要求其重新作出行政行为。

三、广东省行政审判工作新思路

下一步，广东法院将以习近平新时代中国特色社会主义思想统领行政审判工作，自觉融入“五位一体”总体布局、“四个全面”战略布局中去，参与并服务粤港澳大湾区建设，全面树立以人民为中心的司法理念，努力满足和回应人民群众的多元司法需求，以“让人民群众在每一个司法案件中感受到公平正义”为工作目标，努力实现广东省从案件大省到案件强省的转变，力争多出经典案例、先进经验，为把广东省建设成为全国最安全稳定、最公平公正、法治环境最好地区提供更好的司法保障。

加大合法性审查力度，引导和促进行政机关增强程序意识、证据意识。贯穿实体审理、实质化解的办案思路。在厘清案件事实的基础上，对准诉讼请求，聚焦诉辩争议，推进庭审实质化，减少程序空转，促进矛盾实质化解。在充分尊重行政运作规律基础上，从实体和程序审查入手，监督行政机关依法行使职权，通过裁判促进行政机关增强程序意识、证据意识，从而进一步提高行政机关的管理水平和执法水平。配合新一轮机构改革，及时在诉讼中做好与被诉机关的对接工作，确保职能调整后的行政机关可以顺利应诉，防止因机构改革导致行政争议的处理出现“真空”。

加大产权保护力度，营造公平透明、可预期的法治化营商环境。在办案中坚持各类市场主体法律地位平等、权利平等和发展机会平等，保护市场主体的合法产权和自主经营权，维护市场秩序，充分保障各类投资主体行政诉权的行使，确保同类案件同等对待同等裁决。规范地方政府的招商引资行为，对于不履行行政协议约定的义务、违法行使行政优益权、不兑现招商承诺等违法行为及时予以纠正，切实维护各类投资者的合法权益。

深化行政案件集中管辖改革，破解行政诉讼发展难题。及时总结改革成果，提炼改革经验，查找问题短板，推动集中管辖改革向更高层次发展。结合改革进程，合理调整行政案件的级别管辖，推动管辖布局科学。加大研究力度，解决改革中出现了案件集中但机构编制人员却未同步集中、行政审判法官和辅助人员配备不到位、集中后便民举措不足等问题。适时启动对改革的评估，在适当时候予以科学、合理的调整，同时鼓励集中管辖试点法院积极探索通过远程立案、巡回审判、智能办案、电子送达等方式提高工作效率，方便群众诉讼。

探索建立行政案件的繁简分流办理机制，推动行政审判效率大幅提高。针对我省近年来行政诉讼持续高速增长态势，深入研究行政案件的规律、要素，以简案快审、繁案精审为基本原则，大胆尝试将繁简分流与推进庭审方式改革和裁判文书改革这两项改革有机统一起来，推动庭审的规范化、实质化，引入格式化、要素式裁判，下大力气提高审判效率，破解行政案件审理周期过长等问题。加强裁判文书的说理性和针对性，注意通过通俗易懂的语言阐明法律规定、讲清裁判思路，提高人民群众对裁判文书的认可度和接受度。

加强对新类型、疑难、复杂案件的理论研究，为今后审理同类案件提供可借鉴、可推广的审判规则和经验。加强对 PPP 协议等行政协议、行政一并解决民事争议、附带规范性文件审查、涉“互联网 +”、行政公益诉讼等新类型案件研究力度，借鉴有益的域外经验，结合审判实际，探索相应的审理规则，定期发布参考性典型案例，适时出台裁判指引，统一裁判尺度。以问题为导向，深入研究涉及农村集体土地和城市房屋征收、行政速裁制度、多元化解决行政争议制度等系列热点、难点问题，提出具有可行性和可操作性的解决办法，积极推动调研成果的转化和应用。重视典型案例工作，与高校合作共建案例研究基地，共同推动行政典型案例的遴选、发布和应用，将典型案例工作作为展示和提升法官队伍司法能力的重要手段，发挥典型案例在提炼法治规则、弘扬法治精神、推动法治治理、培育法治意识等方面的作用。

2017 年度广东省法院行政诉讼十大典型案件

深圳市斯维尔科技股份有限公司诉广东省教育厅侵犯公平竞争权纠纷①

【案例精要】

行政机关在履行职责过程中，未经公开公平的竞争性选择程序且无国家安全需要、保守国家秘密、突发事件应对等正当理由，使用其指定的经营者免费提供的商品，使该经营者在商品市场声誉、用户使用习惯等方面受益，进而损害市场公平竞争秩序的，应当认定上述行为构成《反垄断法》第八条和第三十二条规定的“滥用行政权力，排除、限制竞争”的行为。

【案情及裁判】

原告：深圳市斯维尔科技股份有限公司。

被告：广东省教育厅。

第三人：广联达软件股份有限公司。

教育部为举办 2014 年全国职业院校技能大赛，把“工程造价基本技能”纳入国赛比赛项目之一，并发文要求在国赛中独家使用广联达软件股份有限公司（以下简称广联达公司）的相关软件。广东省教育厅为选拔优秀选手参加国赛，举办广东省选拔赛，并于同年 4 月审核通过后予以公布的涉案《赛

---

① 生效判决案号：广东省高级人民法院（2015）粤高法行终字第 228 号。

项通知》《赛项规程》和《赛项技术规范》中，明确要求在“工程造价基本技能”赛项中独家使用广联达公司的相关软件。

根据广东省教育厅在二审诉讼期间提供的证据反映，2014 年 4 月 2 日，广东省选拔赛工程造价基本技能赛项组委会召开了由广州大学王学通教授等 11 人组成的专家组会议，会议确定“软件竞赛平台和合作企业：与国赛保持一致，合作企业为广联达公司，竞赛平台由广联达公司提供。”广联达公司已在广东省省赛中免费提供了其公司相关软件作为上述赛项比赛用软件。

深圳市斯维尔科技股份有限公司（以下简称斯维尔公司）以其是一家生产工程造价专业软件的公司，在四川、江苏、福建举办的省赛中都在使用该公司的软件，广东省教育厅指定独家使用广联达公司软件的行为侵犯其公平竞争权为由，诉至法院并请求：1. 确认在省级赛区“工程造价基本技能比赛”中，广东省教育厅滥用行政权力，指定或变相指定使用广联达公司独家软件的具体行政行为违法。2. 由广东省教育厅和广联达公司承担斯维尔公司因调查、制止广东省教育厅及广联达公司违法行为的合理开支 10800 元。

广州市中级人民法院一审判决：一、确认广东省教育厅指定在 2014 年全国职业院校技能大赛高职组广东省选拔赛工程造价基本技能赛项中独家使用广联达公司相关软件的行为违法；二、驳回斯维尔公司的赔偿请求。宣判后，广东省教育厅及广联达公司不服，均提起上诉。

广东省高级人民法院二审认为，关于广东省教育厅在涉案赛项中指定独家使用广联达公司提供的软件行为是否合法的问题。《反垄断法》第八条规定：“行政机关和法律、法规授权的具有管理公共事务职能的组织不得滥用行政权力，排除、限制竞争。”第三十二条规定：“行政机关和法律、法规授权的具有管理公共事务职能的组织不得滥用行政权力，限定或者变相限定单位或者个人经营、购买、使用其指定的经营者提供的商品。”根据上述法律规定，行政机关滥用行政权力，排除、限制竞争应具备以下三个要件：一是主体是行政主体，即行政机关和法律、法规授权的具有管理公共事务职能的组织；二是行政主体有限定或者变相限定单位或者个人经营、购买、使用其指定的经营者提供商品的行为；三是行政主体在实施上述行为过程中滥用行政权力，并且产生了排除、限制竞争的效果，损害市场公平竞争秩序。本案中，经广东省教育厅审核后公布的涉案《赛项技术规范》《竞赛规程》等文件均明确在涉案赛项中指定独家使用广联达公司的相关软件，该行政行为符合上述法律规定的行政机关排除、限制竞争行为的前两个要件。至于该指定使用行为是否构成滥用行政权力，产生排除、限制竞争的效果，损害市场公平竞争秩序问题，根据修改前的《行政诉讼法》第三十二条关于“被告对作出的具体行政行为负有举证责任，应当提供作出该具体行政行为的证据和所依据的规范性文件”的规定，广东省教育厅应对其在涉案赛项中指定独家使用广联达公司相关软件的合法性负举证责任，包括其行为不仅合法且应当遵循正当程序，正当合理地行使行政权力负举证责任，如举证不能，理应承担败诉的后果。广东省教育厅在法律未有明确规定其指定使用行为应遵循何种法定程序的情况下，其应当经过公开、公平的竞争性选择程序来决定使用相关商家免费提供的软件，除非有正当理由，否则属于滥用行政权力。经查，广东省教育厅在指定独家使用广联达公司软件的文件中，虽有专家组会议评议决定与国赛保持一致，但没有进行合法性以及合理性论证，其亦未能提供其他证据证明其经过公开、公平的竞争性选择程序指定使用广联达公司软件，且其指定使用该软件的目的是用于学生竞赛，并非从国家安全需要、保守国家秘密、突发事件等正当理由考虑。另外，广东省教育厅指定独家使用广联达公司软件的后果是排除了其他软件供应商包括斯维尔公司作为合作方参与竞争提供赛项软件的权利，影响了其他软件供应商包括斯维尔公司的公平竞争权；且该指定使用行为可导致参赛院校师生在使用习惯方面产生依赖，提升广联达公司产品的知名度，从而导致广联达公司软件在市场占有份额的上升，同时导致了斯维尔公司等同类竞争者的产品在市场占有份额的下降，进而损害市场公平竞争秩序，产生了排除、限制竞争的效果。因此，广东省教育厅指定使用广联达公司相关软件属于滥用行政权力，排除、限制竞争的行为。广东省教育厅以教育部在国赛中先行指定使用广联达公司相关软件，其以教育部的指定使用文件为依据，是为了更好地与国赛对接，使得参赛选手尽快适应竞赛规则，有利于选手的发挥为由，提出抗辩，但教育部下发的文件虽然明确要求在国赛中独家使用广联达公司相关软件，该赛项规程并未强制规定各省选拔赛亦应独家使用广联达公司相关软件，因此，广东省教育厅该抗辩理由不能成立，不予支持。一审判决确认广东省教育厅指定在涉案赛项中独家使用广联达公司相关软件的行为违法并无不当，应予以维持。据此，驳回上诉，维持原判。

【法官点评】

本案被媒体称为“中国行政性垄断诉讼第一案”，该案的审理首次触及行政性垄断行为的实体法律分析。二审法院将广东省教育厅未适用公开公平程序指定使用广联达公司软件的行为，以及将该指定使用行为是否产生了“排除、限制竞争的效果”纳入合法性的考量范围。本案对行政机关滥用行政权力，排除、限制竞争行为的司法审查，提供了有价值的判例；对制止行政权力滥用，防止行政干预，鼓励和促进公平竞争将产生深远影响。

深圳市福田区人民检察院诉深圳市城市管理局行政不作为纠纷[①]

【案例精要】

任何公民、法人或其他组织存在违法行为，行政机关都应当严格执法、平等对待，行政机关未及时履行法定职责的，应确认其怠于履行监管职责违法，以促使行政机关依法及时履行法定职责，保障国家利益和社会公共利益。

【案情及裁判】

公益诉讼人：深圳市福田区人民检察院。

被告：深圳市城市管理局。

深圳市福田区人民检察院发现武警广东边防总队第六支队（以下简称六支队）自2013年起未经批准违法占用福田红树林自然保护区红线内795平方米用地，毁坏绿地建立营房、铺设水泥地面等。而深圳市城市管理局（以下简称市城管局）对福田国家级自然保护区红线范围内用地自2013年起被非法侵占的行为，未依法及时履行监管职责，损害了社会公共利益。市城管局在2016年9月向深圳市人民政府（以下简称深圳市政府）请示并在同年10月召开协调会议解决，于2016年11月8日对六支队未经批准占用保护区红线

① 生效判决案号：深圳市盐田区人民法院（2016）粤0308行初2377号。

面积的违法行为立为行政案件调查处理。六支队占用保护区红线范围内的板房、车棚、混凝土场地等人工设施于2016年12月被拆除。至2016年12月27日，被占用土地已经复绿。2017年1月9日，市城管局对六支队作出《不予林业行政处罚决定书》，认定六支队在福田国家级自然保护区红线范围内违规修建人工设施面积795平方米，破坏了自然保护区资源；鉴于违法行为轻微，依照《行政处罚法》第三十八条第一款第（二）项的规定，决定不予行政处罚。2016年12月19日，福田区人民检察院向深圳市盐田区人民法院提起行政公益诉讼，请求判决：确认市城管局对自然保护区红线用地被非法侵占的情形怠于履行职责的行为违法；市城管局限期依法履职，依法对违法行为人作出行政处罚；责令违法行为人停止违法行为，限期恢复原状或者采取其他补救措施。因市城管局在诉讼期间对违法行为人的违法行为进行了整改处理，福田区人民检察院变更诉讼请求为：判决确认市城管局对自然保护区红线用地被非法侵占的情形怠于履行职责的行为违法。

盐田区人民法院一审认为，根据《深圳经济特区城市管理综合执法条例》第九条第（二）项、第十条第（二）项，《自然保护区条例》第八条第四款，《深圳市内伶仃岛——福田国家级自然保护区管理规定》第四条，深圳市政府办公厅《关于印发市政府工作部门主要职责内设机构和人员编制规定的通知》的规定，可以确认市城管局是自然保护区的监管单位，属于《人民法院审理人民检察院提起公益诉讼案件试点工作实施办法》第十四条规定的对生态环境和资源保护行使职权或者负有行政职责的行政机关，是本案的适格被告。

关于本案公益诉讼是否符合起诉条件的问题。《人民检察院提起公益诉讼试点工作实施办法》第四十一条规定："经过诉前程序，行政机关拒不纠正违法行为或者不履行法定职责，国家和社会公共利益仍处于受侵害状态的，人民检察院可以提起行政公益诉讼。"本案中，公益诉讼人在2016年10月31日发出检察建议后，市城管局在超过一个月后于12月20日才回函，且被侵占的红线内用地尚未修复，公共利益还处于被侵害状态，故公益诉讼人于2016年12月19日提起本案诉讼时，符合《人民检察院提起公益诉讼试点工作实施办法》第四十一条规定的起诉条件。

关于市城管局是否怠于履行法定职责的问题。六支队违反《深圳市内伶仃岛——福田国家级自然保护区管理规定》第九条第二款的规定，自2013年起未经批准违法占用福田红树林自然保护区红线内795平方米用地，毁坏绿地建立营房、铺设水泥地面等，其行为违反了《自然保护区条例》第二十六条关于禁止在自然保护区内进行砍伐、开垦等活动的规定。对该违法行为，市城管局应当及时制止，依法立案查处。该局虽在2016年9月向深圳市政府请示并在同年10月召开协调会议解决，但直至公益诉讼人发出《检察建议书》后才于2016年11月8日立案处理，致使保护区红线范围内部分用地长期被侵占、生态环境资源被破坏、公共利益受侵害的状态长期持续而没有得到及时纠正，属于怠于履行法定职责的行为。鉴于市城管局在诉讼期间已经履行监管职责、被破坏的涉案用地绿地功能得到恢复，公共利益受危害的后果已经消除，判决其继续履行职责已没有意义，故判决确认市城管局怠于履行监管职责违法。

一审宣判后，双方当事人均未提出上诉，判决已发生法律效力。

【法官点评】

本案是一起环境保护行政公益诉讼案件。诉讼期间，各方积极进行沟通协调，最终敦促六支队拆除占用保护区红线范围内的板房、车棚、混凝土场地等人工设施，使被占用的土地得到复绿，取得良好的社会效果。

本次公益诉讼有力促进了行政机关依法行政、严格执法，有效避免了“公地悲剧”，充分保障了社会公共利益。

陈某某等诉佛山市禅城区国土城建和水务局业委会备案纠纷[1]

【案例精要】

原告认为行政行为所依据的地方人民政府及其部门制定的规范性文件不合法，可以一并请求对该规范性文件进行审查。法院经审查认为该规范性文件确不合法的，不作为认定行政行为合法的依据。

① 生效判决案号：佛山市中级人民法院（2017）粤06行终639号。

【案情及裁判】

原告：陈某某等六人。

被告：佛山市禅城区国土城建和水务局。

第三人：佛山市禅城区东海银湾（第一届）业主委员会。

第三人：佛山市禅城区祖庙街同兴社区居民委员会。

陈某某等六人均为佛山市禅城区东海银湾物业小区的业主。2016 年 7 月 12 日，佛山市禅城区东海银湾（第一届）业主委员会（以下简称东海银湾业委会）向佛山市禅城区祖庙街同兴社区居民委员会（以下简称同兴居委会）提出备案登记申请，并提交了《佛山市禅城区东海银湾物业小区（大厦）业主委员会备案登记申请表（第一届）》《东海银湾小区管理规约》《东海银湾小区业主大会议事规则》《关于征求〈业主大会议事规则〉、〈管理规约〉意见的通知》等材料。经审核，同兴居委会于 2016 年 7 月 15 日出具《佛山市禅城区物业管理区域业主委员会备案回执》（备案编号为：同兴社区居委会 201601，以下简称《备案回执》），对上述备案申请作出予以备案的决定。陈某某等六人不服，诉请法院撤销《备案回执》，确认佛山市禅城区国土城建和水务局（以下简称禅城城建局）转移职能给第三人同兴居委会所作出的备案行为无效。

佛山市人民政府于 2012 年 11 月 26 日印发了佛府〔2012〕101 号《佛山市人民政府关于公布实施 2012 年深化行政审批制度改革事项目录（第一批）的通知》（以下简称佛府〔2012〕101 号文），将“业主大会、业主委员会成立与换届工作”的日常管理事项由佛山市住房和城乡建设管理局转移给居委会承担。2013 年 4 月 18 日，禅城城建局印发禅建函〔2013〕568 号《佛山市禅城区国土城建和水务局关于落实转移业主大会日常管理事项的函》（以下简称禅建函〔2013〕568 号函），通知各（镇）街道，依据佛府〔2012〕101 号文的规定，该局将“业主大会、业主委员会成立与换届工作”的日常管理事项转移给居委会承担，具体包括业主大会、业主委员会等方面的管理职能（包括业主大会、业主委员会成立与换届的监督、指导和备案职责）等。

佛山市顺德区人民法院一审判决：一、撤销同兴居委会于 2016 年 7 月 15 日作出的《备案回执》；二、驳回陈某某等六人其他诉讼请求。陈某某等六人以及东海银湾业委会均不服一审判决，提起上诉。

佛山市中级人民法院二审认为，《最高人民法院关于执行〈中华人民共和国行政诉讼法〉若干问题的解释》第二十一条规定："行政机关在没有法律、法规或者规章规定的情况下，授权其内设机构、派出机构或者其他组织行使行政职权的，应当视为委托。当事人不服提起诉讼的，应当以该行政机关为被告。"根据上述规定，禅城城建局在没有法律、法规或者规章规定的情况下，授权同兴居委会出具备案回执，应视为委托。陈某某等六人不服提起诉讼，以禅城城建局为被告，符合法律规定。

关于同兴居委会出具的《备案回执》应否予以撤销的问题。同兴居委会出具备案回执，其职权依据是佛府〔2012〕101号文、禅建函〔2013〕568号函。经查，佛府〔2012〕101号文中"转移的日常管理事项"第38项规定，将业主大会、业主委员会成立与换届工作转移给居委会承担。而对于如何"转移"，禅建函〔2013〕568号函规定，禅城城建局转移给居委会承担的具体职能包括业主大会、业主委员会成立与换届的监督、指导和备案职责；社区居委会对业主大会、业主委员会成立与换届办理备案手续。但《广东省物业管理条例》第二十七条第一款、第二款规定："业主委员会应当自选举产生之日起三十日内，向物业所在地的区、县人民政府房地产行政主管部门和街道办事处、乡镇人民政府备案。备案时应提交以下材料：（一）管理规约、业主大会议事规则；（二）业主大会的会议记录和会议决定；（三）业主委员会委员（候补委员）名单及其基本情况。物业所在地的区、县人民政府房地产行政主管部门应当在收到上述材料后五日内发出备案回执。"2014年施行的《佛山市物业管理办法》第二十八条也规定："业主委员会应当自选举产生之日起30日内，提交以下资料备案……居（村）民委员会加具意见后，到街道办事处（镇人民政府）和区房地产行政管理部门备案，区房地产行政管理部门应当在收到上述材料后5日内发出备案回执。"根据上述规定，有权发出备案回执的行政机关为物业所在地的区、县人民政府房地产行政主管部门。而佛府〔2012〕101号文和禅建函〔2013〕568号函的上述条款相结合，将上述职权直接交由社区居委会行使，明显与《广东省物业管理条例》第二十七条以及《佛山市物业管理办法》相违背，故上述规范性文件不能作为同兴居委会出具备案回执的职权依据。据此，同兴居委会以自己的名义予以备案，并出具回执，属于超越职权，一审判决撤销该备案回执，符合法律规定，应予以维持。据此，驳回上诉，维持原判。

【法官点评】

行政审批制度改革是近几年各级政府大力推进的一项工作，对于推动政府职能转变、创造良好发展环境、提供优质公共服务具有重大意义。但改革必须在法律框架下进行，本案无论是佛府〔2012〕101号文，还是禅建函〔2013〕568号函，在效力位阶上仅为一般规范性文件，属于人民法院附带审查的范围。为了统一佛山市五区在业委会备案问题上存在的种种不同做法，二审法院还向佛山市住房和城乡建设管理局发出司法建议，建议该局对该项工作进行统一规范。该局也根据二审法院的司法建议，向各区国土城建和水务（利）局下发了《关于规范业主委员会成立和换届备案工作的通知》，就业主委员会成立（变更）备案的受理主体、办理时限及委托办理登记三方面提出了全市统一的工作要求。

民安街道龙湾村龙舍经济合作社诉
湛江市海洋与渔业局海域使用管理行政处罚纠纷①

【案例精要】

行政处罚明显不当，或者其他行政行为涉及款额的确定、认定确有错误的，人民法院可以直接判决变更，以实质化解行政争议。

【案情及裁判】

原告：湛江经济技术开发区民安街道龙湾村龙舍经济合作社。

被告：湛江市海洋与渔业局。

2016年8月16日，湛江市海洋与渔业局以湛江经济技术开发区民安街道龙湾村龙舍经济合作社（以下简称龙舍合作社）未经批准填海1.8564公顷的行为违法为由，作出湛海渔处罚（2016）004号《行政处罚决定书》，责令退还非法占用的海域，恢复海域原状，并处非法占用海域罚款3313.674万元。

① 生效判决案号：广州海事法院（2016）粤72行初61号。

龙舍合作社对此不服，提起本案行政诉讼，请求法院判决撤销上述行政处罚决定。

广州海事法院经审理认为：湛江市海洋与渔业局作出湛海渔处罚（2016）004号《行政处罚决定书》，符合法定程序，适用法律法规正确，但在认定龙舍合作社违法填海面积时，没有扣除相关水行政主管部门同意龙舍合作社对涉案工程进行回填加固的面积，确属不当，依照《行政诉讼法》第七十七条的规定，将湛江市海洋与渔业局作出的处罚金额变更为1528.674万元。

一审判决后，各方当事人均服判，本案已发生法律效力。

【法官点评】

党的十九大报告要求加快生态文明体制改革，建设美丽中国，实施流域环境和近岸海域综合治理，坚决制止和惩处破坏生态环境行为。广东省作为海洋经济强省，既要充分利用海洋发展经济，同时也要严格执行海洋环境保护。本案原告在回填加固中存在违法超范围填海的事实，客观上破坏了海洋环境，被告对其作出行政处罚，于法有据。但被告作出处罚时，没有考虑水行政主管部门批复同意原告对海堤回填加固的事实，作出的处罚数额明显不当。法院根据查明的事实，依法作出变更判决，在支持行政机关对原告违法填海行为依法惩治的同时，对行政机关依法行政进行有效监督，既促进行政争议的实质化解，又促进海洋执法的进一步规范。判后双方均服判息诉，取得较好的法律效果与社会效果。

陈某某等诉蕉岭县公安局行政赔偿纠纷①

【案例精要】

在造成行政相对人损害结果的原因具有多重性的情形下，要充分厘清各种行为对结果的发生所起的作用，以最大限度地维护当事人的合法权益。

【案情及裁判】

原告：陈某某等三人。

被告：蕉岭县公安局。

2015 年 11 月 7 日 9 时 17 分，广东省 205 国道 2589km + 850m（蕉岭县华侨农场新华加油站门口）发生交通事故，因事故车辆侧翻，所载水泥倾倒道路路面，导致该事故发生的东侧道路无法通行。蕉岭县公安局交警大队在处理该次交通事故现场时，根据现场情况，决定暂时管制事故现场，将东侧车道车辆分流到西侧车道行驶。在进行车辆分流时，蕉岭县公安局交警大队在东侧车道的来车方向设置了警示标志及分流绕行警示标志，但在西侧车道未设置警示标志。当日 11 时 50 分，原告的近亲属徐某某驾驶小轿车在西侧车道行驶，当行驶至 205 国道 2589km + 900m 蕉岭县华侨农场新华加油站门口路段时，与从东侧车道分流到西侧车道的大货车迎面相撞，造成徐某某当场死亡和车辆损毁的二次交通事故。事故发生后，蕉岭县公安局认定事故双方当事人负同等责任。陈某某等三人作为死者近亲属，向梅州市公安局交通警察支队提出复核申请。2015 年 12 月 28 日梅州市公安局交通警察支队作出维持《道路交通事故认定书》的认定。陈某某等三人对蕉岭县公安局的事故责任认定不服，认为蕉岭县公安局交警大队在进行车辆分流时未设置合理的警示标志，是导致二次交通事故发生的主要原因。2016 年 10 月 8 日，陈某某等三人向法院提起行政诉讼，请求法院判决确认蕉岭县公安局在处理第一次交通事故中分流车辆的行为违法，并赔偿因违法行为造成的损失 312408. 5 元。

---

① 生效判决案号：梅州市中级人民法院（2017）粤 14 行终 53 号。

兴宁市人民法院一审判决：驳回陈某某等三人的诉讼请求。陈某某等三人不服，提起上诉。

梅州市中级人民法院二审认为：本案处理涉及对以下焦点问题的认定。一、蕉岭县公安局在处理第一次交通事故中分流车辆的行为是否合法的问题。根据《道路交通安全法》第三条、第五条的规定，保障道路交通有序、安全、畅通是交警部门的法定职责。本案中，根据现有证据可以证实蕉岭县公安局交警大队在第一次交通事故现场的来车方向设置了警示标志及分流绕行警示标志。但在徐某某行驶方向（即西侧车道正常行驶方向）未设置警示标志，也无交通民警进行现场指挥，应当认定其未完全履行保障道路交通安全的法定职责。因此，陈某某等三人主张蕉岭县公安局的分流行为违法，理由成立，依法予以支持。二、蕉岭县公安局是否应当对陈某某等三人的损失承担赔偿责任的问题。本案中，蕉岭县公安局未完全履行保障道路交通安全的法定职责，是引发第二次交通事故的原因之一。根据《国家赔偿法》第二条第一款、第四条的规定，蕉岭县公安局应当在其责任范围内对陈某某等三人的损失进行赔偿。三、蕉岭县公安局向陈某某等三人赔偿的数额问题。根据本案查明的事实，造成损害结果的原因具有多重性。其一，案外人丘某某在借道行驶时未保持安全车速；其二，徐某某驾驶车辆观察不周，车速过快；其三，蕉岭县公安局在徐某某行驶方向未设置警示标志。综上，在多因一果的行政责任和民事责任并存的情况下，造成了损害结果的发生。考虑到蕉岭县公安局未设置警示标志的行为是导致损害后果发生的间接原因，二审法院根据违法具体行政行为在损害结果中所起的作用，酌定蕉岭县公安局应当承担行政赔偿责任。据此，判决：一、撤销一审判决；二、确认蕉岭县公安局在处理第一次交通事故中分流车辆的行为违法；三、蕉岭县公安局在本判决书送达之日起十五日内支付赔偿金93722.6元。

【法官点评】

本案中，造成行政相对人损害结果的原因具有多重性，其中混合了行政行为和民事行为，要厘清各种行为对损害结果的发生所起的作用有一定的困难。“必然因果关系说”排除了行为本身内在因素起作用的原因力，显然过于片面和武断，造成许多违法行使职权的行政侵权行为给受害人造成的损害得不到赔偿。而适用“相当因果关系说”将各种有关联的因素纳入“相当性”判断时考虑的因素，有利于更好地保障公民的合法权益，促进行政机关依法行政，更符合国家赔偿法的立法精神。二审法院在分析蕉岭县公安局应当承担的行政赔偿责任时，采用“相当因果关系说”，不局限于“直接联系的原因”，也考虑了“间接关联的原因”，充分保障了行政相对人的合法权益。同时，本案的处理对推动公安机关交警部门进一步提高行政执法能力，完善行政执法程序也有一定的积极意义。

植某某等三人诉封开县住房和城乡规划建设局行政协议纠纷①

【案例精要】

行政机关在法定职权范围内与公民协商订立具有行政法上的权利义务内容的协议属于行政协议。在行政协议合法有效的情况下，行政机关未按照约定履行行政协议的，人民法院应判决行政机关继续履行协议。

【案情及裁判】

原告：植某某等三人。

被告：封开县住房和城乡规划建设局。

2007年10月26日，封开县益建置业有限公司根据该县政府的指示，委托原封开县建设局、原封开县规划局和县土地储备中心办理江口镇封州二路的一幅土地范围内有关搬迁的工作。2007年12月29日，植某某等三人作为乙方，与甲方原封开县城乡建设规划局签订了《土地置换及房屋拆迁补偿协议书》《土地置换及房屋拆迁补偿补充协议书》，协议约定若乙方需要在置换后的土地上建房，在服从总体规划的前提下，甲方会将置换后的土地使用证及房屋建筑工程规划许可证交付给乙方。2010年7月2日，植某某等三人要求封开县国土资源局将置换后土地的土地使用证登记在其名下。2010年7月5日，原封开县城乡建设规划局发给植某某等三人《建设用地规划许可证》

---

① 生效判决案号：肇庆市中级人民法院（2017）粤12行终13号。

并附拆迁拟置换用地位置图。2010 年 8 月 6 日，植某某与原封开县城乡建设规划局签署《关于提交办理调整及发证有关资料的证明》，该局同意为植某某办理置换后的国有土地使用证登记在植某某等三人名下，并负责一切办证费用，在双方代表签字之日起 2 个月内，将置换调整后的国有土地使用证依法办理好。

2013 年 5 月 23 日，封开县益建置业有限公司出具解除委托通知书，决定撤销该公司对有关单位的上述委托。2014 年 6 月 6 日，封开县住房和城乡规划建设局（以下简称封开住建局）、封开县国土资源局、封开县益建置业有限公司及拆迁户代表召开了关于安置用地办理土地证问题的协商调解会，并达成了协议，但植某某不同意会上的协议，并未签名。植某某等三人分别于 2014 年 6 月 25 日、2014 年 7 月 15 日向封开住建局递交《关于要求按协议办理土地使用证的申诉书》《关于再次要求办理土地使用证的申诉书》，要求封开住建局按照当时双方签订的协议书条款办理置换后的土地使用证及将办理置换后的土地使用证所需时间予以告知。封开住建局认为植某某不按达成统一意见后的会议纪要的要求签名确认，所以国土部门无法为其办理国土证，希望其尽快签名确认，以便国土部门早日办理国土证。植某某等三人为此提起民事诉讼，封开县人民法院和肇庆市中级人民法院均以其起诉不属于民事诉讼受案范围为由，裁定驳回起诉和上诉。植某某等三人随后提起了行政诉讼。

肇庆市鼎湖区人民法院一审判决：一、封开住建局应为植某某等三人办理江口镇虎鼻山开发区 26 号地块，长 20 米，宽 10 米，面积 200 平方米的土地使用证及房屋建筑工程规划许可证；二、驳回植某某等三人的其他诉讼请求。封开住建局不服，提起上诉。

肇庆市中级人民法院二审认为，涉案的《土地置换及房屋拆迁补偿协议书》《土地置换及房屋拆迁补偿补充协议书》属于行政协议。植某某等三人作为协议的相对方，在行政机关不依法履行、未按照约定履行协议的情况下有权提起行政诉讼。本案植某某等三人提起行政诉讼，没有超过法定起诉期限。涉案的《土地置换及房屋拆迁补偿协议书》《土地置换及房屋拆迁补偿补充协议书》合法有效，并没有变更或解除，协议双方应严格按协议履行。植某某等三人已将其办理土地使用证的有关资料提交给封开住建局，但该局没有按照协议约定履行，应判令其依约履行。据此，肇庆市中级人民法院二审判决：驳回上诉，维持原判。

【法官点评】

城市更新是现代社会发展的需求，如何规范行政机关在“拆”和“建”中的行政行为，是社会关注的焦点。本案中，封开住建局以其系受封开县益建置业有限公司的委托，办理涉案拆迁补偿事项为理由，否认与植某某等三人签订的协议为行政协议。但依据我国行政诉讼法和司法解释的规定，行政协议是指行政机关为实现公共利益或者行政管理目标，在法定职责范围内，与公民、法人或者其他组织协商订立的具有行政法上权利义务内容的协议。本案中，涉案改造搬迁项目是在县政府的主导下由相关职能部门相互配合共同实施，因此，封开住建局与植某某等三人协商约定置换土地、办理土地使用证和建设用地规划许可证等事项是出于行政管理的目标，向植某某等三人发放的建设用地规划许可证也是其行使行政职权的表现。一审、二审法院经审理认定，涉案的《土地置换及房屋拆迁补偿协议书》《土地置换及房屋拆迁补偿补充协议书》合法有效，并没有变更或解除，协议双方应严格按协议履行，封开住建局没有按照协议约定履行，应判令其依约履行。本案的判决对于依法保障行政协议相对方的权益、督促行政机关履行行政协议有一定的参考借鉴意义。

钟某某等三人诉广州开发区劳动和社会保障局工伤认定纠纷①

【案例精要】

劳动者在国外患疟疾死亡，与其特定的劳动环境有必然联系，应视为系工作原因受到伤害，符合应当认定为工伤的情形。

---

① 生效判决案号：广州铁路运输中级法院（2017）粤71行终1137号。

【案情及裁判】

原告：钟某某等三人。

被告：广州开发区劳动和社会保障局。

第三人：广州海明船舶维修服务有限公司。

2015 年 12 月 28 日，李某某被广州海明船舶维修服务有限公司（以下简称海明船舶维修公司）派遣至莫桑比克彭巴项目部工作。2016 年 4 月 12 日，李某某因感染马来热恶性疟疾经抢救无效死亡。2016 年 7 月 18 日，李某某的亲属钟某某等三人向广州开发区劳动和社会保障局（以下简称开发区劳动和保障局）申请工伤认定。2016 年 8 月 12 日，开发区劳动和保障局作出工伤认定决定，认为李某某系海明船舶维修公司员工，其于 2016 年 4 月 9 日中午 12 时左右在莫桑比克彭巴项目部工作时向公司反映不舒服，后被医院确诊为疟疾，4 月 12 日上午 9 时 30 分左右经抢救无效死亡，根据《工伤保险条例》第十四条和第十五条的规定，李某某感染疟疾后经抢救无效死亡的情形，不属于应当认定为工伤或视同工伤的范围，不认定为工伤。钟某某等三人对上述工伤认定决定不服，遂向法院提起行政诉讼，请求撤销开发区劳动和保障局作出的工伤认定决定，并责令重新作出工伤认定决定。

广州铁路运输第一法院一审判决：一、撤销开发区劳动和保障局于 2016 年 8 月 12 日作出的穗开劳社工伤认〔2016〕008781 号工伤认定决定；二、责令开发区劳动和保障局在判决生效之日起六十日内就钟某某等三人的工伤认定申请重新作出处理。海明船舶维修公司不服，提起上诉。

广州铁路运输中级法院二审认为，本案的争议焦点系李某某的死亡是否应当认定为工伤。《工伤保险条例》第十四条规定："职工有下列情形之一的，应当认定为工伤：（一）在工作时间和工作场所内，因工作原因受到事故伤害的……"工伤是指在劳动过程中发生的伤害，强调受伤与工作具有密切关联性。本案中，李某某接受海明船舶维修公司的派遣前往莫桑比克工作，在工作时间、工作场所内因感染了当地所流行的恶性疟疾最终死亡，而非因自身突发或已有疾病死亡。李某某的死亡是由于其工作场所特定的劳动环境所造成的，与其特定的工作环境有必然联系，应视为系工作原因受到伤害。一审法院认定李某某的死亡应属工作原因所受到的伤害，符合《工伤保险条例》第十四条第（一）项规定的应当认定为工伤的情形正确。据此，驳回上诉，维持原判。

【法官点评】

工伤认定纠纷案件中事故发生地通常都在国内，本案的特点体现在国内企业派遣员工在境外工作期间发生了伤亡事故，是否符合认定工伤的条件，其审查认定标准应如何把握等问题，较为特殊。特别是“一带一路”倡议的提出，今后我国企业从事境外业务的范围和数量将进一步扩大和增长，此类纠纷将可能逐步增多。本案的审理贯彻了《工伤保险条例》的立法精神，有力地保护了劳动者的合法权益，对同类案件的处理具有一定的参考借鉴意义。

罗定市附城街道阳光美域小区业主委员会诉罗定市人民政府行政复议纠纷[①]

【案例精要】

根据正当程序原则的要求，行政机关作出的行政行为对当事人的合法权益可能产生较大的不利影响时，应当履行事先告知、听取意见（或陈述、申辩）的法律程序。

【案情及裁判】

原告：罗定市附城街道阳光美域小区业主委员会。

被告：罗定市人民政府。

第三人：陈某某等八人。

2016 年 1 月 20 日，何某等人向罗定市附城街道办事处（以下简称附城街道办）申请组建罗定市附城街道阳光美域小区（以下简称阳光美域小区）业主大会筹备组。附城街道办、罗定市公安局附城派出所、罗定市附城街附城社区居民委员会均在该申请书上签署“同意”意见并盖章。2016 年 2 月 3 日，附城街道办派遣工作人员协助阳光美域小区办理成立业委会筹备组事项。

① 生效判决案号：广东省高级人民法院（2017）粤行终 536 号。

2016年4月3日，阳光美域小区首届业主大会在该小区内举行。同日，附城街道办与筹备组发出《罗定市附城街道阳光美域小区业主大会会议决定、业主委员会组成人员选举结果等事项的公告》，将阳光美域小区已表决成立了业主大会、选举产生了业主委员会等事项进行了公告。2016年4月11日，罗定市附城街道阳光美域小区业主委员会（以下简称阳光美域小区业委会）向罗定市不动产登记局提交《业主委员会备案申请表》及相关材料。2016年4月15日，罗定市不动产登记局对阳光美域小区业委会予以备案，并向其发出罗登业委会备案编号（2016）01号《罗定市附城街道阳光美域小区业主委员会备案回执》（以下简称《备案回执》）。

2016年5月5日，第三人陈某某等八人以罗定市不动产登记局为被申请人，向罗定市人民政府（以下简称罗定市政府）提出行政复议申请，请求撤销罗定市不动产登记局作出的上述备案登记行政行为。2016年5月28日，罗定市政府作出罗府行复〔2016〕8号《行政复议决定书》，认为罗定市不动产登记局在审查阳光美域小区首届业委会备案资料的过程中，没有对照法律规定严格把关，备案行政行为主要事实不清、证据不足，据此，决定撤销罗登业委会备案编号（2016）01号《备案回执》。阳光美域小区业委会对该行政复议决定书不服，遂提起行政诉讼。

在一审庭审过程中，罗定市政府称其没有通知过阳光美域小区业委会参加涉案行政复议程序，在其作出罗府行复〔2016〕8号《行政复议决定书》后，也没有送达阳光美域小区业委会。

云浮市中级人民法院一审判决：撤销罗定市政府作出的罗府行复〔2016〕8号《行政复议决定书》。陈某某等六人不服，提起上诉。

广东省高级人民法院二审认为：《行政复议法》第十条第三款规定："同申请行政复议的具体行政行为有利害关系的其他公民、法人或者其他组织，可以作为第三人参加行政复议。"《行政复议法实施条例》第九条第一款规定："行政复议期间，行政复议机构认为申请人以外的公民、法人或者其他组织与被审查的具体行政行为有利害关系的，可以通知其作为第三人参加行政复议。"第二款规定："行政复议期间，申请人以外的公民、法人或者其他组织与被审查的具体行政行为有利害关系的，可以向行政复议机构申请作为第三人参加行政复议。"本案中，罗定市政府作出罗府行复〔2016〕8号《行政复议决定书》，撤销涉案备案登记行为的处理结果与阳光美域小区业委会有利害关系，罗定市政府没有通知阳光美域小区业委会作为第三人参加行政复议，没有充分听取阳光美域小区业委会的意见，违反了程序正当原则的要求，其作出的行政复议决定应予撤销。《最高人民法院关于执行〈中华人民共和国行政诉讼法〉若干问题的解释》第五十三条第二款规定："复议决定改变原具体行政行为错误，人民法院判决撤销复议决定时，应当责令复议机关重新作出复议决定。"一审判决撤销罗定市政府作出的罗府行复〔2016〕8号《行政复议决定书》后，未责令罗定市政府重新作出具体行政行为不妥，依法应予以纠正。据此，二审法院判决：一、维持一审判决；二、由罗定市政府重新作出具体行政行为。

【法官点评】

行政法中的正当程序原则，是指行政权力的运行必须符合最低限度的程序公正标准。它从根本上承载了现代行政程序对于程序正义的基本价值追求，是确保程序正义在行政权力的运行中得以实现的重要保障。

本案中，罗定市政府在复议审查的过程中，认为《行政复议法》第十条第三款及《行政复议法实施条例》第九条第一款、第二款的规定，并没有要求行政复议机关一定要追加第三人参加行政复议，因此认为其复议程序合法。但是，从正当程序的角度来说，即使相关法律没有明确规定，行政机关也应当遵守正当的程序，即行政机关在作出影响当事人权益的行政行为时，应当履行事先告知、听取意见（或陈述、申辩）、告知救济途径等正当的法律程序。本案中，撤销业主委员会的备案登记，会对业主委员会的履责行为产生不利影响。因此，罗定市政府在没有通知阳光美域小区业委会、听取其意见的情况下，即作出撤销该业委会备案登记的行政复议决定，属于程序违法，依法应予撤销。

刘某诉东莞市交通运输局行政赔偿纠纷①

【案例精要】

执法者首先应当是模范的守法者。交通执法人员现场执法要严格遵守执法规程，做到既合法又合理，不仅果断还需谨慎，避免因不当的执法行为对社会公众造成不必要的损害。对于在执法过程中发生的损害结果，应根据其过错程度以及导致损害结果发生的原因等因素，合理确定行政机关应当承担的赔偿责任。

【案情及裁判】

原告：刘某。

被告：东莞市交通运输局。

2015年7月31日8时许，东莞市交通运输局（以下简称东莞交通局）执法人员巡查时发现一台涉嫌套牌假冒出租车，并跟踪该嫌疑车辆至某路口，恰逢红灯限行。嫌疑车辆停在右侧第一机动车道的停车线等候通行信号，刘某驾驶无牌电动三轮车停在该车右侧，三轮车右侧为渠化岛。东莞交通局其中一辆执法车辆停在该嫌疑车辆右后方，另一辆执法车辆绕过渠化岛行驶到嫌疑车辆前方，与其车头相向而停进行拦截。但该嫌疑车辆马上直接右转，撞开停在右侧刘某驾驶的三轮车，越过渠化岛，将刘某驾驶的无牌电动三轮车撞倒，造成刘某受伤，嫌疑车辆逃逸。2015年11月26日，交警部门认定驾驶嫌疑车辆的当事人（待查）负事故的全部责任，刘某不负事故责任。2015年12月7日，刘某被评定为九级伤残。2016年1月8日，刘某向东莞交通局申请国家赔偿277313.2元。因东莞交通局一直未作出决定，刘某遂向东莞市第一人民法院提起诉讼，请求判令东莞交通局赔偿医疗费、误工费、残疾赔偿金合计747428元。

东莞市第一人民法院一审判决：东莞交通局赔偿刘某49589.4元，驳回

---

① 生效判决案号：东莞市中级人民法院（2017）粤19行终7号。

其他诉讼请求。

东莞市中级人民法院二审认为：本案争议焦点在于东莞交通局对案涉事故所致人身损害结果，如何承担赔偿责任，即东莞交通局的过错及其导致损害结果发生的原因力大小。维护秩序者，同样要遵守社会规则。东莞交通局作为负责本行政区域内的出租汽车行业管理工作的行政主管部门，特别是承担现场执法职责的人员，要严格遵守执法规程，做到既合法又合理，不仅果断还需谨慎，以保证顺利履行职责的同时，又能避免对社会公众造成不利影响。东莞交通局在对嫌疑车辆实施拦截时，没有选择符合道路交通安全的方式，也无对拦截地点相邻区域进行紧急必要的疏导，客观上增加了拦截地点过往车辆及行人通行的危险性，对案涉事故的发生确有过错。但仅有前述过错并不会导致损害结果发生，实质上系东莞交通局的危险行为与案涉肇事出租车司机的违法行为，两个相互独立的行为相互结合、彼此作用，分别构成了损害结果的间接原因和直接原因，属于“多因一果”。据此，综合东莞交通局与案涉肇事出租车司机的过错程度，各自行为对事故损害结果的作用大小，以及东莞交通局未在事发后第一时间对刘某予以救助等多重因素，一审最终认定东莞交通局对案涉损害结果承担三成的赔偿责任，并无不妥。据此，判决：驳回上诉，维持原判。

【法官点评】

《交通行政执法检查行为规范》规定，实施行政执法检查时，遇有行政相对人拒绝授受检查的，执法人员不得强行拦截车（船），也不得追截，可采取记录车（船）牌号等方法进行处理。本案中，交通行政执法存在明显不当，违反交通行政执法的规范。尽管造成刘某受伤的主要原因是肇事出租车，但东莞交通局的不当拦截行为亦是一因。肇事出租车与东莞交通局混合侵权，应分别承担赔偿责任。

汕头市龙湖区缔景足道店诉汕头市工商行政管理局、汕头市人民政府行政处罚纠纷[①]

【案例精要】

人民法院审理行政案件，原则上不适用调解。但对行政赔偿、补偿以及行政机关行使法律、法规规定的自由裁量权的案件，依照《行政诉讼法》第六十条的规定，可以调解。

【案情及裁判】

原告：汕头市龙湖区缔景足道店。

被告：汕头市工商行政管理局。

被告：汕头市人民政府。

2016 年 12 月 9 日，汕头市工商行政管理局（以下简称汕头市工商局）到汕头市龙湖区缔景足道店（以下简称缔景足道店）检查时，发现该店在经营过程中同时存在使用企业名称不规范、将未注册商标冒充注册商标使用、虚假宣传等多个违法行为。汕头市工商局经立案、调查取证、召开听证会等程序，于 2017 年 3 月 6 日作出汕工商支处字〔2017〕4 号行政处罚决定，责令缔景足道店限期改正及停止部分违法行为，消除影响，并处罚款人民币 15 万元。2017 年 4 月 13 日，缔景足道店提起行政复议，要求撤销汕头市工商局作出的行政处罚决定。2017 年 6 月 6 日，汕头市人民政府（以下简称汕头市政府）作出了汕行复案〔2017〕127 号行政复议决定，维持了汕头市工商局作出的行政处罚决定。缔景足道店不服，向汕头市金平区人民法院提起行政诉讼，请求撤销汕头市工商局作出的汕工商支处字〔2017〕4 号行政处罚决定及汕头市政府作出的汕行复案〔2017〕127 号行政复议决定。

汕头市金平区人民法院经开庭审理后，组织各方当事人进行调解。缔景足道店明确表示接受汕头市工商局作出的行政处罚，法院对行政处罚决定及

① 生效调解书案号：汕头市金平区人民法院（2017）粤 0511 行初 37 号。

行政复议决定的合法性也予以确认。汕头市工商局在充分体谅缔景足道店经营者作为外来务工人员，来汕创业的艰辛及家庭经济困难等实际情况下，同意调解。在法院主持调解下，各方当事人自愿达成调解协议。汕头市工商局在其自由裁量权的幅度内，自愿将15万元的行政罚款减少至10万元。在签订调解协议时，缔景足道店先缴纳5万元行政罚款，剩下5万元行政罚款在一年内分期缴纳。2017年12月18日，法院就上述调解内容制作《行政调解书》予以确认。

【法官点评】

《行政诉讼法》第六十条新增加了“行政赔偿、补偿以及行政机关行使法律、法规规定的自由裁量权的案件可以调解”的规定，给法官灵活运用调解方式审理涉行政赔偿、补偿以及行政机关行使自由裁量权案件提供了法律依据。该案例契合了新行政诉讼法中规定对行政机关行使自由裁量权可以调解的精神。法院在确认行政处罚决定及行政复议决定合法的情况下，组织各方当事人进行调解。各方当事人真实表达自己的意思，在自愿的基础上达成了调解协议。在当事人达成的调解协议不违反法律规定的情况下，制作《行政调解书》对调解协议予以确认。本案通过调解方式解决行政纠纷，兼顾了审判效率和社会效果，具有一定的参考借鉴意义。

（作者单位：广东省高级人民法院）

关于非法占地类非诉行政执行案件的调查研究

——以北京市法院系统2013—2017年审判案例为样本

郑文静　王培松　冯黎明

近年来，随着北京市疏解整治促提升工作深入推进，非法占地类非诉行政执行案件不断增加，但是在该类案件的实际审查过程中，各法院之间的审查标准、审查尺度以及执行主体存在很大差异，这不仅影响法院裁判的权威性，也不利于规范行政机关的执法行为、保护当事人的合法权益。本文将以北京市法院系统近五年来受理的非法占地类非诉行政执行案件为样本进行统计分析，对该类案件审查中存在的问题予以总结，分析问题出现的原因并提出相应对策，希望对今后同类案件的审查有所助益，并在此基础上，引导督促行政机关依法开展非法占地类案件查处工作，为“疏解整治促提升”专项行动提供有力的司法保障。

一、非法占地类非诉行政执行案件的审查现状

（一）受案情况

2013年至2017年，北京法院共受理了5491件非诉行政执行案件，其中非法占地类非诉行政执行案件2364件，约占非诉行政执行案件总数的43.05%。14个基层法院中，有5个法院的非法占地类案件数量占比超过50%。

表 1　各院非法占地类案件的占比情况

法院	非诉行政执行案件数（件）	非法占地类案件数（件）	占比
密云	385	321	83.37%
顺义	401	303	75.56%
怀柔	218	162	74.31%
通州	878	613	69.81%
昌平	194	124	63.91%
平谷	289	125	43.25%
朝阳	773	231	29.88%
丰台	482	134	27.80%
大兴	715	187	26.15%
房山	404	99	24.50%
延庆	45	11	24.44%
门头沟	55	10	18.18%
海淀	609	44	7.22%
石景山	43	0	0
合计	5491	2364	43.05%

在非法占地类非诉行政执行案件中，法院经合法性审查，裁定准予执行的1687件，占申请总数的71.36%，裁定不准予执行的504件，占申请总数的21.32%，173件以撤回非诉执行申请等形式结案，占申请总数的7.32%。

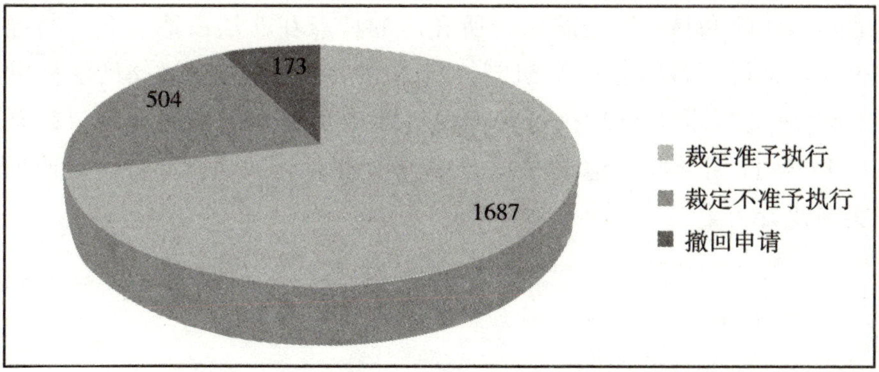

图 1　非法占地类非诉行政执行案件结案方式（单位：件）

在非法占地类非诉行政执行案件中，有 504 件被法院裁定不准予执行，原因分别为：事实认定不清 300 件、适用法律错误 108 件、违反法定程序 76 件、其他严重影响被执行人合法权益的情形 20 件。

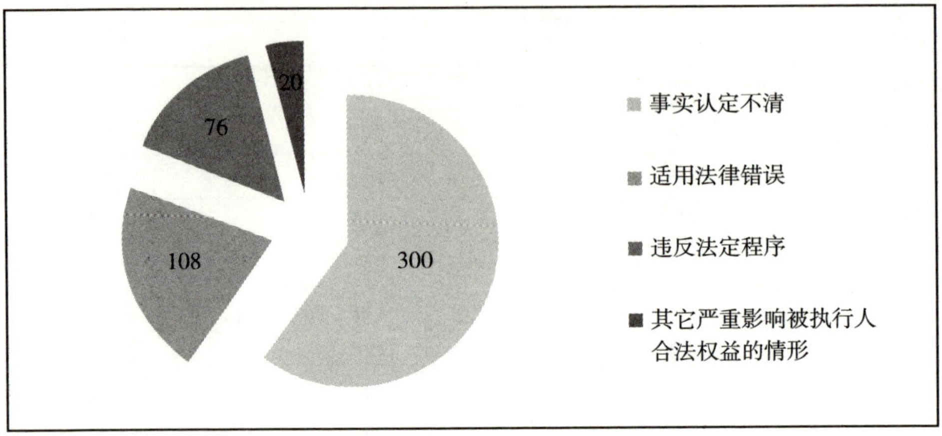

图 2　非法占地类非诉行政执行案件不准予执行原因（单位：件）

（二）执行主体情况

在法院裁定准予执行的非法占地类非诉行政执行案件中，1305 件裁定由法院强制执行，占准予执行总数的 77.36%，359 件裁定由区政府负责组织执行，占准予执行总数的 21.28%，另有 23 件裁定由申请执行人国土部门组织实施，占准予执行总数的 1.36%。其中，在北京市高级人民法院的统一部署下，通州区法院和昌平区法院结合所在区的特点在非法占地类非诉行政执行案件中探索推行“裁执分离”机制，自 2015 年至 2017 年通州区法院共裁定 347 件非法占地类非诉行政执行案件由区政府负责组织实施执行，昌平区法院自 2017 年 11 月起共裁定 12 件非法占地类非诉行政执行案件由区政府负责组织实施执行。

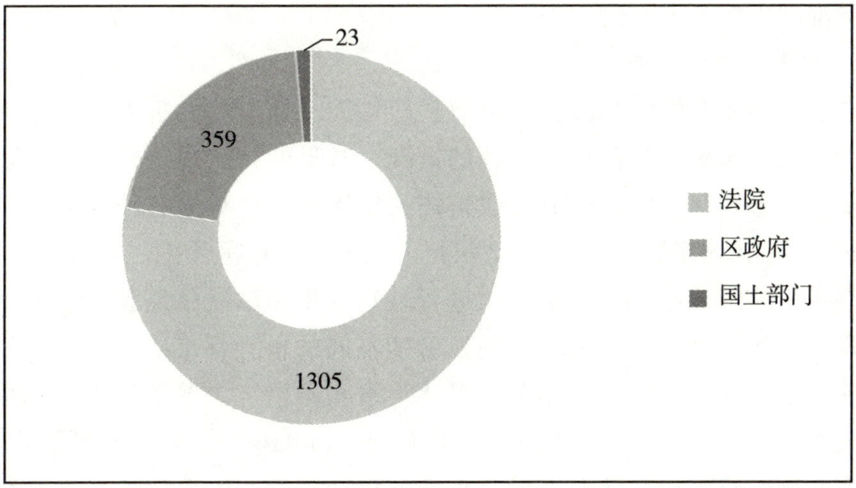

图 3　非法占地类非诉行政执行案件执行主体（单位：件）

二、非法占地类非诉行政执行案件司法实践中存在的问题

（一）审查标准不统一

除对非诉执行申请进行形式审查，如申请材料是否齐全、是否具有管辖权、申请是否逾期等外，法院还需对所申请的行政行为的合法性进行审查，但是其不同于行政诉讼的严格审查标准，采用的是一种适度的审查标准。对此，《最高人民法院关于执行〈中华人民共和国行政诉讼法〉若干问题的解释》（以下简称《若干解释》）第九十五条曾经规定了“三明显”的审查标准，即“被申请执行的具体行政行为有下列情形之一的，人民法院应当裁定不准予执行：（一）明显缺乏事实根据的；（二）明显缺乏法律依据的；（三）其他明显违法并损害被执行人合法权益的。”其后，《中华人民共和国行政强制法》（以下简称《行政强制法》）第五十八条对此作了进一步肯定，《最高人民法院关于适用〈中华人民共和国行政诉讼法〉的解释》（以下简称《行诉解释》）对此作了吸收和丰富。《行诉解释》第一百六十一条第一款规定：“被申请执行的行政行为有下列情形之一的，人民法院应当裁定不准予执行：（一）实施主体不具有行政主体资格的；（二）明显缺乏事实根据的；（三）明显缺乏法律、法规依据的；（四）其他明显违法并损害被执行人合法权益的情形。”但是调研发现，在非法占地类非诉行政执行案件中，各院对于司法

审查标准的把握并不一致：

1. 建设主体的审查

非法占地类案件的非诉执行申请一般均涉及地上物的拆除，但是涉案地上物的建设主体却经常存在不明确的情况。常见的是，现土地使用人通过租赁、承包等形式获得土地和地上建筑物的使用权后，对原有的建筑物进行改建、扩建。此种情况下，作为申请执行人的土地管理机关往往并不予以区分，仍将现土地使用人作为行政相对人进行处罚并申请法院强制执行。然而，关于建设主体的审查，各法院之间则显示了不同的审查标准。其中，有的法院认定建设主体与实际情况不相符，以认定事实不清、主要证据不足为由，裁定不准予强制执行。例如，（2017）京 0105 行审 168 号案中，法院认为涉案建筑系在原有建筑物基础上进行的扩建和增加楼层，但申请执行人在行政处罚决定作出程序中并未就上述事项进行调查、核实，即径行认定建设主体为被执行人，属认定事实不清、主要证据不足，裁定不准予执行；（2017）京 0112 行审 171 号中，法院认为《处罚决定书》处罚内容为责令被执行人退还全部涉案土地，拆除违法占用土地上新建的建筑物和其他设施，并未对非法占用土地的建设主体进行区分，存在认定事实不清，裁定不准予执行。有的法院则未对该问题进行审查，认为相对人没有提起复议和诉讼，同时还主动缴纳了罚款，认可了自身作为被执行主体的身份，无须再进行建设主体的区分。例如，（2017）京 0106 行审 66 号案件中，被执行人系租用村集体组织的建筑物，但是在行政处罚调查询问过程中自认为自己建设，故法院裁定准予执行。

2. 地上物基本情况的审查

由于土地管理法对不同性质土地上的建筑物规定了不同的处罚种类，所以申请执行人作出的行政处罚决定往往同时包含限期拆除、予以没收或责令恢复原状等多种处罚。但涉案地上建筑物可能系不可拆分的整体建筑，对此，有的法院以涉案违法建设不具有可执行内容或者不具备可执行效力，裁定不准予强制执行。例如，（2016）京 0115 行审 35 号案中，法院认为被执行人占地建设车间及库房，该房屋的建设属于一个整体，但行政处罚决定书中涉及的占地面积 1464.36 平方米所针对的建筑物面积不明确，故无法确定执行标的的基本情况，不具备可执行效力；（2017）京 0117 行审 10 号案中，法院认为行政处罚决定中没收被执行人在非法占用的土地上新建的建筑物和其他设施因不具有可执行内容，裁定不予执行。有的法院则未查明涉案违法建设是否具有可执行性，直接裁定准予强制执行，例如（2017）京0106行审67号案件中，《行政处罚决定书》责令被执行人退还非法占用的集体土地1.1亩，拆除有条件建设区（0.4亩）上新建的建筑物和其他设施，恢复土地原状；没收在允许建设用地区（0.7亩）上新建的建筑物和其他设施，对上述处罚决定法院裁定准予执行，并未对拆除和没收的建筑物是否可分进行审查。（2016）京0116行审42号案件中，处罚决定：1. 拆除非法占用的不符合土地利用总体规划的586.5平方米土地上的建筑物及附属设施，2. 没收非法占用的符合土地利用总体规划的968.1平方米硬化地面上的构筑物及附属设施，法院亦裁定准予执行，并未对拆除和没收的建筑物是否可分进行审查。

3. 适用法律的审查

《中华人民共和国土地管理法》（以下简称《土地管理法》）第七十七条规定，农村村民未经批准或者采取欺骗手段骗取批准，非法占用土地建住宅的，由县级以上人民政府土地行政主管部门责令退还非法占用的土地，限期拆除在非法占用的土地上新建的房屋。该条并未规定限期拆除后，针对非法占用的土地应“恢复原状”，但是实践中，部分申请执行的处罚决定要求此种情况下被执行人恢复土地原状。对此，有的法院以适用法律错误，裁定不准予强制执行，例如，在（2017）京0116行审82号案中，法院认为《土地管理法》第七十七条规定：“农村村民未经批准或者采取欺骗手段骗取批准，非法占用土地建住宅的，由县级以上人民政府土地行政主管部门责令退还非法占用的土地，限期拆除在非法占用的土地上新建的房屋。超过省、自治区、直辖市规定的标准，多占的土地以非法占用土地论处。”申请执行人依据上述规定作出的行政处罚决定书主文中“拆除张某某非法占用……的地上建筑物及附属设施，并恢复原地貌”的表述与《土地管理法》第七十七条的内容不一致。申请执行人所作处罚决定书明显缺乏法律依据，裁定不准予执行；在（2017）京0112行审199号案中，申请执行人认为被执行人在非法占用土地上建设住宅的行为违反了《土地管理法》第四十四条第一款、第六十二条第三款的规定，并依照《土地管理法》第七十七条第一款进行处罚。而《处罚决定书》处罚内容为责令被执行人退还非法占用的土地，限期拆除其在非法占用的土地上新建的建筑物和其他设施，恢复土地原状，法院认为申请执行人的处罚内容已经超出了《土地管理法》第七十七条第一款的范围和限度，存在适用法律错误。有的法院则未对该项内容进行审查，裁定准予强制执行。例如，(2017) 京 0113 行审 41 号案中，《行政处罚决定书》责令被执行人退还非法占用的土地，拆除非法占用的土地上建设的房屋，恢复土地原状，法院审查后裁定准予执行该处罚决定。

4. 公益设施的审查

现行法律法规对何谓公益设施缺少统一的界定，对直接服务于公益目的的建筑物能否准予强制执行，亦无明确的法律规定。从北京法院系统已公开的非诉执行审查案件的文书来看，实务中对某类建筑设施是否属于公益设施，对于直接服务于公益目的的设施能否强制执行，各院标准亦不统一，有的法院认为涉案建筑物本身未取得相关用地手续，属于非法占地，遂裁定准予强制执行，有的法院审查涉案建筑物是否属于公益设施，属于则裁定不准予强制执行。例如，(2015) 怀执字第 00706 号案中，法院认为被执行人未经批准，非法占地建设房屋，用于储物室及公共厕所，违反了《土地管理法》的相关规定，裁定准予执行。(2016) 京 0105 行审 49 号案中，法院认为申请执行人认定被执行人未经土地行政主管部门批准建设的公共厕所属于村公共设施，申请执行人依据《土地管理法》第四十三条第一款的规定作出处罚属适用法律错误，不符合《行政强制法》规定的执行条件。

(二) 执行主体不统一

根据《行政诉讼法》和《行政强制法》相关规定，一般认为没有行政强制执行权的行政机关必须申请人民法院强制执行，有行政强制权的行政机关可以通过自身行政强制行为实现行政行为的内容。但是自《行政强制法》和《国有土地上房屋征收与补偿条例》颁布实施以来，最高人民法院先后出台了一系列司法解释和指导性文件，针对国有土地上房屋征收非诉执行案件实行由法院审查作裁定、政府组织实施的“裁执分离”原则，因而实践中开始出现法院审查、政府实施的情况。然而，调研发现在北京法院非法占地类非诉行政执行案件中，除法院和涉案土地所在地的区政府作为执行主体外，有的法院裁定由申请执行人国土部门组织实施。例如，(2016) 京 0105 行审 120 号案中，法院裁定：“准予强制执行……由北京市规划和国土资源管理委员会组织实施。”(2017) 京 0105 行审 123 号案中，法院裁定：“准予强制执行……的处罚内容，由北京市规划和国土资源管理委员会组织实施。”目前，非法占地类非诉行政执行案件中裁定由区县政府或申请执行人国土部门组织执行均缺少法律依据。

（三）文书撰写不规范

根据最高人民法院《行政诉讼文书样式（试行）》的要求，非诉行政执行案件的裁定书应写明审查过程，写明申请执行人申请强制执行的具体执行内容、依据的事实和理由、提交的证据等（召开听证会的，需要围绕听证会上双方当事人的争议焦点，概括写明各方当事人的意见、依据的事实和理由），审查查明部分针对行政机关强制执行申请所依据的事实，法院如有异议，写明认定情况，如无异议，此项不写，本院认为部分写明准予强制执行或不准予强制执行的理由，写明裁定依据的法律以及相关司法解释的条、款、项、目，写明裁定结果。但是调研发现，目前北京市法院系统非诉行政执行案件的文书普遍存在如下问题：

1. 审查过程部分缺失

在笔者检索的（2017）京0106行审1号、（2016）京0106行审80号等22个案件的裁定书中，均未写明审查过程，即缺少“申请执行人×××于××××年××月××日向本院申请强制执行（××××）××号××决定（或其他行政行为名称）”这一部分。

2. 申请强制执行的内容、事实、理由及证据缺失

以笔者检索的（2017）京0115行审36号、（2016）京0112行审133号等52个案件的裁定书为例，在这些案件的裁定书中均没有写明申请执行人申请强制执行的具体执行内容、依据的事实和理由、提交的证据等。另外，通过检索北京市14家法院2017年的非诉行政执行案件裁定书发现，只有4家法院在文书中列举了证据，其他法院均未列举证据。

3. 主文部分引用法律不规范

按照相关规定，法院在作出裁定时应写明裁定依据的法律以及相关司法解释的条、款、项、目，但是调研发现，有的案件裁定书根本没有列出裁定依据，如（2017）京0113行审41号案件的裁定书中只写：“本院认为：申请执行人对被执行人作出的……《行政处罚决定书》认定的主要事实清楚，适用法律正确，执法程序合法。据此，裁定如下：准予强制执行……《行政处罚决定书》。”

此外，在作出不准予执行的裁定时，各院引用的法律五花八门，有的法院引用司法解释和行政强制法的相关规定，如（2017）京0106行审94号案件的裁定书引用的是《若干解释》第九十五条第（一）项、《行政强制法》第五十八条第二款，有的法院只引用行政强制法，如（2017）京0105行审168号案件的裁定书仅引用《行政强制法》第五十八条之规定；还有的法院引用行政诉讼法和行政强制法，如（2017）京0112行审222号案件的裁定书引用《中华人民共和国行政诉讼法》（以下简称《行政诉讼法》）第九十七条、《行政强制法》第五十八条第二款之规定。

4. 裁定不准予执行未告知申请执行人复议权利

根据《行政强制法》第五十八条规定，行政机关对不准予执行的裁定有异议，可以向上一级法院申请复议。[①] 但是实践中，有的法院裁定不准予执行却未告知申请执行人有申请复议的权利。例如，（2017）京0115行审30号案件的裁定书，“裁定如下：申请执行人……行政处罚决定书，本院不准予强制执行。本裁定为终审裁定”。（2017）京0114行审98号案件的裁定书，“裁定如下：对……《国土资源行政处罚决定书》不予强制执行。本裁定送达后立即生效”。通过上述例子可以看出，部分法院不仅不告知申请执行人有复议的权利，而且直接裁定文书生效，剥夺了申请执行人的法定权利。

相较于行政诉讼文书来看，非诉行政执行案件文书普遍存在形式不规范、内容过于简略的问题，以至于从裁定书中根本无法看出法院审查的事实和裁判理由，裁判文书丧失了其最基本的释法说理的功能，也使文书公开丧失了监督意义。

三、非法占地类非诉行政执行案件司法实践中存在问题的原因分析

（一）审查标准可操作性差

虽然《行诉解释》第一百六十一条再次重申了“三明显”的审查标准，但是这一标准在法律技术操作时难以把握。何为明显违法？多数意见主张将其等同于无效行政行为的重大明显违法，只有对无效行政行为才能裁定不予

---

① 2018年2月8日起施行的《行诉解释》第一百六十一条吸收了此项规定。

执行，而一般或者轻微违法的行政行为，法院仍应裁定准予执行。[①] 不同意见则质疑：“如果这种违法虽不明显，却已达到撤销的程度，难道法官还要视而不见，违心执行？”[②] 意即可撤销的行政决定也应不予执行。但无论是无效标准还是可撤销标准，对于司法实践的指导性不强。

（二）收结案压力的不良影响

实践中，各院有关非诉行政执行案件审查标准的把握与法院自身收案的压力有密不可分的关系。部分法院为减轻自身司法执行负担，控制非诉执行案件数量特别是非法占地类这种执行难度特别大的案件，往往采取更为严格的审查标准。以全国受案数量排名长期居于前两位的朝阳法院为例，2013 年至 2017 年朝阳区法院共受理非法占地类非诉行政执行案件 231 件，但是其裁定不予执行案件高达 191 件，裁定准予执行率仅为 13.41%，远低于全市平均准予执行率（71.10%）。

（三）“裁执分离”尚缺乏法律支撑

目前，有关“裁执分离”最高效力的法规范只是最高人民法院的司法解释[③]，《行政强制法》和《行政诉讼法》均没有“裁执分离”模式的法律条款规定。如果从法律保留和职权法定原则来看，“最高人民法院通过司法解释及司法文件的形式为市、县级政府设定非诉行政执行的实施职权，也与《立法法》法律保留的原则相违背。”[④] 与此同时，最高人民法院有关“裁执分离”的司法解释仅适用于国有土地房屋征收与补偿范围，缺少针对其他领域非诉强制执行的具体规定。

（四）对非诉行政执行案件缺乏应有重视

相较于行政诉讼案件，法院系统普遍对非诉行政执行案件缺乏重视，无论是在文书评选、案例研究还是论文调研等方面都与行政诉讼存在巨大差距，

---

① 金伟峰：《无效行政行为研究》，法律出版社 2005 年版，第 212 页；马怀德主编：《行政诉讼法学》，北京大学出版社 2008 年版，第 298 页；张坤世：“非诉行政执行制度的诉讼化改造”，载《法治研究》2009 年第 2 期。

② 余凌云：《行政法讲义》，清华大学出版社 2010 年版，第 231 页。

③ 《最高人民法院关于办理申请人民法院强制执行国有土地上房屋征收补偿决定案件若干问题的规定》（以下简称《国有土地房屋征补规定》）第九条规定：“人民法院裁定准予执行的，一般由作出征收补偿决定的市、县级人民政府组织实施，也可以由人民法院执行。”

④ 沈福俊：“非诉行政执行裁执分离模式的法律规制”，载《法学》2015 年第 5 期。

即使有关非法占地类非诉行政执行案件的研究，也多围绕“裁执分离”展开。造成上述问题的原因，一方面来自非诉行政执行案件的审级限制，此类案件集中由基层法院进行审查，高级人民法院及最高人民法院没有接触此类案件的机会，致使无法通过审查实践来总结经验指导基层法院进行非诉执行审查，另一方面在于立案登记制实施以来，基层法院行政庭忙于应对大量涌入的诉讼案件，对非诉行政执行案件投入的精力严重不足。

四、解决非法占地类非诉行政执行案件司法实践困境的对策建议

（一）设定非法占地类非诉行政执行案件多元化审查标准

司法实践中，非诉行政执行案件在行政行为的对象、涉及的法律问题及事实问题等方面存在着差异，如果审查标准采取单一的形式将无法有效地应对实务中的各类问题，因此，针对不同案件需要设定多种审查标准，对于案件事实清楚、法律适用明确的案件可以适用一种审查标准，对于案情复杂的案件则需综合适用多种标准。具体到非法占地类非诉行政执行案件的司法审查，应当是以“无效性审查”为基础，以全面的“合法性审查”“合理性审查”和“可执行性审查”为补充。

具体而言，法院对于案情简单、事实清楚的案件以“无效性审查”为最低限度审查标准，其针对的审查对象应限于行政机关在申请法院强制执行时提交的用以证明行政行为合法性的申请材料，审查方式以书面审查为原则，依据合法性审查的要求，重点审查行政机关实施的行政行为是否存在《行政强制法》第五十八条及《行诉解释》第一百六十一条规定的行政主体不适格、明显缺乏事实根据、明显缺乏法律和法规依据、行政机关超越职权或滥用职权、行政行为作出过程中非法剥夺相对人依法享有的陈述、申辩权利等明显违法情形。上述法条及司法解释条文确立的“明显违法”标准，应当理解为基于卷面审查便可明显看出的违法情形。法院在审查中如果发现行政行为明显违法并损害被执行人合法权益的，应当听取被执行人和行政机关的意见。

法院对案情复杂的疑难案件应进行重点审查，在全面了解案卷材料的前提下，从合法性、合理性和可执行性等方面对案件进行实质审查。对非法占地类非诉行政执行案件的合法性与合理性进行审查，可以参考《国有土地房

屋征补规定》第六条有关裁定征收补偿决定不准予执行的规定，该条文分别从事实认定、法律适用、法定程序、明显不公、滥用职权、超越职权等方面对行政机关作出征收补偿决定的违法情形进行了列举，内容几乎涵盖了合法性和合理性审查的所有方面。除对案情复杂的非法占地类非诉行政执行案件进行全面的合法性和合理性审查外，行政行为是否具有可执行性，即“行政行为的可执行内容、强制执行的技术可行性及社会可行性，亦属于司法审查范围的重要方面”。[①] 非法占地类非诉行政执行案件中，有的涉嫌非法占地的建筑物形成有较为特殊的历史和政策背景，如受乡镇政府招商引资鼓励形成的工业大院、批发市场等；有的涉嫌非法占地的建筑物查处时已经形成规模，开办幼儿园、医院等民生项目，影响着建筑物所在地不特定人群的切身利益；有的涉嫌非法占地的建筑物自身存在不可分割性，法院在处理该类案件时，应从涉嫌非法占地的建筑物是否符合大多数群众的利益需求、是否具备拆除的技术条件、可能引发较大不稳定事件的概率等方面进行重点审查和利益衡量。

（二）强化法院与行政部门的执行联动机制

从行政法治的层面而言，非诉行政执行制度的设立有其必要性，人民法院通过对行政机关申请执行的行政行为进行司法审查，既是实现行政管理职能和效率的重要途径，也是维护被执行人合法权益的重要保障。[②] 对于违法的行政行为通过司法审查可以有效地避免其进入执行程序，保护行政相对人的合法权益免受不法侵害。同样，对于合法有效的行政行为如果得不到及时的执行，将直接影响行政机关依法履行行政管理职能，也影响法律的权威。现阶段，为减轻法院司法执行负担，对于法院裁定准予执行的非法占地类非诉行政执行案件，可以考虑由法院作为执行主体，在区县政府统筹安排下，建立由国土、公安、乡镇政府等行政部门有效参与、积极配合的执行联动机制，充分发挥行政机关掌握的资源优势，提高此类案件的执行效率。

（三）立法完善非法占地类非诉行政执行案件“裁执分离”模式

如前文所述，《国有土地房屋征补规定》以司法解释的形式在国有土地

---

① 危辉星、谭星光：“试论非诉执行适度审查标准的再确立——从《关于办理申请人民法院强制执行国有土地上房屋征收补偿决定案件若干问题的规定》第六条谈起”，载贺荣主编：《公正司法与行政法实施问题研究：全国法院第25届学术讨论会获奖论文集》，人民法院出版社2014年版，第1438页。

② 黄学贤：“非诉行政执行制度若干问题探讨”，载《行政法学研究》2014年第4期。

房屋征收与补偿范围内确立了“裁执分离”模式，但在《行政强制法》《行政诉讼法》中尚未对该种模式作出明确规定，在此种情况下，最高人民法院以司法解释的形式将《行政强制法》《行政诉讼法》等法律确立的非诉行政执行制度中的具体职权加以分解，赋予行政机关强制执行的实施权不仅于法无据，也缺少法理的支撑。虽然“裁执分离”模式尚缺少法律依据，但从人民法院的职能定位和实务中非法占地类非诉行政执行案件强制执行的实际情况来看，探索构建“裁执分离”的强制执行模式仍有积极的现实意义。笔者认为如果要将非诉行政执行案件中裁定权与实施权相分离，首要的是完善相关法律规定。依照立法法的相关规定，可先由行政法学界和司法实务领域对政府实施行为的法律性质进行充分讨论和论证，在此基础上形成相应的立法征求意见稿，并及时向社会征求意见，形成立法草案，供全国人大常委会审议。[①] 有关“裁执分离”的法律规范应明确规定非诉行政执行案件的裁定权与实施权相分离，由人民法院行使裁定权，行政机关行使强制执行的实施权，同时对强制执行的具体实施主体、职权、法定程序及实施标准作出明确的规定。

（四）加强非法占地类非诉行政执行案件审判规范化建设

针对非法占地类非诉行政执行案件司法审查中出现的法律适用疑难问题，从基层人民法院到高级人民法院应根据司法审查实际情况，加大调研、督导力度，通过专题调研、研讨会、请示答复等方式，对存在的问题进行分类梳理、研讨对策、明确解决方案，统一非法占地类非诉行政执行案件司法审查的尺度。与此同时，针对行政机关因执法不规范导致未被法院裁定准予执行的情形，人民法院可以制定具体的查处程序规范，明确查处非法占地行为的责任主体、查处手段、流程、时限、法律依据等事项，为行政机关的执法活动提供规范参考。

（作者单位：北京市丰台区人民法院）

① 沈福俊：“非诉行政执行裁执分离模式的法律规制”，载《法学》2015 年第 5 期。

司法文件

最高人民法院
关于如何判断外国人是否具有政府信息公开申请人资格以及相应行政诉讼原告资格问题的电话答复

（2015）行他字第17号

上海市高级人民法院：

你院《关于如何判断外国人是否具有政府信息公开申请人资格以及相应行政诉讼原告资格问题的请示》收悉。经研究，答复如下：

国办秘函［2008］50号《关于外国公民、法人或其他组织向我行政机关申请公开政府信息问题的处理意见》规定：在我国境内的外国公民、法人和其他组织因生产、生活、科研等特殊需要，向我行政机关申请获取相关政府信息，由我行政机关依照《中华人民共和国政府信息公开条例》有关规定办理。在我国境外的外国公民、法人和其他组织向我行政机关提出政府信息公开申请的，我行政机关不予受理。请你院按照该函精神，依法处理。

二〇一五年十二月十日

最高人民法院关于张秀诉大同市人力资源和社会保障局不履行法定职责一案的请示答复

（2015）行他字第8号

山西省高级人民法院：

你院（2015）晋行示字第3号《关于张秀诉大同市人力资源和社会保障局不履行法定职责一案的请示》收悉。经研究，答复如下：

《国务院关于工人退休、退职的暂行办法》国发（1978）104号文系在特定的历史背景下制定，当时未对“工人”身份作出是否为“农民合同制”之区分，但根据《中华人民共和国劳动法》、《国家经济贸易委员会、人事部、劳动和社会保障部关于深化国有企业内部人事、劳动、分配制度改革的意见》（国经贸企改〔2001〕230号）、《劳动和社会保障部关于完善城镇职工基本养老保险政策有关问题的通知（2001年12月22日）、《国务院关于解决农民工问题的若干意见》（国发［2006］5号）等规范性文件的规定，我国的企业已经取消行政级别，打破干部和工人的身份差别，职工都平等地与企业签订劳动合同，不再有全民固定工、集体工、合同工等身份界限，所有职工的权益依法受到平等保护。认定职工是否符合提前退休情形，不能以是否为农民合同制的身份作为限制条件，而应依据相关的法律法规和政策。综上，同意你院审委会倾向性意见。

此复。

二〇一五年九月十六日

征稿启事

《行政执法与行政审判》是最高人民法院针对行政审判工作出版发行的唯一的综合指导性图书。丛书自出版以来，深受全国各地法院行政审判法官、行政执法人员和专家学者的普遍欢迎和好评。对各级法院行政审判工作具有权威的指导作用，对各级各部门行政机关依法行政和行政法、行政管理专业的专家学者具有较强的参考作用。

本丛书及时刊登行政法的最新司法解释、司法文件、司法政策及解读，具有典型和指导意义的审判案例及分析，行政执法和行政审判的调研信息及成果等内容，设有“大法官论坛”“理论探索”“案例分析”“实务争鸣”“调查研究”“司法文件”等栏目。现编委会竭诚向全国的行政执法和行政审判理论和实务工作者征稿。来稿要求：

一、稿件应属未公开发表的作品。请勿一稿两投。

二、优先发表在本书所涉领域有创见的、高水平的文章，来稿采用与否以理论和实务价值为标准。

三、稿件引文应当注明出处，注释体例参见本书“写作体例说明”。

四、稿件最好为附打印稿的 word 文件电子版。

五、稿件一经发表，文责自负，但编者保留对来稿进行技术性加工处理的权利。文章一经采用，由本编辑部统一付给稿酬。

六、来稿请按以下联系方式寄送：

地址：北京市东城区东交民巷 27 号

最高人民法院行政审判庭　梁凤云

邮编：100745

请在信封正面注明“《行政执法与行政审判》来稿”字样。

E－mail：zgfyxzt@ sohu. com

《行政执法与行政审判》编委会

写作体例说明

一、交付稿件要求

（一）总体要求

齐（不缺页、不缺件）、清（稿面清楚）、定（已定稿的稿件）。提供稿件电子版，并附打印清样，出版社视清样为最终定稿。

（二）具体要求

纸样用 A4 纸，单面打印。

电子版内容一定要与提供的清样内容相同。

二、编辑体例

正文编码顺序按：一、（一）1.（1）① 第一，其一，等来编排。

三、技术规范

数字用法：

统计数字、时间、物理量等均用阿拉伯数字（如：100kg　45.8 万元　11 个月　4.9 万册　12.4 亿人）；法条号尊重原文，即原文是汉字的用汉字，原文是阿拉伯数字的用阿拉伯数字。

注释方法：

1. 一般原则

（1）注释采取页下注，注释号每页重新起算；

（2）引注作品的，注释应完整；

（3）作者为三人或三人以上的，首次引用时应显示全部作者，重复出现时可在第一作者之后加“等”字样。

2. 著作引文注释范例

一般格式：作者/书名/出版社/出版年代/页码

如：×××/×××编著/×××主编：《×××》，××出版社××年版，第××页。

3. 文章引文注释范例

一般格式：作者/文章题目/引自何种出版物/出版时间/页码

（1）著作中文章

××：《文章名》，见：××主编：《书名》，××出版社××年版，第××页。

（2）期刊中的文章

××：《文章名》，载《期刊名》××年第×期。

（3）报纸上的文章

××：《文章名》，载《报纸名》××年××月××日，第×版。